Post Corona:
From Crisis to Opportunity

GAFA《ガーファ》 next stage《ネクストステージ》

スコット・ギャロウェイ
Scott Galloway
渡会圭子〔訳〕

四騎士+Xの次なる支配戦略

東洋経済新報社

次なる支配者は

「赤い騎士」か？

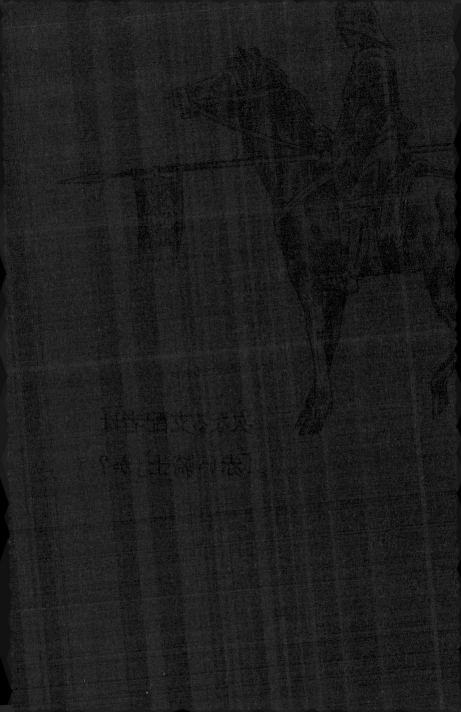

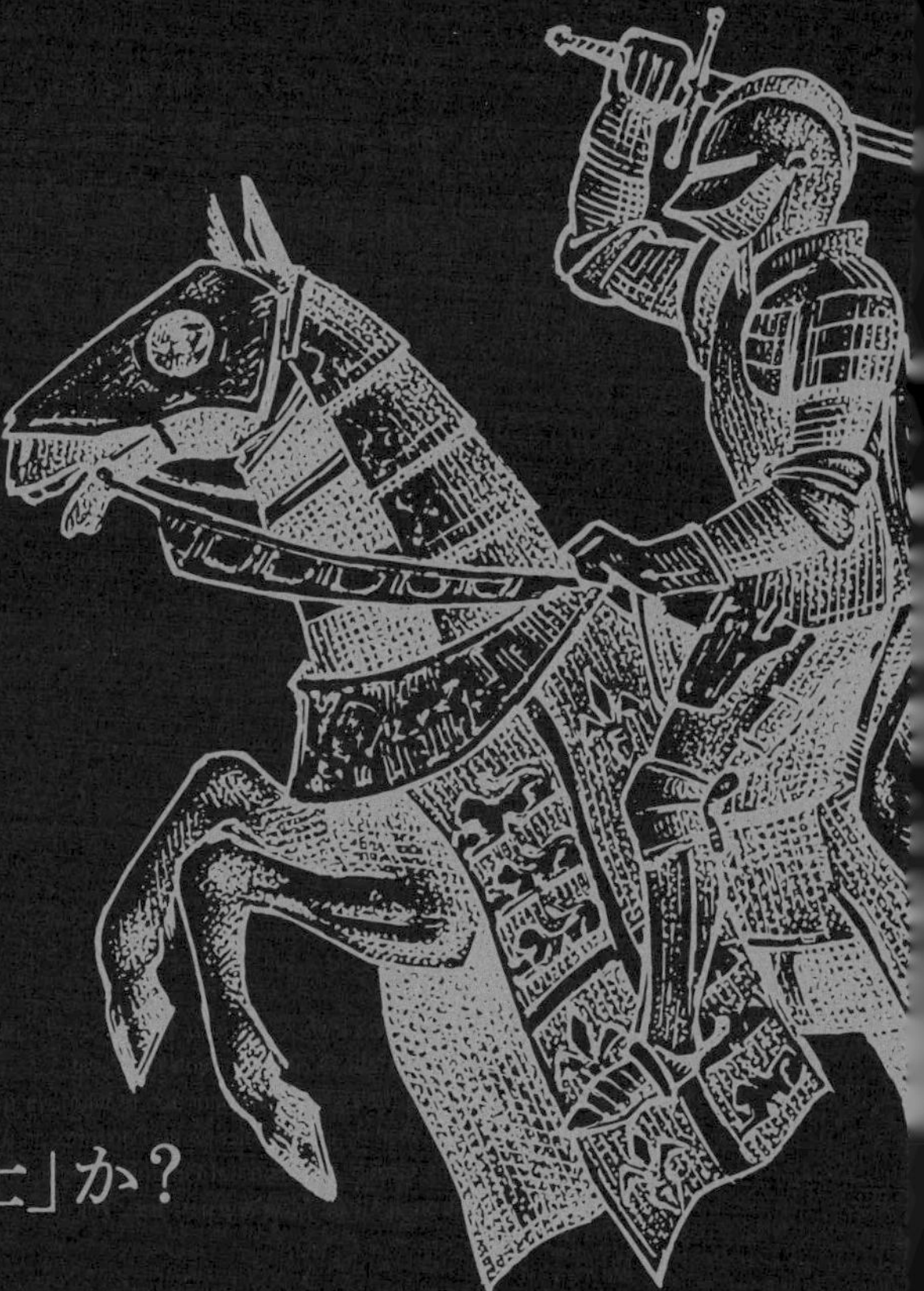

それとも

「青い騎士」か？

カリフォルニア州納税者と
カリフォルニア大学運営理事たちに

This edition published by arrangement with Portfolio, an imprint of
Penguin Publishing Group, a division of Penguin Random House LLC.
through Tuttle-Mori Agency, Inc., Tokyo

GAFA next stage――四騎士＋Xの次なる支配戦略　目次

イントロダクション

第1章　新型コロナとGAFA＋X

第2章 四騎士GAFA+X

第3章

台頭するディスラプターズ

第4章

大学はディスラプターの餌食

第5章 GAFA＋Xの暴走に対抗する

イントロダクション

新型コロナは「時間の流れ」を変えた

時間は機械のように一定のスピードで流れる――私たちはそう教わってきた。空を移動する太陽の動きと太陽を周期的にめぐる地球の公転が、永遠に変わらないリズムをつくりだしている。

ところが、人間の時間の感じ方は一定ではない。年齢を重ねるにつれて価値判断の基準（＝

過去）が広がり、時間のたつのが速くなっていく。今朝、幼稚園に初めて登校する息子にキスをして送り出したと思っていたら、午後には5年生になって帰ってきたという具合だ。

しかし息子にとって話は逆である。学校の先生は5年生程度なら落第点をとっても、いくらでも取り返しがきくと思っている。しかし子どもは違う。初めてCやDの不名誉な成績をつけられたとき、その子の時間は止まってしまう。決して珍しいことではない。

私たちが経験するのは変化だ。時間ではない。

アリストテレスは、変化なしに時間は存在しないと考えた。私たちが時間と呼ぶものは、〝以前《ビフォー》〟と〝以後《アフター》〟の差を計測したものにすぎないからだ(1)。

そのため日常的に経験する時間は、ゆっくり推移することもあれば、飛ぶように過ぎ去ってしまうこともある。時間は変化に応じて伸びたり縮んだりする。変化が大きいほど時間は速くなり、小さいほど遅くなる。

そしてごくちっぽけなものが、信じられないほど大きな変化を起こすことがある。たとえばウイルスのような微小なものが。

2020年初頭、私たちは〝以前〟の世界に住んでいた。新型コロナはニュースになっていたが、それだけだった。危機が広がりつつあると言われていたのは中国だけだった。

イタリア北部で41人の死者が出ていたが、ヨーロッパの他の地域の生活は変わっていなかった。アメリカで最初の死者が出たことが伝えられたのは3月1日だった。
閉鎖している店や施設もなく、マスクをする人もいなかった。アメリカの感染症対策トップのアンソニー・ファウチ博士を知る人もほとんどいなかった。

同じ3月の末には、私たちは〝以後〟の世界にいた。世界は停止してしまった。何万人もの人が検査で陽性反応を示した。その中にはトム・ハンクス、プラシド・ドミンゴ、ボリス・ジョンソン、太平洋の真ん中を航行していたアメリカ軍の航空母艦の水兵たちも含まれていた。

幅が人の髪の毛の400分の1のウイルスが地球を支配し、それまでの10倍の速さで回転させ始めた。

変化のスピードは上がっても、私たちの生活は静止しているように感じられた。私たちはこれから先、何が起こるか想像する能力を失ってしまった。まるで初めて落第点をつけられた成績表を握りしめた息子のように。

私たちの生活には、以前も以後もなくなった。ズームのコールとテイクアウト、ネットフリックスだけ。感染者数や死者数をチェックするか、ゲームや映画で時間を潰すかだ。

私はもう50歳すぎだ。だから現在の状況がそのままずっと続くと考えるのは間違っていることを知っている。私は息子たちにこう言い聞かせた。何事にも必ず終わりは来る。私は自分でもそう信じようとしている。

「GAFA＋X」はパンデミックでより強大になった

本書は、未曽有の事態に陥った現在の先を見通し、優れた解決策を見つけ出す試みである。議論をさらに活発にし、将来を予測していこう。

生命体の存在で知られる唯一の天体で、その時間が通常に戻ったとき、ビジネス、教育、そしてわれわれの国ではどのような変化が起きているだろうか。

以前よりも人々は思いやりにあふれ、経済は繁栄しているだろうか。それとも人々は2度とパンデミックが起きないことだけを願うだろうか。これから〝以後〟の世界をつくり上げるとすれば、私たちに何ができるだろうか。

私は起業家であり、ビジネススクールの教授だ。ものごとをビジネスというレンズを通して見ている。

だから本書の核心は、パンデミックがビジネス環境をどのようにつくりかえるかにある。

私はパンデミックが大企業、特にビッグテックに有利に働くと確信している。本書のかなりの部分は、私の最初の著作『the four GAFA　四騎士が創り変えた世界』をパンデミックの時代に合わせてアップデートしたものだ。アマゾン、アップル、フェイスブック、グーグルについてふたたび考察している。

さらにGAFAの支配を免れているセクターでの大変革《ディスラプション》のチャンスや、飛躍しそうないくつかの企業にも目を向けている。

ビジネスは単独では成り立たない。私はビジネスの物語をもっと幅広い社会の物語と結びつけている。

本書では丸ごと1つの章を「大学教育」というテーマにあてている。その分野がいままさにディスラプションの最前線にあると信じているからだ。

私はまた次の点も議論している。パンデミックがどのようにして、われわれの文化や政治の大きな変化のトレンドを加速させているか。なぜ資本主義の名のもとに始まったこの30年間の変化が、資本主義体制をむしばんだのか。それに対して、私たちは何ができるのか。

これは世界的な危機である。本書でとりあげている事例と分析はアメリカの経験に基づくものではあるが、これらの見解が他の国の読者にとっても価値あるものになることを願っている。

まず2つのことを主張しておく。

第一に、このパンデミックの最も持続的な効果は、ものごとを加速させる作用である。今後も、変化が起こったり流れが変わったりすることはあるだろう。パンデミック最大の影響は、社会にすでに存在する動きを加速させることだ。

第二に、どんな危機にあってもチャンスはある。危機が大きく破壊的なほど、チャンスも大きくなる。とはいえ、第二の主張における私の楽観主義は、第一の主張によってトーンダウンする。パンデミックが加速させたトレンドは後ろ向きなものが多く、新型コロナ以後の世界を回復させ成長させる能力を弱めている。

極小のウイルスが「特大の加速装置」になったわけ

「何十年も何も起こらないこともあるが、何十年分ものことが数週間で起こることもある」。これはレーニンの言葉だとされている。しかし実は、スコットランド出身のイギリス下院議員、ジョージ・ギャロウェイ（すばらしい姓だ）の言葉だ。

レーニンが１９１８年、つまりロシア革命によって急激な変化が起きた後に述べた言葉は、もっと長ったらしかった。それをギャロウェイがスコットランド人らしく簡潔に言い換えたのだ。

アメリカにおけるeコマースの浸透（小売販売に占める比率）2009～2020年

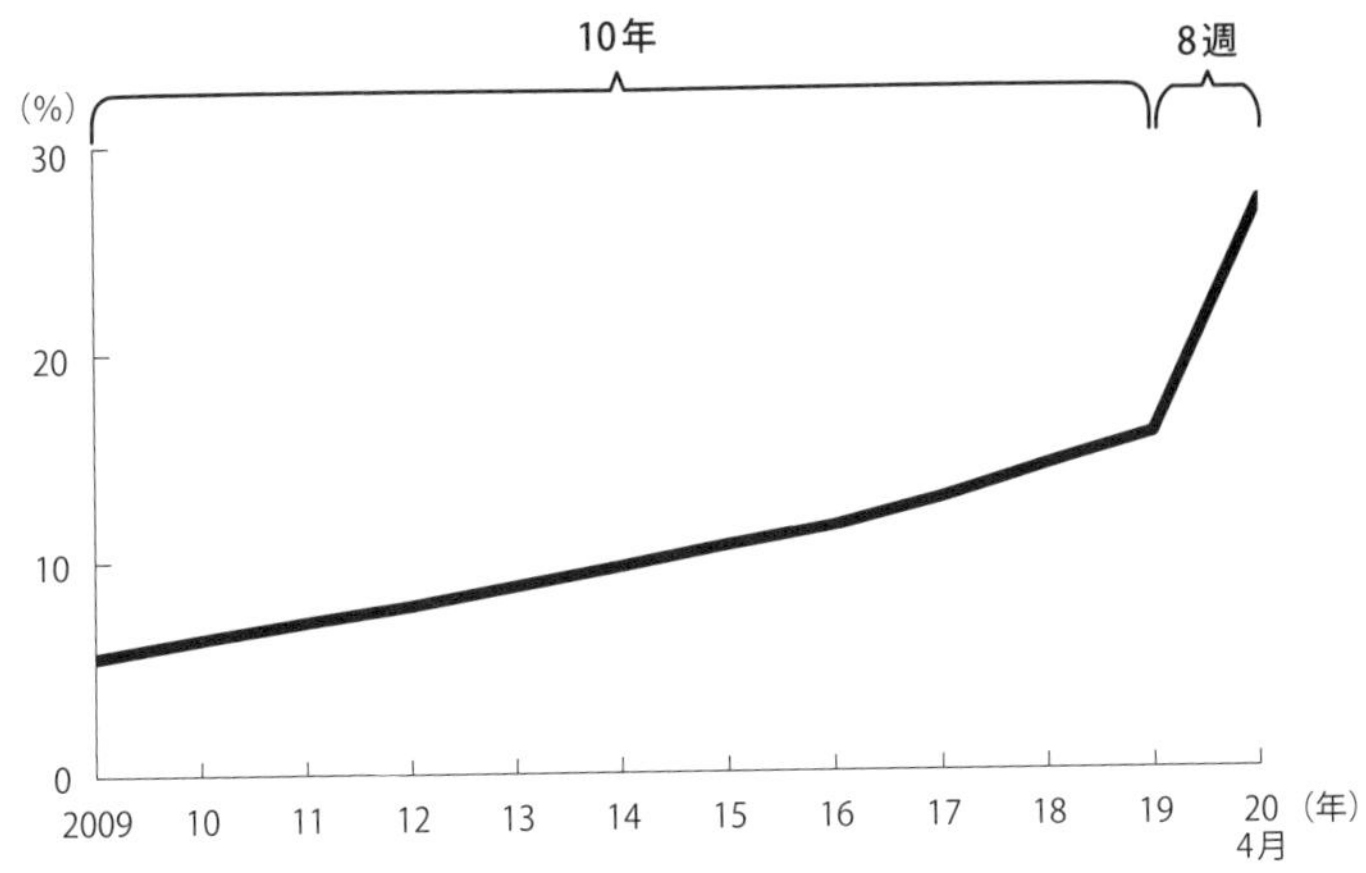

出所：バンク・オブ・アメリカ、アメリカ商務省、ShawSpring Research

この「数十年分が数週間で起きる」という現象が、いまほとんどの業種で広がっている。

ｅコマースが定着し始めたのは２０００年だ。以来、ｅコマースは毎年約１パーセントずつ成長してきた。２０２０年初頭、小売業におけるデジタル取引は約16％にすぎなかった。

パンデミックがアメリカに広がり始めてから8週間後（3月から4月半ば）には、その数字が27％に跳ね上がった。ふたたびもとに戻ることはないだろう。私たちはｅコマースの10年分の成長が8週間で起こるのを目の当たりにしたのだ。

社会、ビジネス、個人の生活――どの分野を見ても、変化のトレンドが10年間、早送りされてしまった。あなたの会社はそうではないかもしれない。しかし、いまの消費者行動とマーケットはよきにつけ悪しきにつけ、トレンドラインの２０３０年の地点にある。

もしあなたの会社の財務状況が以前から思わしくなかったのであれば、生き抜くことは困難だろう。あなたの会社が消費者にとって不可欠の商品を取り扱う小売業なら、消費者からますます重宝されているはずだ。選択肢が他にあるような商品の場合は、消費者の優先度はさらに下がっていることだろう。

個人生活について言えば、パートナーとのけんかが多かった人は、言い争いの回数がさらに増える。パートナーとの関係がよければ、これまでよりずっと仲良く暮らしていけるだろう。

何十年も前から、企業はバーチャル会議のための装置に何百万ドルも投資し、遠距離によるハンデを埋め合わせようとしてきた。大学は１９９０年代初頭から、教育支援技術のツールを渋々ながらも採用し始めた。それは（ある意味で）外の世界から取り残されないようにするためだった。通信会社は多数のサービスを打ち出してきた。家族のバーチャル食事会、医者が遠隔の患者でも診察できるオンライン診療、学生が故郷にいながら受講できる世界トップクラスの教授の授業などだ。

しかしこの数十年、たいしたことは起こらなかった。数百万ドルの遠隔会議システムは使われることがなかった。大学が取り入れた最先端のテクノロジーはホワイトボードとパワーポイントだった。ビデオ通話ができるフェイスタイムやスカイプは個人的な通信手段として浸透したが、教育機関で本格的に使われることはなかった。

数週間で世界は激変した

ところがほんの数週間で、私たちの生活はオンライン化し、ビジネスはリモートに移行した。すべての会議はバーチャル化し、教師はみんなオンライン講師になった。懇親会もパソコンなどの画面上で行われるようになった。

株式市場の投資家は数週間後や2～3年後ではなく、2030年の予想をもとに有望企業をはじき出すようになった。

アップルの時価総額が1兆ドルに達するまで42年かかったが、パンデミックが起きてからわずか20週間（2020年3月から8月）で2兆ドルを突破した。

それと同じ期間に、テスラは世界で最も価値の高い自動車会社になった。それだけでなく、その時価総額はトヨタ、フォルクスワーゲン、ダイムラー、ホンダの合計よりも大きくなった。

大都市の市長や都市計画の立案者は数十年前から、自転車レーンや公共交通機関を増やして、車を減らすことを目指してきた。その間、道路には車があふれて事故が多発し、大気は排気ガスで汚染されたままだった。

自動車メーカーの時価総額

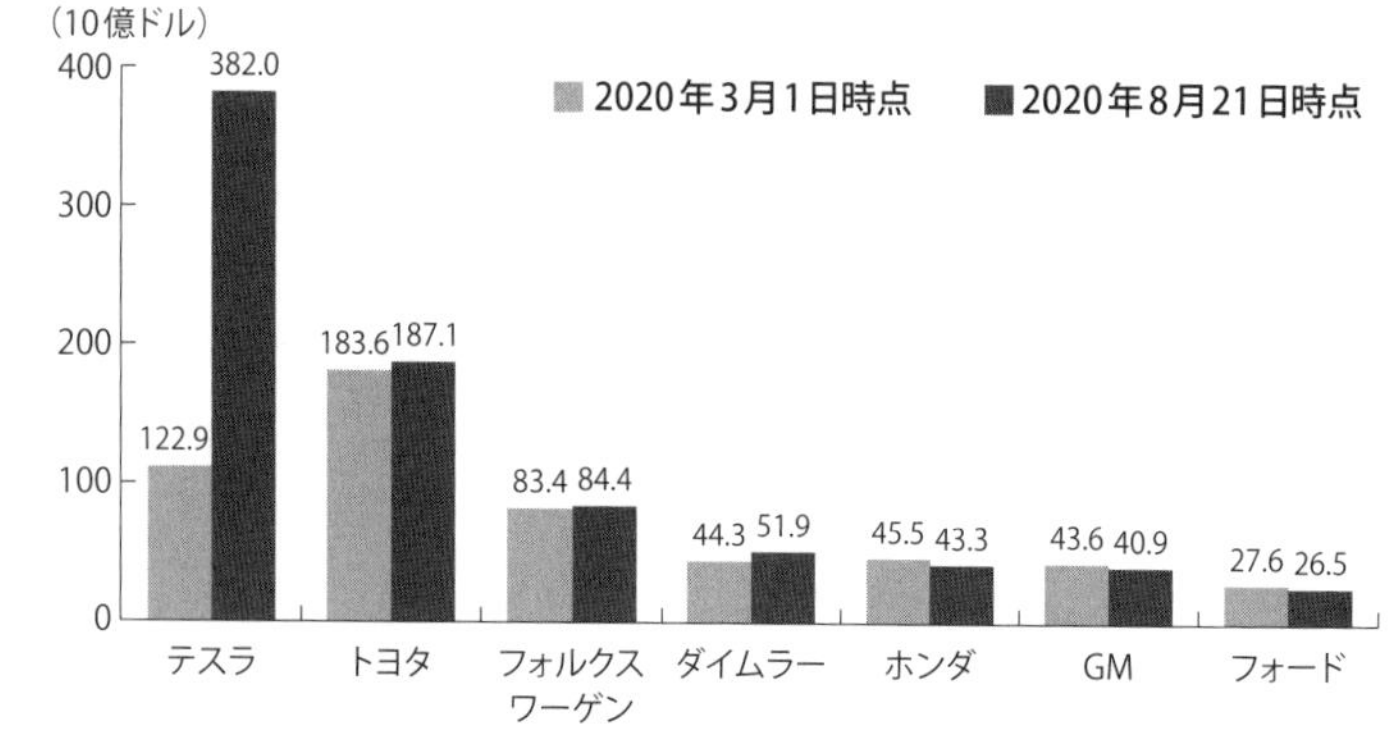

出所：Analysis of Seeking Alpha Data

ところが数週間で道路では自転車が車に取って代わり、アウトドアでの食事が広がり、空はきれいになった。

マイナスのトレンドも大幅に加速している可能性がある。

経済学者たちは何十年も前から、格差が深刻化するだけでなく、固定化していると警告してきた。経済が落ち込むと、そのような社会はディストピアへと形を変える。

とは言えアメリカは11年にわたって未曽有の景気拡大が進行してきた。ふたたび深刻な不況に見舞われることなどありえない。多くの人がそう信じていた。

しかし新型コロナによって経済に急ブレーキがかかった。その最初の3カ月だけで、リーマンショック後の2年間で失われた分（5％）よりも多くの雇用が失われた（13％）。

半分の世帯で、家族の少なくとも1人がこの疫病のために失業したり賃金カットされたりした。[2] 年収4万ドルを下回る世帯への打撃が最も大きかった――4月初めには、この層のほぼ40％が一時解雇や帰休を余儀なくされた。一方、年収10万ドルを超える世帯ではそれが13％にとどまっている。[3]

世界は、変化の速度を速めているのだ。よくも、悪しくも。

危機はチャンスをもたらすが、それが平等とはかぎらない

「危機にはチャンスがある」という言い回しは、ずいぶんポピュラーになった。ジョン・F・ケネディの選挙演説ではこれが定番だった。アル・ゴア元副大統領はノーベル平和賞受賞のスピーチで、この言葉を使った。

クライシスを漢字で表すと「危機」となる。これは2つの文字から成り立っている。1つはあぶないこと（危）、もう1つはチャンス（機）を意味する。ポスト・コロナの世界には、どんなチャンスが待っているのだろうか。

パンデミックには、それがもたらす不安に匹敵するほど大きな明るい兆しもある。

アメリカは一夜にして貯蓄率が上昇し、排気ガス放出量が減った。アメリカの最も大きく、そして最も重要な消費者カテゴリーは医療、教育、食品だ。それらはかつてないほどの大変革、そしておそらく進歩の過程にある。

新型コロナによって一部の病院で医療崩壊が起こった。これがトップニュースになるのは当然だ。

しかしのちのちまで語り継がれるのは、他の99％の人々がパンデミックの間、どのように医療を受けたかという点かもしれない。私たちは初めて、医師のオフィスにも病院にも足を踏み入れることなく医療を受けることができるようになった。

リモート医療に移行せざるをえなくなれば、新しい技術やサービスが爆発的に増えるのは間違いない。破綻した医療システムに新たな道を切り開くことになる。

リモート学習への強制的な移行も同様だ。たとえそれが問題含みで思い通りの成果をあげられなかったとしても、高等教育に変化を生み出すはずだ。リモート学習が広まれば学費が安くなり、入学者も増やせる。それによって大学は、アメリカ人の社会的地位の向上をもたらす潤滑油としての役割を取り戻す可能性がある。

教育よりさらに根本的な分野が食料供給だ。コロナによって食料品宅配ビジネスが急激に普及した。流通の効率化や新鮮な食料の供給範囲の拡大、地産地消が促進されるだろう。国民の栄養事情に大きな変化がいっきに起こるかもしれない。

世界的な危機の到来が、新しい価値観を持つ世代を育んでいく可能性もある。彼らが重視するのはコミュニティ、協力、そして犠牲だ。つまり、共感は弱さのしるしではなく、富は美徳ではないと信じる世代の誕生だ。

弱さを露呈したアメリカ

チャンスに保証の意味はない。実を言えば、先に紹介した危機に関する漢字のエピソードは、厳密に言えば正確ではない。最初の文字は「危うさ」の意味だが、２つ目は「岐路」と訳したほうがいい。

ソ連の人々にとって１９１７年の大転換はチャンスであったが、もしそれをつかみそこねれば大きな苦しみが待ち構えていたことだろう。

人は「自分たちにそんなことは起こらない」「この国でそんなことが起こるわけがない」と信じがちだ。しかしわりと最近（20世紀半ば）、われわれは7万5０００人のアメリカ市民を有刺鉄線で囲まれた強制収容所に送り込んだ。彼らのルーツが日本だったからだ。それを思い出してほしい。

今回のパンデミックが始まったとき、他の国（アメリカほどの先進国でもない国）ではただちにウイルスの感染をストップさせることができた。一方のアメリカでは1日1０００人もの

コロナ感染の以前と以後の行動の変化（2019年4月と2020年4月の比較）

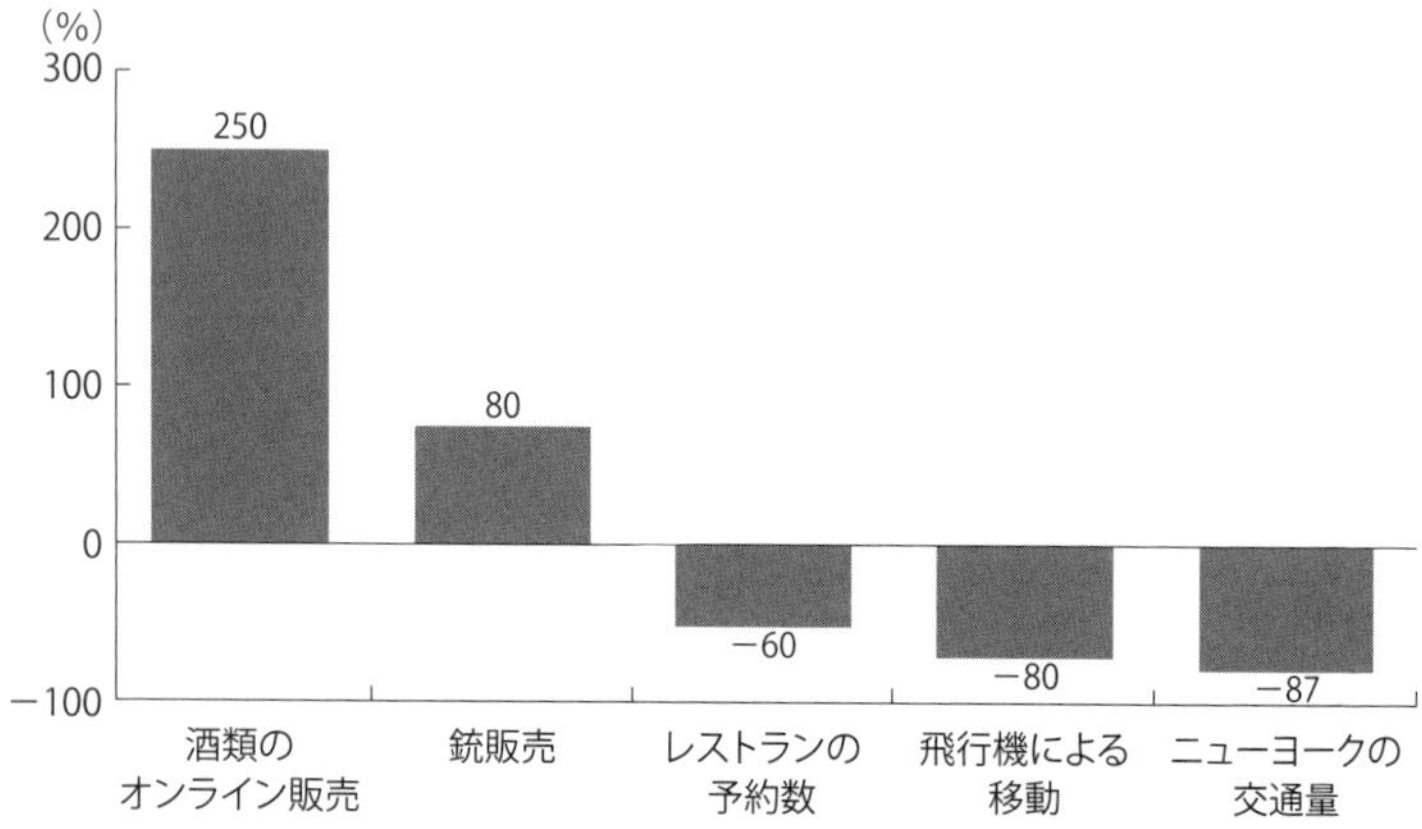

出所：1. NowThis News 2. NPR 3. CNN 4. CNBC 5. NYT

死者が出た。こんなこと、誰が想像できただろうか。

この危機に対するわれわれの対応は、誇れるものではなかった。他の国より準備する時間が長く、医療への支出が多く、歴史上どの国よりも革新的な社会だと国民が信じているアメリカ。そんなアメリカの人口は世界人口の５％だが、感染者数と死者数は全世界の25％を占める。

アメリカでは過去10年間で２０００万の雇用が生まれた。しかしパンデミックのわずか10週間で、４０００万が失われた。人の移動は激減し、レストランの灯は消え、酒と銃の販売は増加した。２００万人を超えるＺ世代が親の家に戻り[4]、７５００万人の若者が、不安、葛藤、そして危険の中で、学校に通っている。

痛みは「弱者にアウトソーシング」された

歴史学者なら、この状況を招いた失策を細かく調べることができる。根底にある原因は明らかだ。第二次世界大戦とアフガニスタン戦争、2つの戦争について考えてみよう。

アメリカの第二次世界大戦への関与は3年8カ月続き、40万7000人のアメリカ人が命を落とした。

当時のアメリカ人は、チョコレートもナイロンも手に入らなかった。戦時中で経済的にひっ迫していたにもかかわらず、なけなしのカネで戦時国債の購入を求められた。製造業者は爆撃機や戦車をつくるため工場の設備を一新した。燃料とゴムを節約するため、自動車には時速35マイル（56キロ）という〝勝利のための〟速度制限が課せられた[5]。高校生や高校教師が徴用され、自由のために生活を犠牲にした。

戦後、私たちは敵国に投資し、これまでどのような社会が成し遂げたものよりも多くの富と繁栄を手に入れた。そうした富の分配が比較的公平に行われた時期もあった。私たちは住む場所を郊外へ移し、生活様式を変えた。車やテレビが当たり前になった。遅まきながら、人種やジェンダーによる深刻な不平等について考え始めた。

時は進み、アメリカ軍はアフガニスタンで19年も戦った（２０２０年8月時点）。２３１２人の軍人が命を落とした。

この対立は、地球の半分を巻き込む激しい戦闘を生み、（文字どおり）何十万人もの市民が死んだ。その時期には、「わが軍を支援しよう」のバンパーステッカーをつけたＳＵＶを何台も見た。

しかし、チョコレートだろうが何だろうが、私の欲しいものは店にあったし、電話で注文することもできた。

私は誰からも戦時国債を買えとか、徴兵のくじを引けと言われなかった。それどころか、私たちは戦争を労働者階級の若者の志願兵にアウトソーシングし、そのコストを将来の世代に負わせた。戦争によって財政赤字は６兆５０００億ドルも増加した。[6] 一方、カネを稼ぐほど私の税率は下がった。

愛国主義とは、かつては国のために犠牲を払うことだった。いまでは国から恩恵を受けることを意味している。

パンデミックのさなか、国や指導者は行動でそれを物語った。たしかに何百万人もの死者が出るのは痛ましい。しかしナスダックが下落するよりはマシだ、と。

その結果、パンデミックの被害に偏りが生じた。低所得のアメリカ人や有色人種は、高所得世帯の人々に比べて、感染して深刻化するリスクが2倍も高い[7]。裕福な家庭では、通勤回数や交通費が減ったために、家族と過ごす時間、ネットフリックス視聴時間が増えた。さらに貯蓄、株のポートフォリオの価値も増加している。

アメリカ人が互いに殺し合う未来に向かうか、もっと明るい世界になるかは、コロナ以後に私たちがどんな道を選ぶかにかかっている。

第1章 新型コロナとGAFA＋X

強者はもっと強くなり、弱者はもっと弱くなる。あるいは死ぬ

新型コロナ危機の何よりも意外な現象の1つが、資本市場の回復力だった。

新型コロナの流行がしだいにパンデミックに発展していたとき、主要な株式指数（NYダウ、S&P500、ナスダック総合）は一時的に急落したが、その後は急速に上昇した。夏にはアメリカでの死者が18万人にのぼり、失業者数は過去最高、ウイルス鎮静化の兆しは

まったくなかった。それにもかかわらず、株式市場はほぼコロナ以前のレベルまで回復した。『ブルームバーグ・ビジネスウィーク』は6月号の特集記事で、その現象を〝大いなる断絶〟と呼んだ。[1] その記事によると「ウォールストリートの専門家たちでさえ、首をかしげていた」。それから2カ月後、アメリカでは１日１０００人が新型コロナで死ぬ一方で、株価指数は上がり続けていた。

しかし株価指数だけ見ていると、認識を誤ってしまう可能性がある。株価が〝回復〟しているように見えるのは、少数の企業、特にビッグテックやその他の大企業が、莫大な利益をあげているおかげである。幅広い上場銘柄の状況を反映しているわけではない。

２０２０年1月1日から7月31日までの期間に、大型公開株の指標であるＳ＆Ｐ５００はかろうじてプラスに転じた。しかし中型株はマイナス10%。小型株はマイナス15%と、まだプラスにはほど遠かった。

メディアはビッグテックや大型株の好調さに目をくらまされているが、市場では過酷な選抜が始まっている。弱者は後れをとっているだけでなく、どんどん消滅している。

倒産した企業のリストは長くなる一方だ。そこに連なる名を見ると衝撃的である。

S&P指標の推移（2020年1月1日〜7月31日）

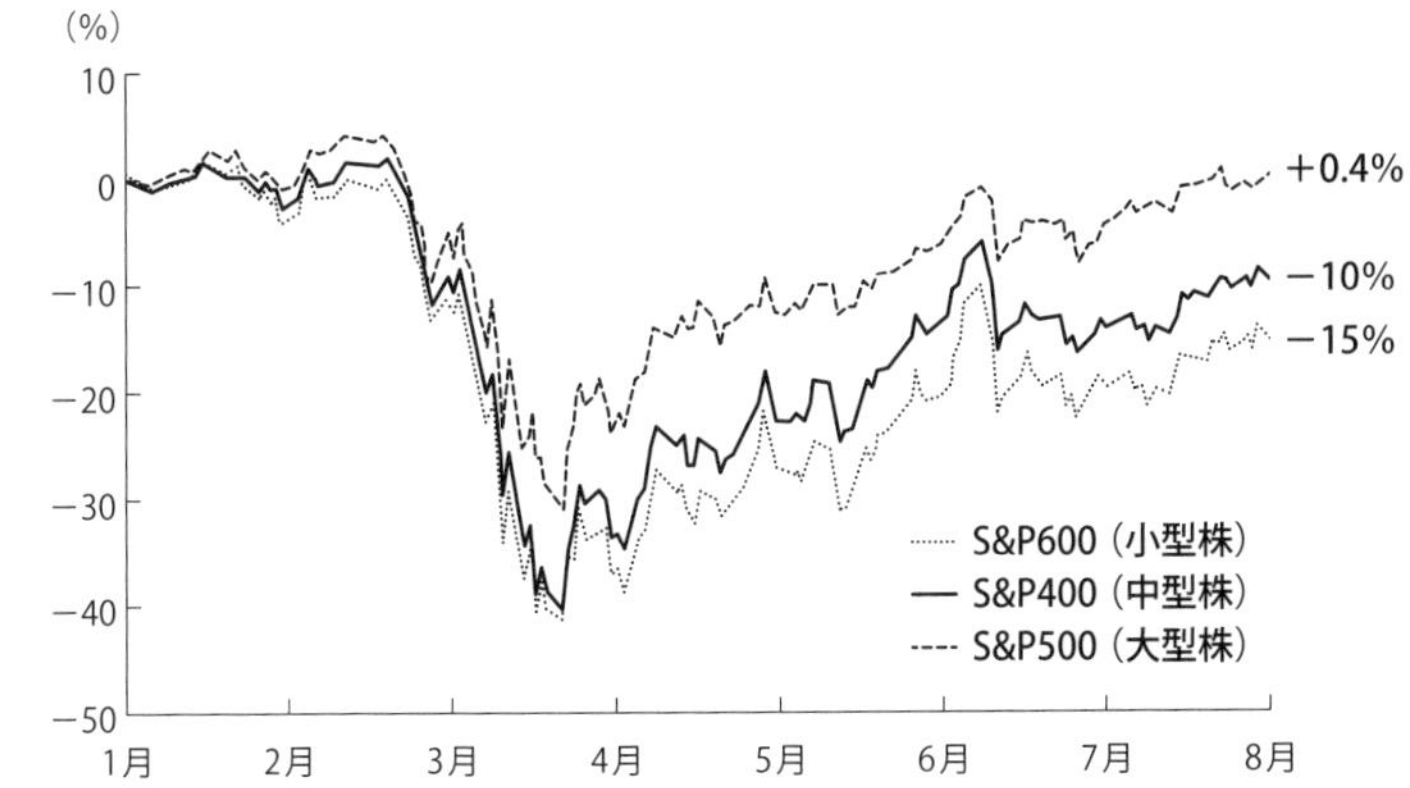

出所：Yahoo!ファイナンスのデータ分析

ニーマン・マーカス、J・クルー、J・C・ペニー、ブルックスブラザーズ。

ハーツ（ダラー・スリフティを所有）、アドバンテージ・レンタカー。

ロード&テイラー（百貨店）、トゥルーレリジョン、ラッキー・ブランド・ジーンズ、アン・テイラー、レイン・ブライアント、メンズ・ウェアハウス、ジョン・バルベイトス。

24 Hour Fitness、ゴールドジム、GNC（サプリメント）、モデルズ・スポーティング・グッズ、XFL（アメフトのリーグ）。

スーラターブル、ディーンアンドデルーカ、MUJI（無印良品、アメリカ子会社）。

チェサピーク・エナジー、ダイヤモンド・オフショア（掘削会社）、ホワイティング・ペトローリアム。

カリフォルニア・ピザ・キッチン、ル・パ

ン・コティディアン（アメリカ）、チャッキーチーズ。[2]

「ＢＥＡＣＨ株」（ブッキング、エンターテインメント、エアライン、クルーズ&カジノ、ホテルとリゾートなどの銘柄群）は平均50～70％も下落している。[3]

トップ企業の好調は、これによって説明することができる。

企業の評価は数字とナラティブ（＝物語）の掛け合わせだ。企業がこの危機をどう切り抜けるか、ポスト・コロナの世界でどう成長するかについては、企業の規模でかなりの部分が説明できる。

弱者が間引きされた後でふたたび恵みの雨が戻ってくれば、また木の葉が茂る。象の数全体は少なくなっているので、エサの木の葉の分け前が増える。キャッシュや担保物件の豊富な企業、株価の高い企業は、困窮したライバル会社の資産を獲得して市場での地位をさらに固めるだろう。

「イノベーティブと思われたら勝ち」な時代

パンデミックは〝イノベーション〟というナラティブの評価を押し上げた。

イノベーターとみなされる企業は、これから10年後のキャッシュフローの予測をもとに評価され、信じられないほど低い割引率で現在価値が計算される。投資家は企業のビジョンや10年後の地位についてのナラティブばかりに注目しているようだ。

2020年、テスラの時価総額がトヨタ、フォルクスワーゲン、ダイムラー、ホンダの合計よりも高くなった。テスラの生産台数が40万台で、他の4社の生産台数の合計が2600万台という事実にもかかわらず、である。

これは投資家がナラティブに賭けているからに他ならない。市場はいま、ポスト・コロナの世界について、思い切った賭けに出ている。

われわれは大きな躍進と没落の両方を目にしている。

7月末にテスラの株価は前年比242%上昇し、一方でGMは31%下落した。アマゾンは67%上昇、J・C・ペニーは破産した。

この〝断絶〟――大企業と小企業、先見性のある企業と時代遅れの企業――は、市場と経済全体の乖離と同じくらい重要である。今日の勝者は明日になればもっと大勝し、今日の敗者は消えてなくなる運命にあるようだ。

資本市場の予測の問題は、それがある程度、自己達成的であるということだ。

アマゾン、テスラ、その他の有望企業が勝者だと判断すれば、市場ではこれらの企業の株価が上がる。役員報酬（ストックオプション）も上がり、他社を買収する力が増大する。

勝者はもっと強くなる（2002～2020年の時価総額の変化から推測した利益の変化）

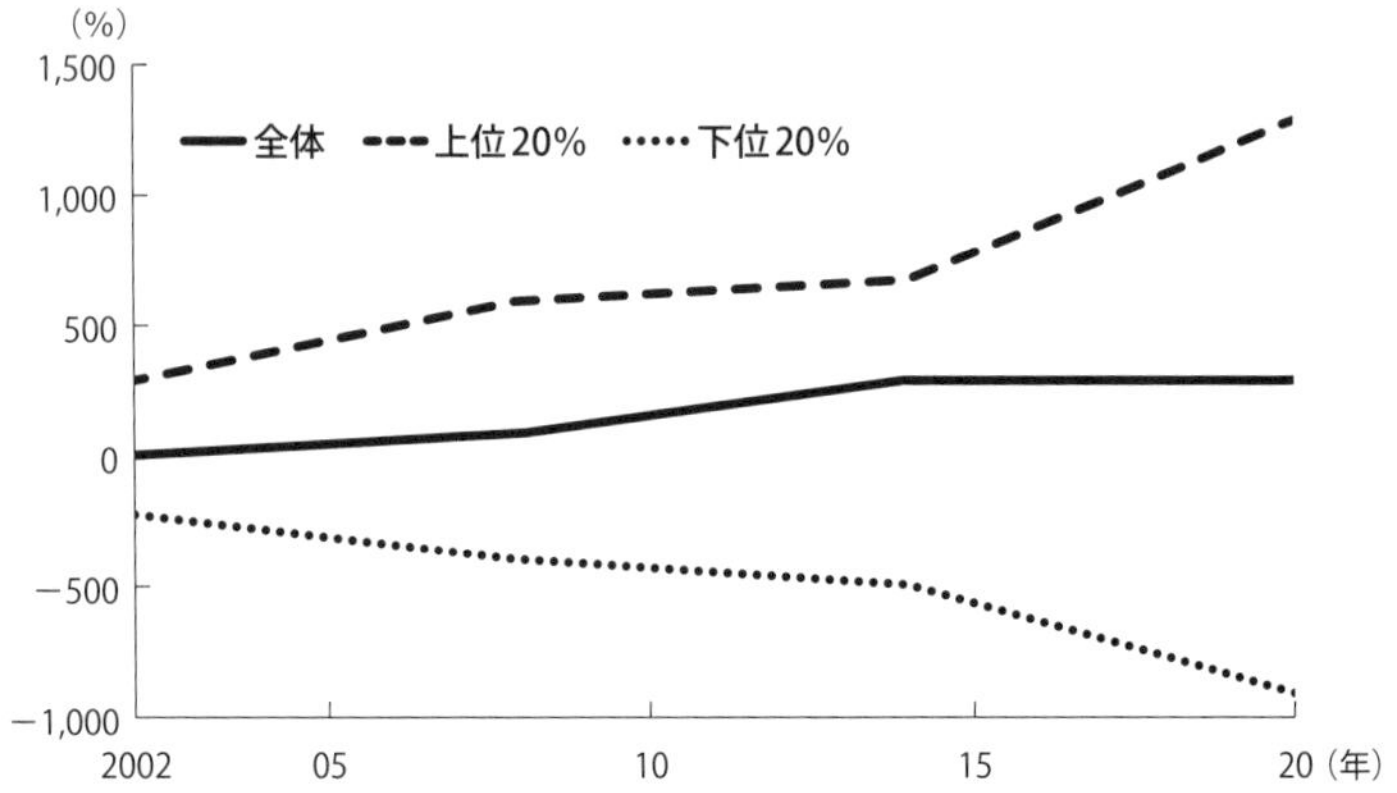

注：売上でランキングした2,562社
出所：マッキンゼー、Variance

そしていまは、信じられないような大量の資本が行き場所を探し求めている。アメリカ政府は経済に2・2兆ドルを投入するが、一部のどうしようもない政策決定によって（これについては後述する）、莫大な額の資金がそのまま資本市場へと流れ込もうとしている。

そのためパンデミック以前から好調だった企業は、この世界的な危機から多大な恩恵を受けている。それらの企業は十分な資金を得て、収益の減少を補い、さらに競争力を高め、パンデミックが切り開いた新たな分野へ進出している。

一方で、競争力の弱い企業は資本市場から締め出される。彼らの債券の格付けは引き下げされ、債権者は資金の回収にやってくる。顧客は長期の取引にしり込みすることになる。

政府に食い込んだ業界は生き残る

滅びる者と栄える者を決める要因は、資本市場の他にもある。

たとえば航空会社は、現在の経営形態のままでは、とても今回のパンデミックを乗り切れない。飛行機ほどウイルスを拡散させるものを想像するのは難しい。リモートワークへどんどん切り替わって、出張という資金源も失った。

それに加えて、航空会社には巨額の間接費がのしかかる。収入が減少すれば、コストの削減は難しくなる。トップ企業とはみなされない国内線のいくつか、そして多くの外国の航空会社が破産を宣言している（あのヴァージン・アトランティックも）。

しかし私は、アメリカの航空会社は1社も倒産することはないと思う。議会にがっちり食い込んでいるからだ。

2020年4月、政府は航空業界に250億ドルを提供した。その金額はさらに増える可能性が高い。航空業界を支えるのは有力なロビイストと優秀な広報担当者、消費者の間での知名度の高さ、そして国家のプライドだ。政府からは史上最大級の資金援助が行われるだろう。それによって航空業界は生き残ることになる。

キャッシュのない企業を待つ「無慈悲なサバイバル」

過去10年間、市場は企業の価値を決めるとき、利益ではなくビジョンと成長を重視してきた。何をおいても、利益を度外視した急速な拡大が求められたのだ。

コストは投資の証であり、利益や市場での優位性は後からついてくる。なぜそれが悪い？　株式投資家が列をなして資金を投じようとしているときに、キャッシュフローは問題にならない。最小の負債と無形資産で成長してきたテック企業のバランスシートをじっくり見る人間はいない。

ところがパンデミック下では、キャッシュこそ王様だ。コスト構造が新たな血液酸素濃度となった。状態が健全であることは不景気を乗り越えるために不可欠だ。

キャッシュが潤沢で、負債の量が少なく金利も安く、しかも固定費が小さければ、企業は生き残る可能性が高い。

コストコは小売業界の厳しいトレンドに耐えうる企業だ。それには数多くの理由がある。１つは銀行口座に眠る１１０億ドルだ。

ハネウェルも１５０億ドルのキャッシュを持っており、コロナ以後のパラダイスの勝者になれるかもしれない。ジョンソン・エンド・ジョンソン（Ｊ＆Ｊ）には２００億ドル近くのキャッシュがあり、どのような事態にも対処することができる。

これらの企業は、弱小ライバルの経営破綻によって機械や設備、あるいは顧客がよりどりみどりとなる。どの業界でも、最強のバランスシートを持つトップ企業数社がさらに強くなっていく。

この数年、自社株買い——自社の収益で自社の株を買う——が話題になっている。これは株価を上昇させ、経営上層部に巨額のボーナスをもたらす。

だが、ビジネスには何の足しにもならない。不景気になれば、経営陣は自社株買いを後悔するはずだ。経営者は自社株に使ったキャッシュを取り戻したいと思うが、後の祭りだ。

自社株買いは短期の投資リターンを高めるために企業の将来を犠牲にする時限爆弾だ。それがいま爆発しようとしている。

そうした企業はさっさと経営破綻させるべきだ。そうしなければ債権者より株主が優遇され、債権者が資産を差し押さえることができなくなるからだ。

弱い企業こそ最大の犠牲者

最大の犠牲者は、多数の従業員を抱えた財務基盤の弱い企業だろう。

私は2020年3月に、アン・テイラー（アパレル小売り）は倒産してなくなるだろうと言った。[4] その予想どおり、7月に運営会社のアシナが破産を申請した。借金総額は100億〜

500億ドルと推定され、債権者は10万人に達していた。大半が不動産所有者だ。

同じくアパレルのチコズも破綻が予想される。新型コロナ以前のイノベーションの失敗、つまり若い世代のオンライン顧客を獲得できなかったことが致命傷となった。

コロナ禍では財務基盤の弱い中企業、大企業が最も大きな損害を被ることになるだろう。レストランのオーナーについても同じことが言える。固定費――家賃――の割合が大きく、それについて経営努力の余地が非常に狭い。そのうえ低マージン・ビジネスで運転資金の調達先も限られている。不景気の打撃を和らげる資金的なクッションに欠ける典型的なケースだからだ。

危機を生き残れた企業がやったこと

自社のポジションを正確につかむ

この危機にどう対処すればいいのか。その第一歩は、自社が市場全体、そして業界内でどのようなポジションにあるか理解することだ。

群れでいちばん大きな象がとるべき行動は、〝弱ったガゼル〟(ジェフ・ベゾスが零細出版社をたとえるのに使った言葉)の行動とは大きく異なる。

セクターも重要だ。絶好調な分野もあれば（テクノロジー）、まあまあうまくいっているところ（交通・輸送、医療）、悪戦苦闘しているところ（レストラン・飲食、観光・ホテル）もある。

セクターの内部では、主要な指標（ブランド、マネジメント、バランスシート）の相対的な強さに応じて異なる戦略が求められる。

最も脆弱なセクターでも、危機を乗り越える企業は出てくるはずだ。しかし生き残れる企業は多くはない。諦めないことはある程度までは美徳だ。しかし大きな打撃を被るセクターで、エサにできる弱い敵がいない企業の場合は、発想を大きく変えなければならない。

業態の転換は可能だろうか。新しいビジネスにつながりそうな資産は何か。

1つ例をあげると、私はアメリカ最大のイエローページの会社に投資しており、取締役会にも名を連ねている。

現在、その会社は顧客関係管理（CRM）の企業へと変身している。自分たちの最強の資産――何万という小企業との関係――を活用して、CRM、つまりSaaS（クラウドサービスとして提供されるソフトウェア）型製品を提供している。これはうまくいっている。

ブランド以外に特筆すべき資産がなく、事業自体が構造的な衰退産業にある会社はどうすればいいか。そのブランドから最後の１滴まで利益を搾り取ることを真剣に考えるべきだ。

私たちはブランドを人間のようにみなす傾向があるが、ブランドは人ではない。収益をあげるための資産にすぎない。ブランドの全盛期にすべての価値を引き出せているのであれば、それを自然死させるのに何の躊躇もいらない。

老いたブランドを若く見せかけるため、ボトックス注射を打とうとする経営者が多すぎる。そうではなく、ホスピスへ送り込んで最後の仕事をしてもらうべきだ。その最後の利益は、ブランドの育成に貢献した生身の人間のために使おう。つまり従業員や顧客が新しい環境に適用できるようにするのだ。

結局、緊急時の蓄えを持たない多くの二流経営者にできる最善のことは、名誉ある撤退の道を探すことだ。従業員を路頭に迷わせない、そして顧客を見殺しにしない。

三原則は「過剰、過剰、過剰」

たとえどんなに道幅が狭くても、あなたは新型コロナ以後の世界への道を切り開こうとするかもしれない。その際のキーワードは過剰《オーバーコレクト》なくらいの対応である。

その模範例が、タイレノール・スキャンダルでのＪ＆Ｊの行動だ。この危機を乗り越えて、同社は世界屈指の価値あるブランドになった。

１９８２年、同社のタイレノール（解熱鎮痛薬）のボトルの数本に毒物が混入される事件が起きた。おそらく脅迫が目的であったと思われる。しかし同社は、自分たちの過失ではないと弁解したり、警察に対応を任せたりしなかった。

それどころか、J&Jはタイノレール3100万本を店頭から回収し、ホットラインを開設した。事件に関する情報には報酬を出した。消費者が購入済みのものは新品と交換した。

毒を入れられたのはJ&Jのせいなのか。答えはノー。同社の対応は過剰だったか。それは間違いなくイエス。同社は消費者の健康を守ったか。イエス。同社はスキャンダル以前よりも信用を高めたか。これも絶対にイエスである。

コストを切り詰める

WHOのヘルス・エマージェンシー・プログラムを率いるマイク・ライアンは、すべての緊急事態に応用できる教訓を次のようにうまく言い表している。

「正解を見つけてから行動しようとすると、決して成功しない。緊急事態の管理において完璧さを求めることは成功の大敵である。完璧さよりもスピードが大切だ。私たちの社会の問題は、誰もが過ちを犯すことを恐れていることだ」

弱い立場の企業はいち早くかつ大胆にコスト削減をしないと生き残れない。たとえワクチンが開発されたとしても、〝通常の状態〟に戻るには時間がかかる。紆余曲折もあるだろう。

ほとんどすべての企業が減収を余儀なくされている。新たな資本、低利の融資、政府の資金援助などを得られない企業は、かつて経験したことのないような緊縮経営が必要になる。

小売りの世界には「最初に値引きすることが最高の値引き政策だ」という古い格言がある。思い切って希望価格の80％で売るほうが、その1カ月後に同60％で売るよりましということだ。行動をためらえば事態は悪化するばかりだ。

会社や部門として支出を見直せ。コスト基盤を可能なかぎり引き下げよ、しかも早く。もし土地を借りているなら、地主に電話して「支払いを停止しなくてはなりません」と頼め。報酬をカットせよ。まずは自分から始めて、その次は高い報酬を得ている社員の順だ——彼らは一部をカットされても生活には困らないし、他の社員へのメッセージになる。報酬の代わりになるものを見つけよ。自社株、繰延報酬、代替休暇——何であれ、キャッシュを社外に流出させないことだ。

ただし例外がある。それは解雇手当だ。仕事は守れなくても、人を守ることはできる。人員削減はダーウィン主義にのっとって冷徹に行わなければならないが、退職金はできるかぎり手厚くすべきだ。

まずは余剰人員の整理だ。その次は、〝セミ（半）〟リタイアしている創業者の役員室を廃止しよう。

ロビーに備え付ける定期購読雑誌は3冊までとし、それ以外は購読を中止する。出張経費や残業夜食補助費を圧縮する。

2020年6月、マイクロソフトはこうした経費削減で大ナタを振って4億5000万ドルの資金を捻出した。そしてバルマー時代の遺産である従来型の小売りビジネスから撤退することができた。

コロナを逆手に攻め続ける

コスト削減で徹底的に減量した後でも、まだ他にやれることはある。

2020年の夏、私は大学の経営者たちと電話で話をする機会が多かった。彼らはパンデミックで大きな精神的重圧を感じているだけでなく、コスト削減の余地がきわめて限られていた。なぜなら彼らには教授の終身在職権（テニュア）や労働組合の強い抵抗、そして施設維持の必要があったからだ。

そこで彼らが目指したのは、学生数を増やすことで1人あたりのコストを引き下げることだった。新しいＩＴ技術に少しばかりの資金を投じれば、物理的な建物を拡張しなくてもクラスの規模を広げることができる。

私はそれまでの10年間、ニューヨーク大学で秋学期のブランド戦略を教えてきた。同大学のスターン経営大学院の講堂は160人の学生でいっぱいだった。人気のクラスで受講希望者はもっといたのだが、それ以上の学生を受け入れるのが困難だった。その講堂が大学の提供できる最大のキャパシティだったのだ。

しかし2020年、スターン経営大学院は授業をバーチャルに移行した。それによって受講できる学生の数がどっと増えた。

2020年の秋学期には、バーチャル講堂に280人の学生が収容可能になった。ズームにいくらかの追加料金を払い、授業助手を何人か雇うことになるが、私の給料は変わらない。いま以上にマンハッタンのキャンパスを広げる必要もない。

強い立場にある幸運な企業は、パンデミックの〝好機〟を活かすべきだ。M&Aがこの10年間で最も活発になるだろう。マイクロソフトがティックトックの買収に興味を示したのはその始まりにすぎないのかもしれない。

ビッグテックや革新的な企業は株価が正しく評価され、あるいはそれ以上に膨れ上がっている。買収の原資は十分だ。彼らはこれから、あらゆる種類のM&Aに乗り出していくだろう。彼らは新株をほんのわずか発行するだけで、法外な買収金額を提示することができる。キャッシュによる買収となれば、新たに獲得した製品ラインが収益貢献する分だけ市場価値がさらに上昇する。

たとえばルルレモン（フィットネスウェア）がキャッシュ5億ドルでホームフィットネスの

ミラーを買収した。このとき市場は在宅勤務の10年後を先取りして、翌日には時価総額が20億ドルに押し上げられた。

ポスト・コロナで勃興する新ビジネス

コロナ以後の世界では、あらゆる種類の非接触取引が評価されるだろう。人々は仕事の出張、会食、接待ゴルフは取りやめて（ありがたいことだ！）、もっと効率的なやりとり――eメール、電話、ビデオ通話を増やす。そして何より、誰もがもっと必要としているもの、すなわち家族との夕食やリラックスする時間を増やそうとするだろう。社員の福利厚生も見直される。ジムの会員資格より、ペット手当のほうが喜ばれるかもしれない。何よりも感謝されるのは、在宅労働の柔軟性を高めることだろう。

従業員の声に耳を傾けることで、最も効果的な経営判断が下せるようになり、社員からの信頼も高めることができる。危機下では社員の経営に対する信頼性は特に低下しやすい。

経営の安定と生き残りが経営者の最大のミッションだ。そのためには、ビジネスモデルの微調整は必須だ。場合によってはビジネスモデルを根底から考えなおす必要性があるかもしれない。

あなたが経営するレストランは街中の好立地にあるかもしれない。しかし顧客はそんなことよりも、安全性や利便性をはるかに重視するようになっている。

あなたは生き残りに全力を尽くすことができるだろうか。あるニューヨークのレストランがやったように、メニューやインテリアを考えなおして、テイクアウト料理や〝食材〟を提供する新しい形に切り替えられるだろうか。[5] それも、レストランの高級感を維持しながら。

あなたがウェブサイトを持たない従来型の古書店であれば、いまこそデジタルの世界へ乗り出すべきだ。

私はアマゾンで古本を買ったとき、その包装がとてもきちんとしていたので販売元の店を知りたい気持ちに駆られた。私はその書店を見つけて、今度はその店のウェブサイトから直接注文を出すことにした。その店のギフトラッピングや顧客への対応がすばらしかったからだ。

デジタルの観点からすると、この「史上空前の時代」には、大げさなマーケティング用語は不要だ。顧客の手間を省くためなら何でもするという姿勢こそが、NPS（ネット・プロモーター・スコア＝顧客の心をどれだけつかめるかの指標）を高める。要は、できるだけ便利なサイトをつくって、私の手間を省いてくれ、ということだ。

どんなビジネスにせよ、いまはこれまで学んだことを忘れて、困難な変革に取り組むべきときなのだ。そうしないとポスト・コロナでの居場所がなくなる。まっさらな状態から始めよう。

過去のしがらみから解放された後、市場への参入方法、社員の数や配置、賃金体系をどのように改善していけばいいのだろうか。世界的なパンデミックの時代は先が見えない——ルールブックもなければガードレールもほとんどない。

どこに経営資源を集中投下したらいいのだろうか？　最大のチャンスはパンデミックで変化が加速している領域にある可能性が高い。

「他人を搾取するビジネス」は危機にも最強

キャッシュは生き残りには大いに役に立つ。ただ本当に抜け目ない手とは、自己資本を少なくしてコスト構造を変動費化することだ。

ウーバー

ウーバーはこの新しいモデルのお手本である。同社は他人の資産を活用しているからこそ、パンデミック初期には中核事業が崩壊しかかったにもかかわらず株価を維持できた。

ウーバーが貸しているのは、従業員でない人間が運転する、他人の車の空間（どう言おうが、法的にはそうなる）である。利益をもたらさなくなった車はすぐに姿を消してしまうの

有形資産の回転率（売上総利益／有形資産、2019年）

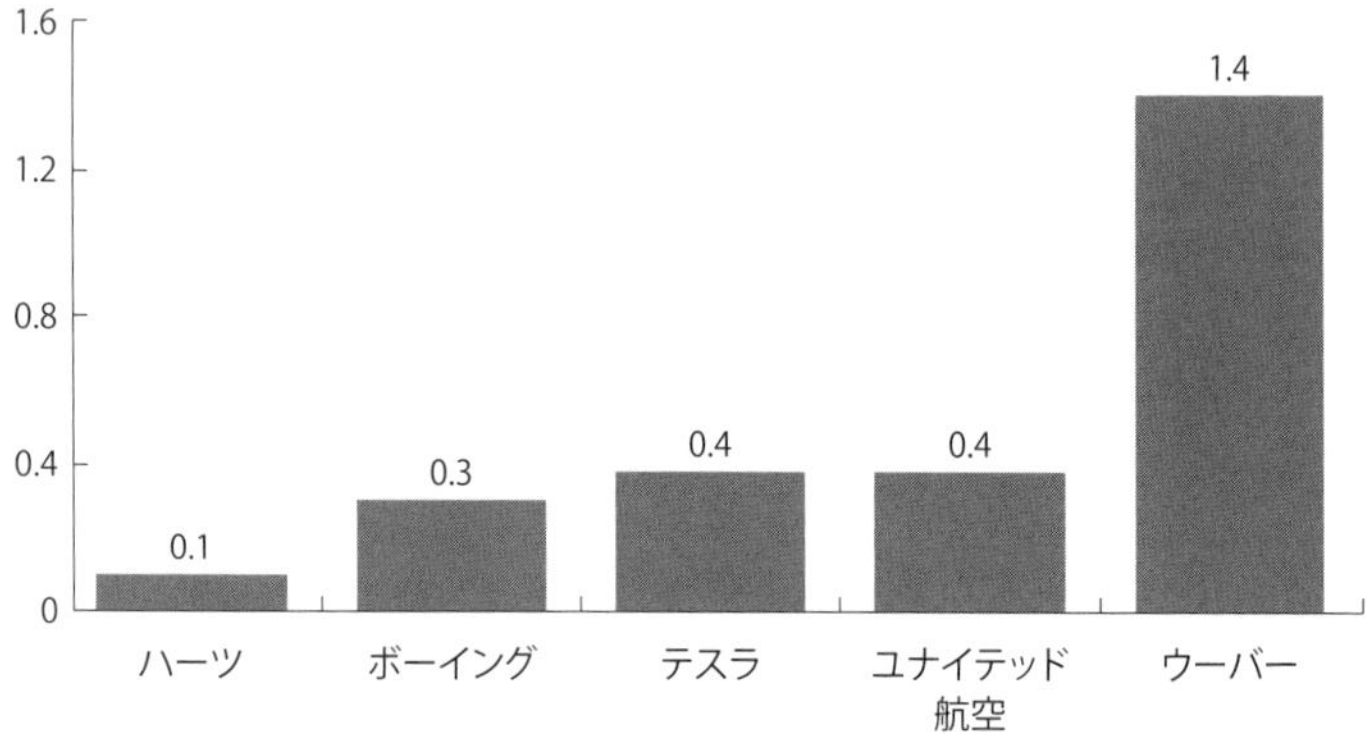

出所：Analysis of Company Filings

で、会社の維持コストはほとんどかからない。経済危機に直面すれば収入がゼロになることもあるが、ウーバーはその場合でもコストを60〜80％削減できる。

一方、レンタカー会社として車を所有しているハーツは倒産した。ボーイングには100億ドルのキャッシュがあるが、収益が80％落ち込んだとしてもコストの削減は10〜20％にとどまるだろう。

たしかにテスラは社員をレイオフすることができる。しかし支払いを続けなければならない費用は山ほどある。工場、小売店舗、充電所の設備に対する何千万ドルというリース料、工場を稼働させるための何十億ドルもの部品調達費、社員の健康保険料などだ。いま現在道路を走行している約100万台のテスラ車に対するサービスも提供し続けなければならない。

ウーバーのモデルが搾取的なのは間違いない。ウーバーの〝運転手パートナー〟は、自分で車のローンや保険料を払わなければならない。これはユナイテッド航空が乗務員にこう言っているのと同じだ。給料が欲しければ自分で飛行機を調達してこい、と。

しかしこれこそが成功のモデルなのだ。少なくともウーバーにとっては。

エアビーアンドビー

エアビーアンドビーも、数カ月間ほとんど動きがとれなかった業界にあって有利な戦いをしてきたプレーヤーの1つだ。同社も他人の褌《ふんどし》で相撲をとっている。つまり、別の誰かが不動産ローンの支払いを行ってくれているのだ。

こうしたビジネスでは立ち直りも早いだろう。ホテルや遊園地、クルーズ船を安心して利用できるようになるには時間がかかる。しかしプライベートな空間を借りることへの抵抗はわりとすぐに解消されるからだ。

失業した人々がどんどんギグ・エコノミー（インターネットを通じた単発の仕事でカネを稼ぐ人が増えていく経済のこと）に参加するようになるだろう。そうすれば、空部屋を貸すとか、なんならしばらく親の家に戻って自分のアパート全体を他人に貸すといったチャンスも生まれてくる。

ギグ・エコノミー

ギグ・エコノミーは、それが搾取的であるという同じ理由から興味をそそられる。そこで食い物にされているのは誰か。それは、必要な資格や経歴を得られなかったために情報経済の中で適当な居場所を見つけることができなかった人々や、伝統的な仕事で働くことができない人々だ。彼らはただ、家族の介護をしていたり、自分自身が健康上の問題を抱えていたり、あるいは英語がうまく話せなかったりするために搾取される。

ウーバーはそうした恵まれない人々の弱みにつけ込んでいる。提供する仕事は簡単に取り消しがきくうえに、報酬は最低賃金にも満たない。したがって立ち上げ費用も少なくてすむときている。

悪いのは、ウーバーの経営陣や役員の人格だろうか。それともわれわれの社会がそのような弱者を数百万人も生み出していること自体だろうか。答えは「両方とも」だ。

パンデミックはすべてを「分散化」させる

新型コロナは多くの業界で分散化を加速させている。

アマゾンによって店舗の軒先は私たちの自宅の玄関先にまで拡大した。ネットフリックスによって映画館はリビングルームの中にまで持ち込まれることになった。いまこうした分散化が、他の業界でも広がっている。

医療

医療もその1つだ。

新型コロナ禍を生き延びた人の大半は、医師のオフィスに足を踏み入れることさえなかった。パンデミックの間、精神的な不調をきたした人は、外出しなくてもセラピストと面談し、薬を処方してもらうことができた。

それが可能になったのは、以前はリモート診療やリモート処方をほとんど認めなかった保険のルールが変わったからだ。

この変更がもとに戻る可能性は低い。そこで新たに掘られた井戸には、新しい技術《イノベーション》と資本がどっと流れ込むことだろう。スマホの高解像度カメラはすでに有効な診療道具となっている。しかしこれはまだ小さな一歩にすぎない。まもなく消費者にも使いやすい診察道具が家に届き、使い終わったら送り返すようになるだろう。どこからでも専門医に診察してもらえるようになるだろう。

アメリカ最大の遠隔医療会社であるテラドックヘルスのネットワークには、何千人もの医師が参加している。[6] 電子カルテへの移行はオバマケアの大きな目的の1つである。おそらく最も持続的で重要なレガシー（置き土産）かもしれない。電子記録によって業界の分散化が進めば、大変革《ディスラプション》の機運が熟するからだ。

飲食

食品の分野では、分散化への移行がかつてない速さで起こっている。

パンデミック以前、ほとんどの人が自分たちが食べるものは実際に見て買うことを好んでいた。特に農産物はその傾向が強かった。だがステイホームを求められた結果、べつにアボカドは押してみなくても大丈夫だとわかったのだ。

2020年3月初めから4月までの期間で、食材のオンライン販売は約90%、料理のデリバリーは50%増加した。[7] この変化によって生まれたインフラストラクチャー（倉庫から顧客にいたる強固な取引の流れ）は、パンデミックの後も残って、食品の流通を大きく変えるだろう。定着するまで10年はかかるはずだった習慣が、瞬く間にニューノーマルとなったのだ。

家で働く

パンデミックがもたらしたものの中で、最も顕著で一般に普及したトレンドは、家でのテレワークへの移行だ。仕事の分散化が始まっているのだ。

もちろんこれは両刃の剣だ。パンデミックの間に起きた他の多くのことと同じく、富裕層が最大の恩恵に浴している。彼らは家庭内オフィスや保育支援など、ロックダウン中にも稼げる手段を持っているからだ。
一方、労働者階級の大半は、家で仕事はできない。彼らは店、倉庫、工場といった職場に縛られている。家で仕事ができる人も、通勤からは解放されるかもしれないが、快適な労働環境を用意できる人は少ない。

事業主として、私は長年、テレワーク文化に疑問を抱いている。アイデアというものはお互いに遊ばせたり、戦わせたりする必要がある。だから顔を合わせているときがいちばん成果があがる。

eメールより電話のほうが話が伝わりやすいことがあるように、ズーム会議よりも実際の会議のほうが生産的で仲間意識を高めることがある。会議に出席するだけで説明責任の意識が生まれる——視覚的な刺激は信頼感を高めるのに役立つ。

近くにいるということは人間関係にとって重要なことであり、そうした人間関係は組織文化にとって不可欠のものだ。

しかし職場で仕事をするにはカネがかかる。オフィスの家賃、通勤費用、衣類のドライクリーニング代、割高なサンドイッチ——どんどんコストが積み上がっていく。

一方、バーチャルな職場環境を可能にしてくれるテクノロジーの質は向上し、費用は下がっていく。

ではテクノロジーによって、イノベーションの能力や生産性を損なうことなく、職場の分散化を図ることができるだろうか。これはとても悩ましい問題だ。

6カ月前の私は、そんなことは無理だと思っていた。ところが、ウイルスは私のマネジメント理論などおかまいなしで、いまこの状況がある。

家で仕事をすると効率が落ちるという思い込みとは裏腹に、初期のデータでは生産性が向上した。少なくともそういう会社があった[8]。

2020年6月の調査では82%の企業リーダーが、少なくとも一定期間はリモートワークへ移行する計画があると答えた。さらに47%がフルタイムのリモートワーク化を進めていると述べている[9]。

私たちはまだ在宅勤務の初心者だ。強いストレスがかかる。家族のことで気が散る。そして人間は急造のテクノロジーとは相性がよくない。

みんなズーム疲れを感じているが、チームの交流を増やすテクノロジーも現れている。私たちはふれあいを求めているが、監視されるのは望まない。

これはイノベーションのための大きなチャンスだ。

たとえばズームは同社初の在宅ビデオ会議専用のシステムを発表した。27インチのモニターとマイク、それに広角カメラを備えているという。新興企業のサイドキックは、1日中同じ部屋で過ごしている気分になれる、常時オンのタブレットを発売した[10]。ターゲットは同僚たちとの自然なコミュニケーションを望む少人数チームだ。

在宅勤務は進化する

ついでに言うと私は、在宅勤務はほとんどの人にとって——特に幼い子を持つ親にとっては——楽なことではなく、むしろ苦労が多いと考えている。誰もが望むワークライフバランスの実現などはるかに遠い先の話のように思える。

しかしその圧倒的に大きな理由は、幼稚園から高校3年までの教育（K－12）を、同時に家でやっているからだ。それはたいへん骨の折れることだが、そんなに長く続かないと思われる。

K－12は2021年には100％対面型に戻るはずで、在宅勤務の利点はどんどん大きくなると期待される（通勤ラッシュを経験せずにすむうえに、身支度の時間も減り、家のどこからでも仕事ができる）。

雇用主にとっては、従業員のための新たな福利厚生や支援策を考えるチャンスだ。

大都市の企業の中には、オフィススナック（社員に対する手軽な福利厚生としての「置き菓子」サービス）に1カ月あたり2000ドルも出費しているところがあった（私が経営するL2では毎月2万ドルに達していた）。

在宅勤務ならこの費用がなくなる。私が新たに立ち上げたセクション4では、社員に対し毎月、食品用デビットカードを渡している。このカードで、社員は自分でおやつを買うことができる。

1日8～10時間を快適に過ごせるオフィス環境が家にない社員も多い。雇用主はホームオフィスに必要なものをチェックしよう。場合によっては社員に座り心地のよい椅子を買い与えるのはどうだろうか。すでに椅子を持っているのであれば、スピーカーでもいいだろう。社員全員に高性能なマイクを買ってやったり、事務用品店のギフトカードを渡すのもいい。何をするかはチームの規模と予算との兼ね合いだ。重要なのは、社員への理解と支援の姿勢を示すことだ。

これまで金曜日に在宅勤務することは、ほんの一部の人間の特権だった。コロナ後の世界では金曜日（あるいは月曜、水曜、金曜でも）は家で仕事するのがニューノーマルになるだろう。

仕事の分散化で得をする人

在宅勤務の推進で利益を得る企業もある。

もし家にいる時間がいまより10～20％増えたら、私ならCB2の高級なソファーや、ソノスのスマートスピーカーを購入するだろう。家のリフォームにともなう出費は3月に33％上昇した。全国各地でロックダウンが行われていたときだ。しばらく家にこもって在宅勤務をしなければならないのだから、家のリフォームに着手するにはいいタイミングだ。

在宅勤務が普通になれば、女性にとってチャンスが広がるかもしれない。30歳未満で子どものいない女性と、同世代の男性との賃金の格差は縮まっている。ところが子どもができると、女性の賃金は男性の77％に下がる。子どものいる女性にも、男性と同じキャリアを積む道を開く必要がある。仕事をする場所の選択肢を増やし、もっと融通がきくようにするのは、その方策の1つだ。

家で仕事をするメリットの1つは、チームの他のメンバーとは異なる時間帯にも働けるようになることだ。それによって、保育や介護など家族のための労働や副業、あるいはワークライフバランスのために趣味に使う時間を捻出することができる。

年間225時間、あるいはまる9日間を通勤に費やすのをやめて、ヨガマットを広げたり、ガレージに置きっぱなしのドラムセットの埃を払うべきときかもしれない[11]。

仕事の分散化で損をする人

とはいえ、在宅勤務にもリスクがある。あなたの勤めているビッグテックがデンバーに移転できるのであれば、インドのバンガロールに移転する可能性だってある。

また、家のソファーで仕事ができるのはすばらしいことだが、私たちが住むこの社会は不平等が残っている。いまだに男性より女性のほうが長い時間、家事や育児をしている。なかなか学校が再開されないと、いつもより育児に手がかかったり、家庭学習が必要になる。それで仕事を辞めざるをえなくなるのは圧倒的に母親のほうだ。この傾向は特に低所得層で顕著だ。

企業における出世の決め手になるのは、対面での非公式なコミュニケーションであることが多い。たとえば仕事の後の飲み会や、急なランチ会などだ。

同じ空間を共有することは重要だ。昇進の第一候補者になれるかどうか、幹部の覚えがよくなるかどうかに影響する。

そのため企業側では、在宅勤務の社員に対して特別な配慮が求められる。いかにして対面での会議や非公式なコミュニケーションに参加させ、昇進の対象者に加えるか。昇進の判断で重視すべきはあくまで実績であって、人付き合いのよさではない。

どれだけ気をつけたとしても、週5日とも（あるいはそれ以上）オフィスに出て来られる社員とそうでない社員を昇進面で平等に取り扱うのは難しい。会社に出て来られない理由は、いろいろある。子どもや扶養家族の世話や介護（特に女性が担うことが多い）だったり、免疫不全であったり、1000マイル離れたところに住んでいたり……。

これは社員にとって不公平極まりないが、雇用主にとっても損失になる──出社を妨げる要因こそが、社員のスキルや自己管理能力を磨く誘因になるからだ。子どものいる女性は、子どものいる男性よりも効率的に仕事をこなす能力を身につけている。9つの企業を立ち上げた経験から、これは間違いないと断言できる。

仕事の分散化と格差の拡大

この問題は第5章で詳しく論じるが、リモートワークは収入格差を拡大するという事実を無視するわけにはいかない。

報酬が10万ドルを超える仕事の60％は家でもできるが、4万ドル未満の仕事では10％にすぎない。これこそが、収入レベルによってパンデミックの影響が大きく異なる要因だ（低所得労働者は高所得労働者に比べ、4倍近くレイオフや自宅待機を迫られる確率が高い）。

コロナ以後、リモートワークによって働き方の自由度は拡大する。しかし恩恵をさらに享受するのは低所得者層ではなく、すでに豊かな裕福層になるだろう。

また根本的な不平等というより快適さの問題であるが、階層内部にも違いはある。

在宅勤務といっても人によって違いがある。郊外の大きな家に住む中高年は、専用の仕事部屋と設備を持っている。多くはフルタイムの保育は卒業しているか、あるいは子どもがすでに大きくなっていて、かかりきりにならずにすむ。

一方、若年層は手狭なアパートに住んでいることが多い。

しかしこうした不満がチャンスを生む。在宅勤務を可能にした同じ技術を使うことで、サテライト・オフィスや臨時オフィスからでも仕事ができるようにすればいい。

穏当な表現を使えば、私はウィーワークの株価については期待していない[12]。しかしその根底にあるコンセプトには希望を抱いている。1人でもチームでも仕事場として使える空間が都市やその郊外までも広がっているのは、まさに未来の光景だ。

仕事が分散化しても都市は残る

在宅勤務――あるいはリモートオフィス――の増加による二次効果とは何か。世界中で都市に住む必要がなくなったら、いったい何が起こるのだろうか。

引き続き注意は怠れないが、私はまだ都市の追悼記事を書こうとは思わない。40年前、都市の死を予測するのが流行したことがあったが、その後、都市は盛り返した。

復活の理由は、人々が仕事のために都市に住む必要があったからではない。都市を再生させたのは若者だ。彼らは他の若者と一緒に暮らしたり、文化や娯楽に満ちた生活をしたかったのだ。

ただしその魅力があまりにも大きすぎて、多くの都市（ニューヨークがその筆頭だが）には人々が殺到し、物価が高騰した。若い人々――特に最初に都市を復権させた世代の子どもたち――は、そこで生活をする余裕がなくなっている。

理想を言えば、中年の域に達した専門職の人々には郊外に引っ越してもらうべきだ。教育環境に優れ、自然環境に恵まれている。それと入れ替わりに20代の若者が都心に回帰してくるサイクルが望ましいだろう。

「ブランド時代」が終わり、「プロダクト時代」がやってくる

「ブランド時代」を彩った数々の神話

私が最初につくった会社プロフェットでは、500ものグローバル企業を相手に次のように説いて回った。

市場平均を上回る利益をあげられるかどうかは、圧倒的なブランド・アイデンティティを確立できるかどうかにかかっている。ブランドは宗教化すべきだ。あらゆる行動や投資活動において、敬意を払ってもらえるようにするのだ。

それを実現する方法が、テレビ・ラジオ広告の恐るべきパワーだった。

第二次世界大戦の終結からグーグルの登場まで、株主価値を高める最高のアルゴリズムは単純だった――平凡な製品を大量に生産し、漠然としたイメージでそれを売り込むだけでよかった。

企業はそのイメージをテレビ・ラジオ広告で固める。平均的なアメリカ人は、1日あたり5時間もテレビ・ラジオにくぎ付けになっていた。

ブランド時代は、息も絶え絶えの製造セクターからバトンを引き継いだ。マッキンゼー、ゴールドマン・サックス、オムニコムといった企業が、サービス経済の急成長をもたらす労働力とインフラを準備した。

ブランド時代にはグル（教祖的な存在）、マーケティング担当部署、最高マーケティング責任者（CMO）といった専門家が生まれた。広告代理店のバイアコムCBSやコンデナストの本部では、建物を取り囲むように黒塗りの車が列をなしていた。

ブランドはごく平凡な製品（アメリカ製の車、ライトビール、安い食品）に感情を吹き込み、何千億ドルもの株主価値を生み出した。「コダック・モーメント」［訳注：コダックのCMで使われた言葉で、絶好のシャッターチャンスを意味する］や「世界に歌うことを教える[13]」といったフレーズによって、無機質な製品に人間的な愛着を感じさせる。そうすれば、あっけにとられるほど大きな利益を生み出せるのだ。

広告業界を描いたドラマ『マッドメン』の主人公ドン・ドレイパーは優雅な生活を送っていた。広告業界は、40代で髪を染め、しゃれたメガネをかけたクリエイターたちを、20世紀後半の救世主とみなしていた。

ブランドは洗濯機やミニバンのメーカーにも持ち込まれた。それは新たな魔法の粉であり、普通のサラリーマンに特別なライフスタイルをもたらした。

本当はどの製品も似たり寄ったりだった。しかし広告によってそれは神聖化された。そして広告・産業複合体の信者には、巨大な利益という祝福がもたらされた。

「ブランド時代」に終わりを告げたインターネット

私もブランドを伝道することでいい暮らしができた。しかしやがて……インターネットが登場した。

私は2002年にプロフェットの株を売却した。サービス業界というものに嫌気がさしていたのだ。

サービス業界で成功するには、アイデアを伝える能力と人間関係を築く能力が必要だ。私は、前者は好きだったが、後者——カネのために仲間を管理し人と仲良くすること——は嫌いだった。

この仕事は売春のようなものだ。ただし矜持など微塵もない。もしあなたが家族以外の人との会食に多くの時間を費やしているのなら、あなたが売っているものはごく平凡なつまらないものだ。

私は運よく逃げ出すことができた。ブランド時代は終わりに近づいていた。

それは一瞬で起こったわけではない。弱ったときに襲いかかる伝染病のようなものだ。たとえばグーグル、フェイスブック、そして金持ちを広告から解放してくれるテクノロジー。終わりの始まりは何だっただろうか。ティーボのCMスキップ機能つきデジタルビデオレコーダーはなかなかいい線を行っている。CMスキップ機能は、あまった可処分所得をもっと価値のあるもの——時間と交換してくれた。

ティーボを購入した人は、2度とコマーシャルを目にしなくてすんだ。広告の時間は貧しい人かテクノロジー音痴だけが負担しなければいけない〝税金〟となった。

ティーボは広告のない世界の予告を（少なくともそれを買える人に）見せてくれた。他にも、以前使っていたものとは比べものにならない便利な新製品がたくさん出てきた（案内広告に対するグーグル、旅行会社に対するカヤック、CDに対するスポティファイ）。もうドラマを見ているとき、10分ごとに中断されることはないのだ。

2020年、ブランド時代は終焉した

ティーボがブランド時代の終わりの始まりを告げるものなら、ブランド時代が本当に終わったのはいつか。2020年の夏である。

ジョージ・フロイドの死とその後の抗議活動が、しばらくの間パンデミックに代わって国民の注視の的となった。このとき、ブランド時代の終焉が明らかになった。

私が見たところ、すべてのブランド企業が同じことをしていた。これまでアメリカの〝罪〟がクローゼットから表に引っ張り出されたときに、彼らがいつもしてきたことだ。

つまり、企業は広告会社を呼んで、励ましの言葉や人目を引く映像、そして黒で塗りつぶした画面などを作成して掲げた。そのメッセージは「私たちは皆さんとともに！」。ただ今回は共感を得られなかった。企業ブランドの神通力は勢いを失っていた。

アクティビストや消費者たちは新時代のツールを使って、こうした企業のブランド・メッセージと経営の現実とを比較し始めた。この動きはまずソーシャル・メディアから始まり、やがて新聞やテレビのイブニング・ニュースに伝播していった。「ディス・ユー？（これあなたでしょ？）」は、ブランドの魔術を暴くツイッター・ミーム（ツイッターを介して広まる情報）となった。

黒人のエンパワーメント（社会的地位の向上）への〝支援〟を公表していた企業が、自社のウェブサイトにその言に反する音楽を使っていると糾弾された。

NFL（ナショナル・フットボール・リーグ）が黒人の抗議活動への支持を発表すると、有名なアメリカンフットボールプレーヤー、コリン・キャパニックの写真がツイートされた。彼は2016年8月のプレシーズンマッチで、試合前の国歌斉唱の際に起立しなかった。「黒人や有色人種への差別がまかり通る国に敬意を払えない」という抗議だったが、彼はこの「罪」でNFLを追放されていた。

世界最大の化粧品会社ロレアルは「声をあげることは価値があることだ」という声明を出した。しかし即座に、同社が人種差別に反対する声をあげたモデルを解雇した事実を突き付けられた。それはわずか3年前の出来事だった。

ブランド企業の社会的不正への反対表明は、見せかけだけであり、実体がともなっていないように見える。制度的な人種差別は深刻な問題だ。テレビのスポット広告30秒だけでは、その差別問題について真剣に取り組んでいることを示せない。

ソーシャル・メディアの普及と、インターネットでの検索がすべてを変えた。企業は〝真剣なふりをする〟ことが前よりはるかに難しくなった。これは人種差別だけでなく、どんな問題に関する広告にも言えることだ。

ようこそ、「プロダクト時代」へ

もちろん社会的な大義へのリップサービスは広告業界にとって専門外の仕事だ。しかしデジタル・ツールは、彼らのコア・ビジネスを破壊し、ブランド時代を終わらせた。私たちはいま、「プロダクト時代」の始まりにいる。

ブランド時代には、裕福な旅行者が見知らぬ土地を訪れると、タクシー運転手にリッツ・カールトンに行くよう告げた。有名な高級ブランドホテルだ。

プロダクト時代になると、このお金持ちの顧客は飛行機を降りるや否や自分のスマホを開く。そしてリッツ・カールトンがリニューアルしていること、評価者は宿泊料金が高すぎると思っていることなどを知る。

そこで彼女は検索でおしゃれなブティック・ホテルを探し、利用者のコメントを比較する。

ブランド時代の主要プレーヤーは、こうした変化についていけなかった。つまり広告会社のためのプラットフォームを提供していたメディア会社と、大規模なブランド構築を行うクリエイター主導の広告会社である。

特にクリエイターには受難の時代だ。彼らは普通の製品に特別な感情を吹き込む30秒のスポットCMを作成することで生計を立てている。武器は表彰ものの立派な広告コピーと有名な俳優だ。そんな彼らにとって、プロダクト時代は望ましい未来ではない。

20年前、リーバイ・ストラウスは3人の外部アドバイザーに取締役会への出席を求めていた。2人は伝説の広告マン、リー・クロウとナイジェル・ボーグルで、もう1人は不肖ブランド戦略家の私である。同社がいかにクリエイターとブランドを重視していたかの表れだ。

私はこのリーバイ・ストラウスの役員だった時代から、いろいろな企業の取締役会に150回は出席している。しかしもう、広告会社はこの問題についてどう考えているのかと質問されることはなくなった。広告の時代は過ぎたのだ。

フェイスブック、グーグル、古い企業の株価実績(2015年8月～2020年8月)

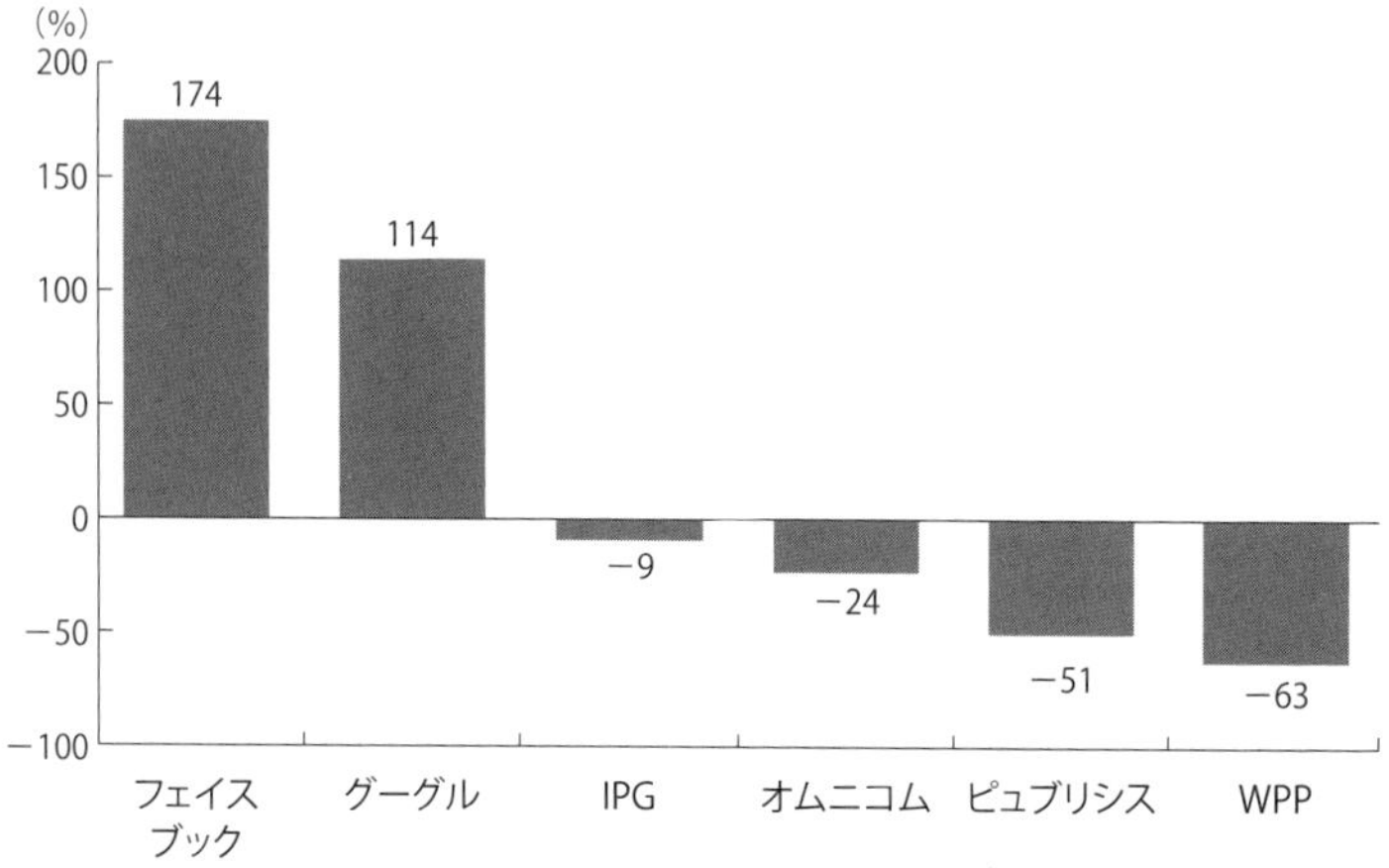

出所：Analysis of Seeking Alpha Data

プロダクト時代には、広告が力を失う

経済が不安定になると真っ先に広告費が削減される。今回もそうで、初めはネットも昔ながらのメディアも影響を受けた。ジョージ・フロイドの死後1カ月、グーグルとフェイスブックの検索と広告費は20％も落ち込んだ。

しかし、昔ながらのメディアのほうが落ち込みは激しかった。回復への道も同じように険しいものになるだろう。好調の波が戻ってきたとき、広告費が戻るのはプロダクト時代のメディアだけになるからだ。ブランド時代の古参企業は置いていかれる。2021年のデジタル広告市場は、グーグルとフェイスブック2社だけで61％を占めると予測されている。[14]

２０２０年、私はフォーシーズンズと仕事をしていた。すばらしい企業だった。社員は感じがいいし、カナダの企業だし（余計な情報）。

２００７年からの大不況の時期、高級ブランドのホテルは苦境に陥った。1室あたりの収益が25％も減少したのだ。このときフォーシーズンズは出版物に広告を出すことを全面的に中止した。すると景気が回復したとき、おかしなことが起こった。出版物への広告を再開していないのに、需要が戻ってしまったのだ。

この現象を１００万倍すれば、これから何が起こるか見えてくる。コロナで世界中の何千という大広告主が放送メディアへの広告中止を余儀なくされた（30〜50％減少）。この経験が惰性で続けていた習慣を変える。かつての顧客は二度と戻ってこないだろう。

アイハートラジオとキュームラスの2大ラジオ放送会社は、２０２１年夏までに（ふたたび）破産しそうである。ラジオ広告は２０２０年に14％減少すると予測されている。[15]

アメリカでの新型コロナの死亡率は０・５〜１％である。[16] アメリカのメディア企業の死亡率はその10倍にのぼるだろう。

コンデナストからバイアコムＣＢＳにいたるまで、メディア大手では社員を一時帰休させたり解雇したりしている。その一方でグーグルは雇用を増やしている。ニュースコープ、タイム・ワーナー、コンデナストで働く人の中から最優秀な人間を見つける方法は簡単だ。彼らはすぐに会社を辞め、グーグルで働くようになる。

コロナ前後のアメリカ広告費の変化（2019年12月と2020年3月の比較）

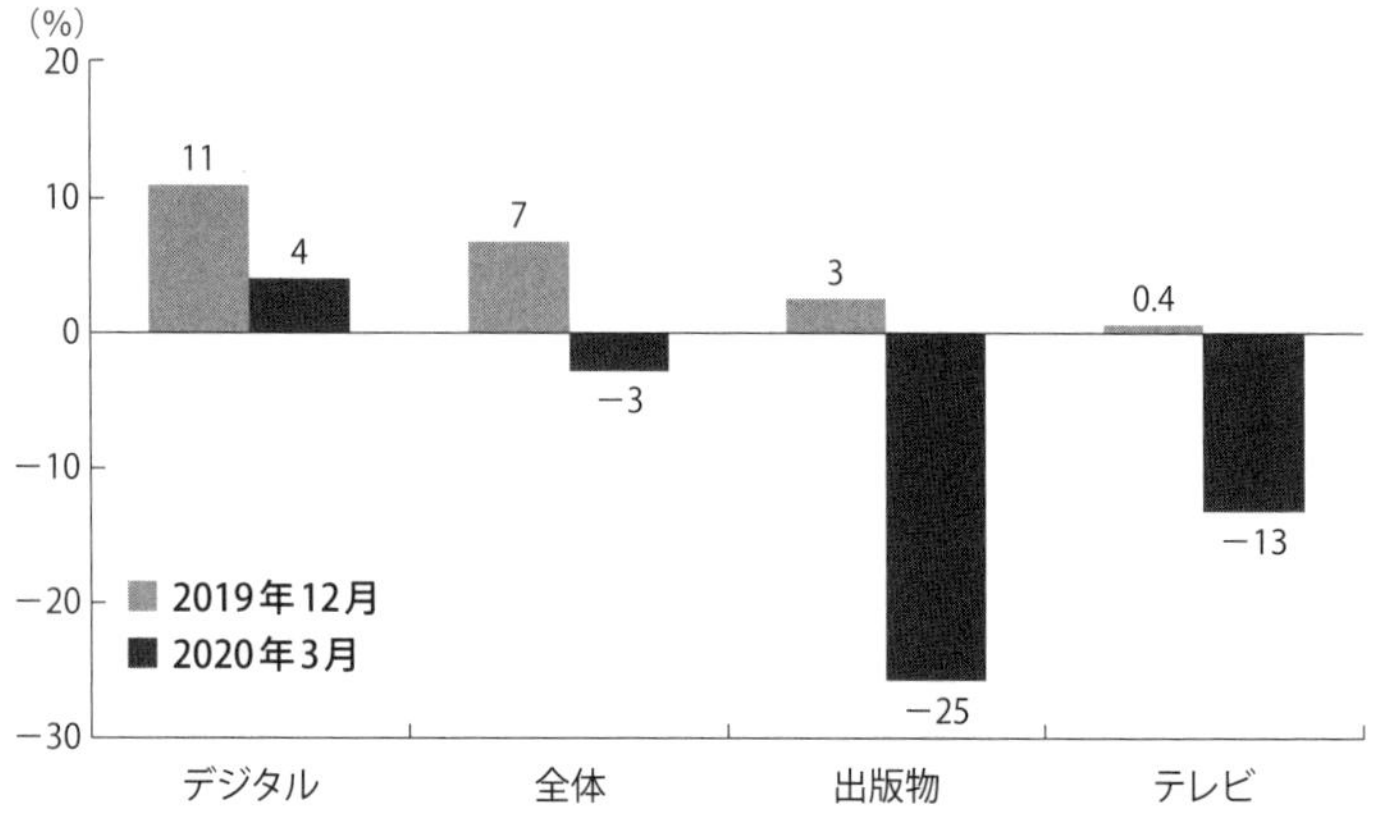

出所：Magna Global

さらに大きな打撃を受けるのが、グーグルとフェイスブック以外のデジタル・マーケティング企業だ。

２０２０年、バズフィードとイェルプのサイトのディスプレイ広告は、２０１９年との比較で40〜70％減と重症だ。ボックス、ハフポスト、ヴァイスがそれに続くだろう。そうならない企業もあるだろうが、ごく一部に限られる。

プロダクト時代を支配する「赤」と「青」のビジネスモデル

プロダクト時代の基本的なビジネスモデルは2つある。

１つ目は、商品を製造コストより高い値段で売ること。こちらの代表はアップルである。

iPhoneは400ドル相当の回路とガラスにすぎない。アップルはそれを1200ドルで販売している。あか抜けた広告を使って、iPhoneを使っている人は誰であれ有能でモテるというイメージを浸透させることに成功した結果だ。

2つ目は、商品を無料で配り——あるいは原価以下で売り——他の企業に利用者の行動データを有料で提供することだ。

NBCは著名な脚本家を雇ってテレビ番組を書かせ、小ぎれいなスタジオでそれを撮影する。できた番組は、視聴の申し込みをした人すべてに無料で配信する。

しかしNBCは機知に富んだコメディの放映中、8分ごとに広告を流し、広告代を本当の顧客である広告主に請求する。このときNBCが扱っている本当の商品は、もちろん消費者であるあなただ。

両方を行うビジネスもある。

NFLは収益の約3分の1を前者のモデルで稼いでいる。試合のチケットを売り、NFLのロゴが入った服やアイテムを売る。

そして残りの3分の2は、ファンにアクセスする権利を広告主に販売することで得る。スーパーボウル中継で流す500万ドルの広告から、スタジアムのあらゆる場所に貼りつけた企業のロゴまで、すべてだ。

しかしテクノロジー主導の経済に移行するにつれ、第2のビジネスモデルのほうが利益があがるようになった。

それと同時に問題も増えている。昔の広告の時代、私たちは広告に少しばかりの時間と注意を割けば無料で興味のあるものを手に入れることができた。広告主がその代金を払ってくれたからだ。

しかしその関係がオンラインになると、ただでものを提供していたはずの企業が、突然、私たちに関するあらゆるデータを手にするようになる。何を読み、何を買い、誰と話し、何を食べ、どこに住んでいるか。彼らはそのデータを使って、私たちをネタにさらに大きな金儲けをしようとする。

以前、私たちは時間と引き換えに欲しいものを手に入れていた。いまでは時間だけでなく、私たちのプライバシーを差し出している。

さらにこのデータを蓄積した企業は、その使い方に磨きをかけ、私たちからますます多くのデータや時間を吸い取っていくようになる。

テレビ局は一度に1つの番組しか放送できない。だから1週間の番組表をどのように組めば、広告主に最も高く売れる視聴者をつかまえられるかを、できるだけ正確に判断する必要があった。

しかしフェイスブックは、それぞれの広告注視リソース・ユニット（あなたや私はそれを〝人間〟と呼ぶ）に合わせてプログラムをカスタマイズする。画面越しにクリックを続けさせることで、フェイスブックは視聴数を無限に増やすことができるのだ。

「赤」と「青」に分岐するGAFA＋X

赤のスマホ、青のスマホ

産業界はしだいにこの2つのビジネスモデルに分岐していくだろう。すでにスマートフォンでその兆候が見られる。

アップルのiOSは前者だ。高品質でブランド力があり高価格だが、裏でデータ利用されることが少ない。こちらを「青」のビジネスモデルとしよう。

一方、グーグルのアンドロイドは後者である。まずまずの品質で初期費用が安いが（あるいは無料）、ユーザーのデータとプライバシーを広告主に差し出さなければならない。こちらを「赤」と名づけよう。

アンドロイドのスマホは1日1200のデータポイントをユーザーから集めて、グーグルというデータマイニングの母船に送っている。

ｉＯＳのスマホが集めるのは２００データポイントにすぎない。しかもアップルはそのデータが金儲けのために使われることはないと強調している。アップルのＣＥＯであるティム・クックは２０１８年にこう語った。「本当のことを言えば、顧客のデータを売る、つまり顧客を商品にすれば、巨額の利益を得られる。しかしそれはしないと決めたのだ」[17]

世界全体がアンドロイドか、ｉＯＳかに分かれつつある。

アンドロイド・ユーザーは、プライバシーと引き換えに価値あるものを手に入れる大衆だ。ｉＯＳのユーザーは４４３ドルのセンサーとチップセット（iPhoneの原価）に１２４９ドルという大金を払って、プライバシーを守りステータスを誇示する裕福な人々だ[18]。この金額はハンガリーの１カ月分の平均世帯収入を超える。

赤の動画サイト、青の動画サイト

ユーチューブは赤の動画サイトだ。無料で動画を見られるが、それはコンテンツの寄せ集めにすぎない。選り分けを助けてくれるはずのアルゴリズムは、少しでもあなたが興味を引かれたものを押しつけてくる。現代の聖人でもないかぎり、陰謀論、暴力、政治的な過激主義など、刺激的かつ煽情的なコンテンツを勧められる可能性が高い。

グーグルはあなたの閲覧記録を追跡し、それとあなたについて知っている他の情報（かなり多い）を関連づける。そのすべてのデータを総動員して、あなたにぴったりの広告を出す。

ネットフリックスは「青」だ。お金を払ってコンテンツを見る。あなたは顧客であり、コンテンツは申し分ない。赤のユーチューブは無料で見られる――ただしあなたの子どもが国粋主義者になるリスクがある。

深まる分裂

2つのモデルが相容れなくなるにつれて、この分裂は深まっていくだろう。

NFLはどちらの世界でも生きることができる。広告収入の流れが、チケットとグッズ販売の流れをじゃましないからだ。

しかしこれはアップルのような企業にはあてはまらない。ティム・クックは、アップルはデータを収集して利用しないと明言した。「プライバシーは基本的人権だ」と彼は言った。

しかしアップルはグーグルをiOSの既定検索エンジンに採用することで、年間120億ドルを受け取っている。アップルはグーグルを切り離す可能性もあるが、そのためには年間120億ドルの収入を諦めなければならない。独自の検索エンジンの購入あるいは開発のために、さらに何十億ドルもの費用が必要になるだろう。アップルは検索でグーグル並みに儲けることはできない。ティムを「嘘つき」にするわけにいかないからだ。

しかしアップルはグーグルなしでも生き残れる。インフラを持っているからだ。アップルはグーグルの80%のできの検索エンジンを、私たちに押しつけることができる。それを聞いて、アップルはまずマップを何とかしろよ、と思う人もいるかもしれない。それはもっともな話だ。

赤のソーシャル・メディア、青のソーシャル・メディア

個人情報へのアプローチ（赤）かプライバシー（青）かという観点からすると、現在のソーシャル・メディアはすべて赤である。無料サービス、完全な搾取構造、しかも時には当人にはわからないやり方で、である。

2020年6月、ティックトックがユーザーのクリップボードの内容を数秒ごとに読み取っていることが明らかになった。[19] アプリがバックグラウンドで動作しているときでも、この読み取りは行われていた。

新しいiOSのセキュリティシステムで読み取っている瞬間を察知されると、同社はそれを止めると約束した。しかし2020年夏以前にティックトックを使っていた人にとって、それは何の慰めにもならない。使い始めたときからそれまで、スマホ上でコピーしたものすべてが、あなたの名前で中国のデータベースに保管されていると思っていい。

フェイスブックを使っても個人データが旧ソ連のクラウドにアップロードされることはない

かもしれない。しかしフェイスブックのユーザーのプライバシー保護の過去の記録を踏まえると、それは安心できるニュースではない。ビットコインの大儲けに浮かれて民主主義打倒をもくろむウクライナの十代の若者が、中国人よりも高い値段をつけるからにすぎないからだ。

ここにとてつもなく大きなチャンスがある。ソーシャル・メディアのiOSになりそうなプレーヤーが1社、あるいは数社も出てくる可能性がある。

ツイッターこそ「青のソーシャル・メディア」の最有力候補だ

青い企業となって、規模は小さくても価値ある顧客をつかむ最大のチャンスを持っているのはツイッターだろう。ツイッターはずっと赤くなろうとしていたが、うまくいっていない。経営陣は依然として、別のやり方でユーザーを搾取しようとし、損失を出している。一方、ユーザーはツイッターを利用して、自分たちのブランドとビジネスを築こうとしている。

いまこそツイッターは青の世界に移行して、価値あるものを提供するべきだ。ツイッターは広告モデルでグーグルやフェイスブックと競争できるほどの規模はない。広告ツールも標準以下である。

この件について、勇敢でハンサムなニューヨーク大学スターン経営大学院のマーケティング教授(私のことだ!)が何カ月もロビー活動をした[20]。その結果、2020年7月にツイッターはようやくサブスクリプション・モデルを〝検討する〟と発表した。

市場はそれを好感し、株価は10％も上昇した。同じ記者会見で、ツイッターの収益が23％減少したことを明らかにしたにもかかわらずだ。もしツイッターにフルタイムのＣＥＯがいれば、半分の時間でこの結論に達していたことだろう。

私なら、ツイッターがサブスクリプション・モデルを〝検討〟する時間を、さらに1年短縮することができる。

サブスクリプション料金はフォロワーの数に基づいて決める。もしモデルのカイリー・ジェンナー（@kylieJenner、フォロワー３９００万人）がプロモツイート1件につき43万ドル稼げるなら、彼女は1カ月1万ドルの料金を支払う。ジャーナリストのカラ・スウィッシャー（@karaswisher、フォロワー１３０万人）なら月２５０ドル払うと、私は断言できる。フォロワーが２０００人に満たない認証済みアカウントの場合は、必要最小限の人数を維持するかぎり無料のままでいい。

ツイッターはＰＲ会社、ニュース配信会社、情報検索会社に取って代わることができるので、Ｂ２Ｂ市場だけでも巨大である。自社の新しいＳａａＳ／ダイエット／ケトン食／ヘンプ製品について発表するのに、月２０００ドルの支払いを渋る企業があるだろうか。

ツイッターは短期的に総収入が40％減少するかもしれない。しかしサブスクリプションに移行して24カ月で株価は3倍になる可能性がある。

垂直統合もサブスクリクション化にとって追い風となる。ツイッターはまだ残っている独立系メディア企業を買収するか、その資産を獲得するべきだ。

サブスクリプション・モデルに移行すると、すばらしいメリットが得られる。それはアカウントと個人が明確に結びつくことだ。自分の素性が明らかになれば、評判を落とす可能性を恐れて人は自ずと慎重に行動するようになる。

従来のSNSの問題は、ボットやロシアの妨害行為を招きやすいことだけではない。SNSは内容がなく人の感情を煽るだけの投稿をまき散らし、さらに勢いづかせる。憤りが高まれば人々はますますSNSを利用するようになり、結果としてくだらない（たとえば日産の）広告が増えることになる。

ネットフリックスとリンクトインにムカついたことがあるだろうか？　怒りを感じるのは、決まってツイッターかフェイスブックだったのではないか。

またツイッターにとって広告を拒絶することで得られる追加的なメリットもある。サブスクリプション・モデルへの移行で喪失する収益は、フェイスブックよりはるかに少なくてすむだろう。フェイスブックはツイッターよりも効率的にユーザー情報をネタに金儲けしているからだ。(21)

ツイッターは移行時期にも広告収入の大半を維持できる。最終的には広告を90％も減らしたハイブリッド・モデルに落ち着くことができるだろう。

兼任のCEOしかいないツイッターでもそれなりのスピードでこうした問題を検討している。マイクロソフトなら、もっと早くできることがある。さっさと独自のミニブログ用プラットフォームを製作して、リンクトインのサブブランドとしてスタートさせるべきだ。

メディアはニコチン（常習性あり）であり、広告は発がん性物質（タバコ）だ。それに納得がいかないなら、ここ10年で大成功を収めたメディア企業、つまりグーグル、フェイスブック、ネットフリックス、リンクトインを比較してみればよい。前の2つは社会の絆を引き裂こうとしているが、後の2つはそうではない。

その違いは何か。グーグルとフェイスブックは憤り＝関与（エンゲージメント）のモデルで運営されているが、ネットフリックスとリンクトインはサブスクリプション・モデルで動いている[22]（ただし、リンクトインの収益の約20％は広告収入である）。

リンクトインにはツイッターが学ぶべきことがたくさんある。リンクトインは人脈や発見がいっぱい詰まった興味深い食材だ。そしてテスラを持ち上げるボット、殺人やレイプの脅し、そしてワクチン反対派といった発がん性物質はゼロである。

私たちはみんな、フェイスブックとツイッターに、リンクトインのようなソーシャルメディア・プラットフォームになってほしいと思っている。

赤の検索エンジン、青の検索エンジン

検索エンジンはこれまで赤一色だったが、青の検索エンジンもぼちぼち現れている。アップルはiOS専用の検索エンジンを用意する必要がある。アップルはやがてダックダックゴーを買収するか、あるいは独自でそれを開発するはずだ。

それ以外では、元グーグルの広告部門の責任者だったスリダール・ラマスワミが、最近ニーヴァという会社を立ち上げた。新たにグーグルのライバルになる企業であり、サブスクリプション・モデルを採用している。

同社のウェブサイトに張られている最初のリンクは、権利の保護規定である。「あなたの情報はあなたのものです」。ただし、お金を払ってくれるなら。

グーグルのソフトコスト（直接事業費とはみなされない費用）のせいで、アンチ・グーグル的なグーグル企業を生み出す可能性があることを、ニーヴァは認識している。

赤のEC、青のEC

アマゾンの〝顧客（サードパーティーの小売店）いじめ〟は有名だ。この10年で誕生した革新的な企業の大半は、それをビジネスチャンスとして伸びてきた。その代表がショッピファイである。

ショッピファイのバリュープロポジション（価値提案）はシンプル、かつパワフルである――「われわれはあなたのパートナーです」。データ、ブランディング、消費者保護をコントロールするのは、あなただ。

ブランド構築は、善意を構築して収益化する科学である。しかし悪意を収益化するイノベーションもたくさん存在する。この場合で言えば、アマゾンが権力を乱用しすぎた結果、オタワ級のチャンスが生まれたのだ［訳注：ショッピファイの本社はカナダのオタワにある］。ショッピファイはいまやボーイングとエアバスを合計したのと同じ価値がある。

このような二分化が、これからますます多くの分野で見られるようになるだろう。航空会社からファーストフードまで、低コストを目指す赤い企業は、広告リソース・ユニット……おっと、間違えてはいけない！　顧客データを蓄積し、それを本当の顧客に渡す。プレミアムな企業は自分たちをプライバシーという青い旗でくるみ、顧客データを利用しないという礼儀を尽くす。そしてすばらしい利益をあげることになるはずだ。

第2章 四騎士GAFA＋X

加速する「GAFA＋X」の支配

2020年の3月から7月までで、新型コロナによる死者は世界で50万人を超えた。そのうち15万人以上がアメリカの死者だった。

ウイルスを封じ込めるためのロックダウンも効果がなく、社会は恐慌とさえ言えるほどの不況に陥った。何十という有名企業が破産を申請した。失業率は3倍になり、4月に史上最高を

時価総額の増加（2020年3月2日～7月31日）

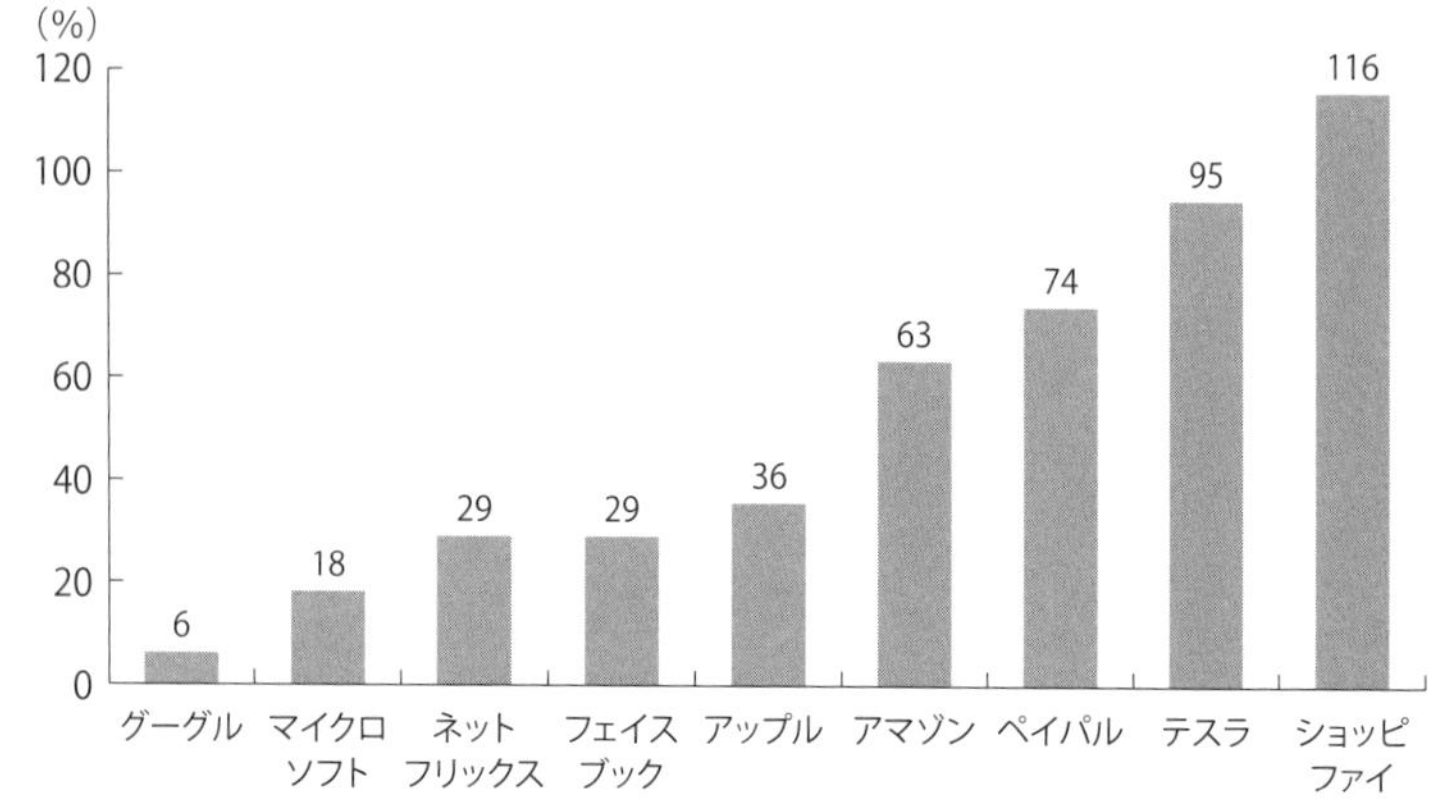

出所：Analysis of Seeking Alpha Data

記録した。

それと同時期の５カ月で、上図にある主要テック企業９社の時価総額は１兆９０００億ドル増加した。普通の時期ではなく、世界的に１００年に１度と言われる最悪の５カ月間でのことだ。しかも彼らは、世界的な病気の蔓延で利益が上がると思われる製薬会社や医療関連会社ではない。

ロックダウンで、たとえばアマゾンとネットフリックスの収益が増加するのは当然と思われるかもしれない。しかし経済活動の縮小という激しい逆風から逃れられているわけではない。

同じように、ネットショッピングの増加でペイパルやショッピファイは恩恵を受けるだろう。しかし買い物をするにはカネ、仕事、そして楽観が必要だ。パンデミック中には足りなくなるものばかりではないか。

倒産が急増し、移動も制限される中で、高級自動車メーカーであるテスラの株価が上がる世界とは何なのか。これは中央銀行の政策でも、経済の現実と市場を切り離した新種の財テクの結果でもない。

私たちが目の当たりにしているのは、少数のアメリカ企業による支配の始まりだ。

第1章では、株式市場の回復は限定的であること、そしてそれがいかに、主に大手企業に利益をもたらしているかについて書いた。特にある集団が際立っている。それがビッグテックだ。

大手テクノロジー企業を除くと、２０２０年前半の主要な株価指標は下落した。テクノロジー分野以外、アメリカ資本主義の大物《ライオン》たちでさえ、牙を抜かれたようになってしまった。エクソン・モービル、コカ・コーラ、ＪＰモルガン・チェース、ボーイング、ディズニー、３Ｍが、年半ばで30％の下落。時価総額の合計は約５０００億ドル減少した。

このパンデミックの時期、あるセクターの業績が他を圧倒していた。それがビッグテックだ。

中でも大手のネットフリックスやショッピファイ、そして近接分野であるテスラがきわめて

5大テック企業の株価とS&P500の推移

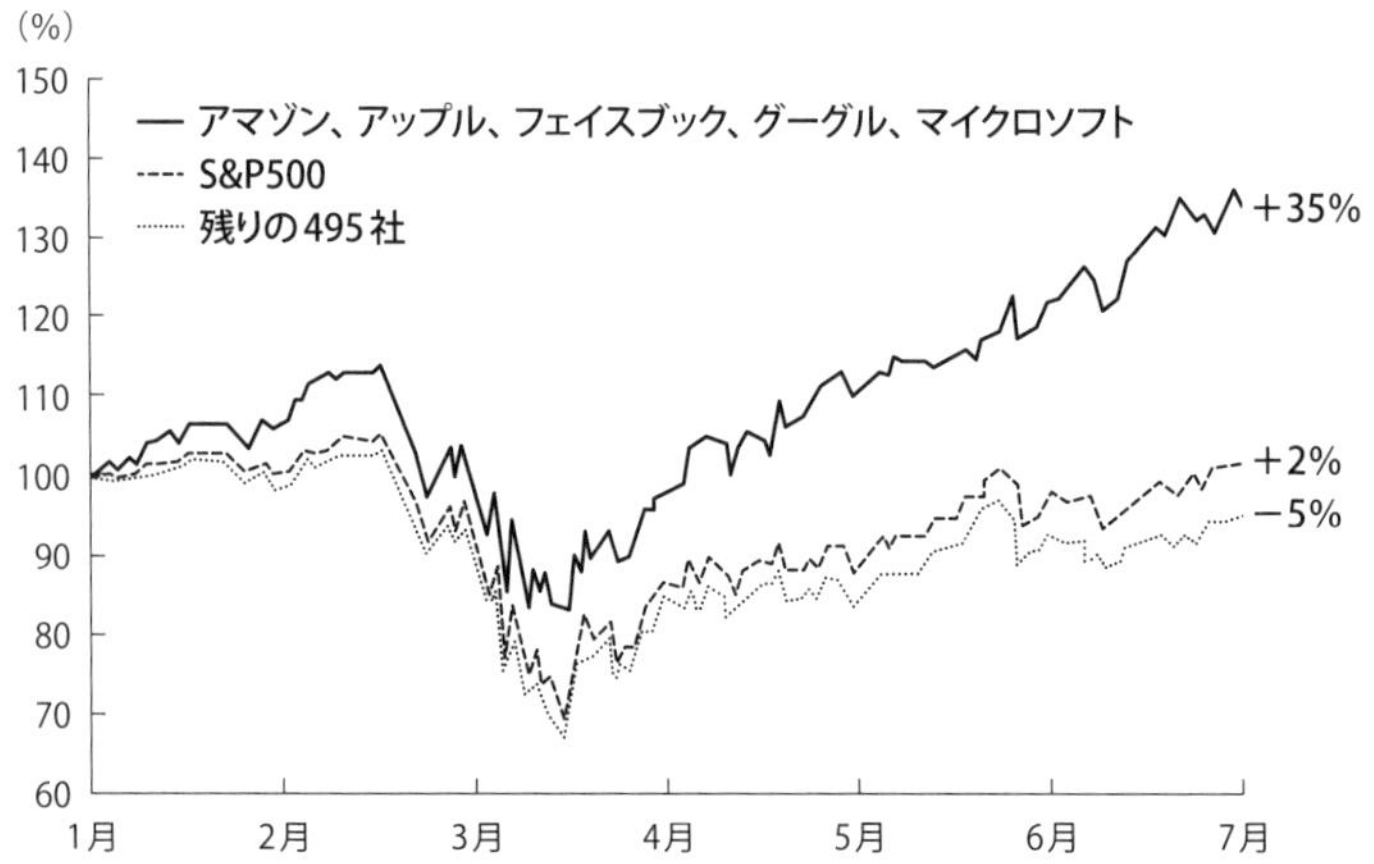

出所：ゴールドマン・サックスグローバル・インベストメント・リサーチ

好調だ。そして突出しているのが、私が〝四騎士（the four）〟と呼ぶ、アマゾン、アップル、フェイスブック、グーグル、それに加えてマイクロソフトである。

これら5社は2020年半ばで24％上昇、時価総額は合計1兆1000億ドル増加した。8月半ばには、年度初めからのリターンがなんと47％上昇、利益は2兆3000億ドルに達した。

これらの企業の重要性はかつてないほど高まっている。[1] この5社で、アメリカで公開されている全株式の価値の21％を占める。

結論——いまはビッグテックの世界である。私たちはただ彼らの世界に生きている。

上がったものは下がらない

ビッグテックの市場支配は驚くことではない。私は2017年にそれについて本を書いた（『the four GAFA　四騎士が創り変えた世界』）。このことを指摘したのは私が最初でも最後でもない。

大方の論評には次のようなただし書きがつく。上がったものは必ず下がる。これらの企業の株価が急上昇しているのには、バブル的な要素がある。ブームが去ったとき、上がったときと同じくらいのスピードで落ちる、と。

それは違う。

パンデミックは、少数のテック企業が私たちの生活や経済を支配するという流れにいっそう拍車をかけた。他の多くのことと同じだ。

これは少なからず、私が前の章で指摘した力のためだ。つまり市場はかつてないほど、勝者に利益をもたらすようになっている。ビッグテックの勝者がさらに大きな利益を得ているのは、より優位な立場にいるからだ。

これは特に四騎士にあてはまる。マイクロソフトやネットフリックスをはじめとする企業にも、四騎士と同じ優位性がいくつかある。ここに世界的な危機をチャンスに変えて、より大きく強くなり、市場支配力を高める方法がある。

「GAFA＋X」の3つの力の根源

私はよく、どの会社の株を所有しているか尋ねられる。投資についての私の助言はシンプルだ。規制されていない独占企業にのみ投資せよ。そんなものは存在しないはずだ。しかし反トラスト法は蒸気機関の時代に書かれたもので、ビッグテックへの施行例はいまのところない。

ビッグテックは21世紀のジョン・D・ロックフェラーやアンドリュー・カーネギーだ。しかも独占を取り締まって連中を抑えようとするテディ・ルーズヴェルトもそばにいない。いないこともないが、私たちのそばにはいない。グーグルに50億ドルの制裁金を科した欧州委員会のマルグレーテ・ベステアーよ、あなたは私のヒーローだ。

ビッグテックはいかにして、いまの地位にたどり着いたのか。そのアルゴリズムは「イノベーション」「不明瞭化」「搾取」である。

イノベーション

テック企業の独占は、イノベーションが基礎となっている。アマゾンはものを安く売り、消費者にすばやく届けるための工夫を山ほど開発した。アップルは他と比べてはるかに質のよい電話を製作した。グーグルは検索で重要なのはリンクを活用することだと認識し、フェイスブックはソーシャル・メディアをソーシャル・ネットワークに進化させた。

これらの企業はどれも、夜明けの光が見えてきた瞬間、誰よりも早く前に飛び出していた。

不明瞭化

しかしオープン・フィールドに出ると、それらの企業は自分たちの優位を守ることに専心するようになった。何をしたかと言えば、不明瞭化である。

彼らは薄っぺらいプロモーション動画で、自分たちの独占的な地位をおおい隠している。動画には、聞こえはいいが意味のない言葉があふれ、若き天才起業家をほめそやしている。

その一方で、ワシントンでのロビー活動と広報のおしゃべりには何百万ドルもつぎ込む。テレビ局のCNBCを毛嫌いし、司法省をうっとうしい弟のように扱った。すべては自分たちが独占企業であることを隠すためだった。彼らはコア・ビジネスで潤沢なキャッシュを稼ぎ出し、その上に安住している。まとまりのない新興企業の段階ははるか以前に卒業している。

彼らのコア・ビジネスには、強力なライバルがほとんどいない。昔は1つの企業が業界を牛耳ったら、それは独占《モノポリー》と呼ばれた。反トラスト警察がやってきて、企業の分割を行った。ビッグテックの独占は、そのシステムに打ち勝ったのだ。

搾取：GAFA＋Xだけが持つ最強の装置「フライホイール」

市場支配力に対する通常の規制をすり抜けた大企業は、特権的な地位を活用して大きな成果をあげることができる。

「フライホイール」とは何か

彼らのビジネスの中心には〝フライホイール（はずみ車）〟がある。フライホイールとは、物理学においては回転の運動エネルギーを蓄えて近くのエンジンを動かす円形のディスクを指す。ビジネスにおいては顧客を集める「目玉商品」である。フライホイールが回転すればするほど、インプットやコスト以上に収益が増大する。

究極のフライホイールはアマゾンプライムだ。アマゾンプライムは幅広い商品をすぐ手に入れたいと思う買い物客を引き寄せる。会員になるとアマゾンプライム・ビデオのようなサービスが受けられるので、プライムの定着率とプラットフォームで過ごす時間がさらに増える。ウォルマートがそれに対抗する独自のサービス、ウォルマート・プラスを開始したのは驚くことではない。ただ1つの謎は、なぜあれほど長い時間がかかったのかということだ。

いったんフライホイールが回り始めると、独占の時代が到来する。ネットワーク効果、安価な資本、イノベーターへの偶像崇拝、司法省や公正取引員会の無気力さなどがフライホイールの回転を助ける。

きわめて儲けが大きいビジネス（電話、デジタル・マーケティング、優良顧客向けサービス《ロイヤルティ・プログラム》、クラウド、ヨーダ人形）が圧倒的な価値を生み出す。その結果、すべての競合他社が独占企業の「引き立て役」となり、独占がより強固になる。

インターネットブラウザのネットスケープは、史上最速で成長したソフトウェアの1つだった。しかしマイクロソフトがオフィスにエクスプローラーを抱き合わせて販売し始めたとたんに、その引き立て役になってしまった。

「＋X」が持つフライホイール

フライホイールを持っているのは四騎士ばかりではない。2016年、ウォルマートがJet.comを33億ドルで買収したとき、私はそれをこう批判した。「中年の危機に瀕したウォルマートが、33億ドルかけて若返りの植毛手術をした」と。ビジネスとしてのJet.comに対する私の見方は間違っていなかった。２０２０年5月にウォルマートはJet.comを廃止すると発表した。

しかし残念ながら、ウォルマートの買収先としてのJet.comに対する私の評価は間違っていた。この買収でウォルマートのオンライン販売の比率がいっきに高まったのだ。そして市場はオンライン販売を実店舗よりはるかに高く評価している。成長の源も、データも、そして未来もそこにあるからだ。

Jet.comを買っただけで、ウォルマートのオンライン比率は6％から16％に跳ね上がった。Jet.com自体に30億ドルの価値はなかったとしても、ウォルマートにとっては30億ドルの価値があったということだ。

そして市場の知恵が裏づけられた。買収の前、ウォルマートの成長スピードは落ちていた。しかし正式に買収が決定すると、ウォルマートはJet.comの創始者でありＣＥＯだったマーク・ロアをｅコマース全体の責任者に据えた。それによってオンライン販売は１７６％も増加した。[2] そしてウォルマートの株価はほぼ2倍になった。

テクノロジーとフライホイールのパワーは、あらゆるものを変えている。

いまやすべてテック企業

〝テック〟は、以前はコンピュータのハードウェアとソフトウェアをつくっている企業を指していた。〝他の〟業界の企業は〝テック〟企業の製品を購入して仕事に活用していた。ドット・コム時代、私たちは革命的な〝テック〟企業を知ってはいた。しかしそれらは自分とは関係のない業界の新参者だと思っていた。

Pets.comはペットショップを単にオンライン化したものだ。Broadcast.comはラジオ放送局のネットワークをオンライン化したにすぎない。E-Tradeも証券仲介業者のオンライン版だ。アマゾンも、当初は書店がオンライン化したものにすぎないと思われていた。

しかし、本当はまったくそうでなかった。アマゾンは実はテクノロジー企業である。過去も、現在も、そしてこれからもそうだ。

ジェフ・ベゾスが初めからずっと理解していたのは、テクノロジー企業はすぐに他社のための技術インフラをつくるだけの存在ではなくなるということだった。テクノロジー企業自身が、それらの業界のプレーヤーになるのだ。

2000年代、ベゾスの予測が現実になり始めた。アマゾンは本から雑貨、そして映画、テレビ番組、食料品、家電製品、クラウド・コンピューティング・サービスまで、事業を拡大し続けた。

同様に、グーグルは映画、ホームオートメーション機器、電話、ヘルスケア用品を販売している。

アップルは電話が大当たりしたために、社名から〝コンピュータ〟を削り、いまやテレビ番組を制作している。

エアビーアンドビー、ウーバー、コンパス、レモネードは、それぞれレンタル事業、配車サービス、不動産仲介業者、保険会社だと思われている。しかし実際はこれらも同じテクノロジー企業だ。その技術を適用したアナログ業界の業種が異なったというだけのことだ。

なぜそれができたのか。

1つには、オンラインでの関わり、アルゴリズム、データといったものが、よりよい技術であり、ビジネスを行うのにより便利な手段だったからだ。どんな製品でも、より多く、より安くつくることができ、より多くをより高い利益率で販売できる。

ただしそのビジネスをゼロからつくりなおして、データに基づいて計画し、オンライン化する必要がある。それを早くから理解して、カネをかけて実行した企業（四騎士――アマゾン、アップル、フェイスブック、グーグル）は、いまやいずれも同じくらい圧倒的な優位性、つまり規模を持っている。

これらの企業は、資本コストの低さ、独占力、規模の大きさという強みによって、あらゆるビジネスをテック業界に追い込もうとしている。

GAFAはあらゆる分野に触手を伸ばす：運送業

いくつか例をあげてみよう。

まず配送について。アマゾンは自社独自の配送事業があったほうがいいと判断した。そして彼らは、かつて1つの産業（物流）だったものを、1つの目玉商品（アマゾンプライム）に変えようとしている。

ジェフ・ベゾス、数十億ドルの資金、そしてエンジニアのチームとで、アマゾンはフェデックスに勝負を挑むことになった。少なくともそれはフェアな戦いになるはずだった。

しかしベゾスの戦い方はこれぽっちもフェアではない。彼はアメリカの世帯の82％に浸透したオンライン小売店を指揮している。そこでは、古本屋からグッチまで、すべてのものにオンライン取引の場を提供し、1分間の売上は1700万ドルにも達している。[3]

そして彼は、その権力を総動員してフェデックスと対決した。

アマゾンはフェデックスの本業においても、フェデックスを上回っている。オンタイム・デリバリー率は高く、（アマゾンで販売しているサードパーティーの配送）料金も安い。アマゾンは積極的な投資を行ってそのリードを広げる一方で、即日出荷の対象となるアイテムや市場を拡大している。

アメリカの世帯への普及率（2020年）

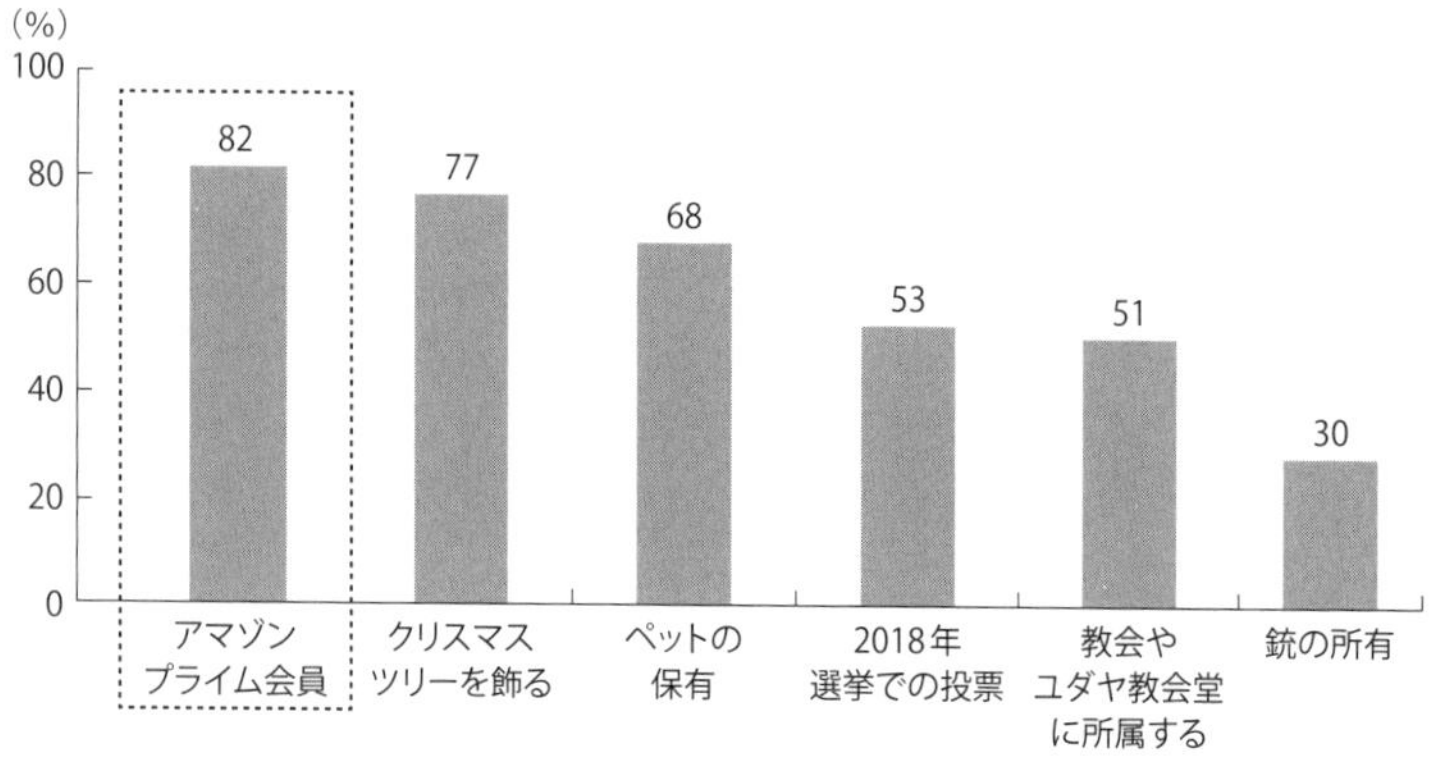

出所：Consumer Intelligence Research Partners, Christmas Tree Association, U.S. Elections Project, Census Bureau, Pew Research

フェデックスの株主は、目を覚ましたら悪夢の中にいた。死人こそ出てこないが、彼らはどこに行っても、ボディにアマゾンのロゴが描かれたメルセデス・ベンツ・スプリンターにつきまとわれている。

フェデックスからしてみれば、トラック部隊でドイツ製の戦車軍団と戦っているようなものだ。フェデックス側からは雄々しい鬨の声が聞こえ、勇敢な行為も時々は見られる。しかし、しだいに死臭が漂い始めるだろう（第二次世界大戦のメタファーが大好きなので、ついこういう表現になってしまう）。

GAFAはあらゆる分野に触手を伸ばす：ウェアラブル

もう1つの例はウェアラブルだ。

ウェアラブルは何百年も前から存在するカテ

ウェアラブル事業の収益（2019年）

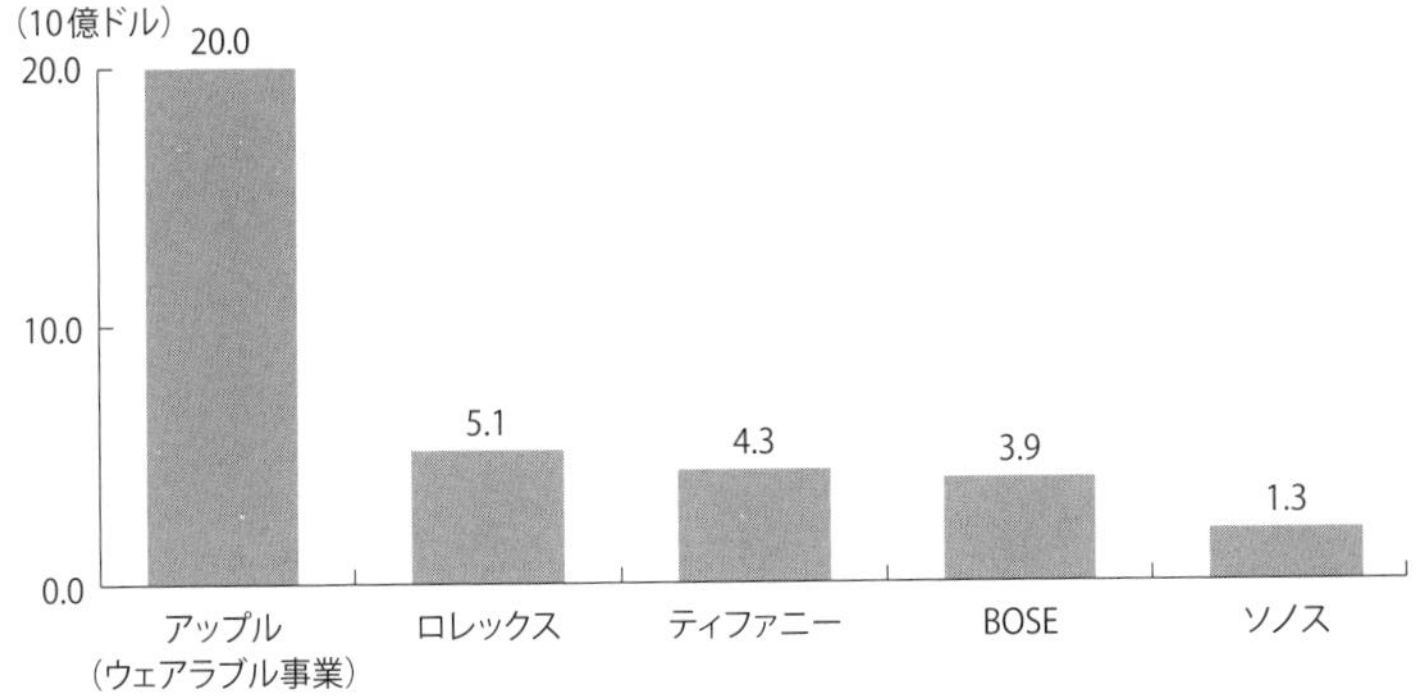

出所：Company Filings, Imore

ゴリーだが、それに名前があることは知られていなかった。アップルはそのウェアラブル市場を席巻している。武器はアップルウォッチ、AirPods、Beatsなどだ。どのくらい圧倒的かと言うと、参入は5年前なのに、アップルはいまや時計業界でトップを走っている。他を4倍以上引き離して。サービスやウェアラブル事業を拡大するアップルの力は、ティム・クックのマネジメント能力を雄弁に物語っている。

同社はいまや収益のほぼ半分を、iPhone以外の商品から得ている。アップルはウェアラブル事業だけで2019年に200億ドルの収入を生んだ。この金額はマクドナルドよりも大きい(4)。

もしこの事業だけを分離しても（公正取引委員会と司法省がまともであるなら、そうするべきだが）、世界で最も価値ある20社にランクインするだろう。

なぜそんなことができたのか。仮にクックと同じくらい頭が切れ、ジョニー・アイブと同じくらい四角いガラスのデザインに長けた経営者が新規参入したらどうだろう。残念ながら、アップルと同じ200億ドル分の時計とヘッドホンを売り上げるとは考えられない。

これはフライホイール効果なのだ。ロレックスは美しい時計をつくるが、それに接続できるロレックス・フォーンは私のポケットに入っていない。ボーズはすばらしいヘッドホンをつくるが、顧客がそれを試すことができるブランド寺院（店舗）を世界中に500軒も持ってはいない。

おめでとう、ウェアラブルよ。君はもう立派なテクノロジーだ。

メディアはGAFA＋Xの次なる主戦場

GAFAがハリウッドにやってきた

もう1つの例はストリーミング・メディアである。

ワーナー・ブラザースの共同創設者ジャック・ワーナーは、ハリウッドの1万3600平方フィートの土地にジョージ王朝スタイルの大邸宅を建てた。1930年代のことだ。それはハリウッド黄金時代に有名人が集まる場所で、まさに大物が住む邸宅だった。

いま、その屋敷はジェフ・ベゾスのものになっている。

ハリウッドはベゾスのものになる？

テクノロジーによって小売業に起こったことが、いまメディアでも起こっている。

何千億ドルもの経済価値と、他産業にはない文化的影響力を持った巨大事業がいまや、客寄せ商品になっている。バッテリーやトイレットペーパーを売るためのアクセサリーである。考えてみればたしかに、それは以前からずっとそうだった（たとえばバドライトのコマーシャルのように）。

ストリーミング動画は、メディアの客寄せ商品化＝フライホイール化をさらに勢いづける。

映画やエンターテインメントは強い感情を引き起こす。eコマースとインターネット企業ではＮＰＳ（ネット・プロモーター・スコア）はマイナスかゼロだが、ＳＶＯＤ（サブスクリプション・ビデオ・オン・デマンド）の企業ではそれが高い。アマゾンの番組『フリーバッグ』が好きな人は、次にトースターを買うとき、ターゲットやウィリアムズ・ソノマではなくアマゾンで買う確率が高くなるのだ。大手エンターテインメント・メディア企業（コムキャスト、AT&T、ベライゾン、FOX、ソニー）は、アマゾンとアップルに価値を譲り渡すことになるだろう。

この2大テック企業にとってメディアはコア・ビジネスではなく、フライホイールの一部、つまり客寄せパンダにすぎない。この2社にカウンターパンチを放つだけの力——資金、リーダーシップ、株主ベース——に恵まれた現役プレーヤーは、ディズニーしかいない。

企業の価値の変化はすでに始まっている。2019年1月から2020年2月までの13カ月間で、アップルとアマゾンの時価総額の増加分は、ディズニー、AT&T／タイム・ワーナー、FOX、ネットフリックス、コムキャスト、バイアコムCBS、MGM、ディスカバリー、ライオンズゲートの時価総額の合計に相当する。以上を踏まえたうえで、前の段落の最後の文章をもう一度読み返してほしい。

ネットフリックス

ネットフリックスは、この分断という狭いナイフ・エッジの上に立っている。

2019年後半の時点でも、ネットフリックスはストリーミング業界ではトップクラスだった。要因はその最高のコンテンツ、最高の技術、サブスクリプション・モデルにおける膨大な

アップルとアマゾンの時価総額の増加分＝その他のメディア会社の時価総額の合計
（2020年1月〜8月12日、単位：10億ドル）

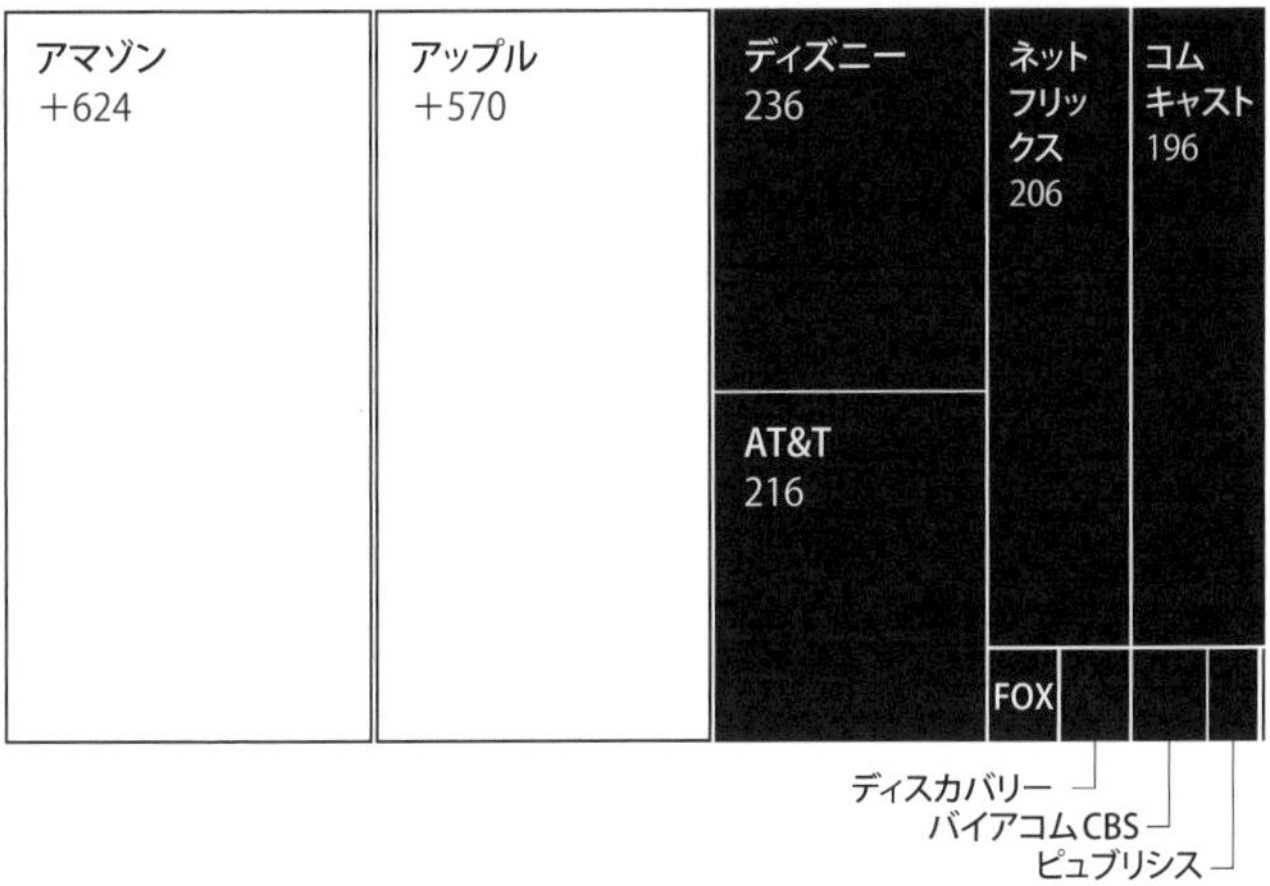

出所：Analysis of Seeking Alpha Data

先行者利益、そして殿堂入りのマネジメント力だ[5]。現在も大成功していることに変わりない。

　アマゾンは利益を株主に還元しなくても株価を維持し、株主からさらなる投資を集めるという特権を得た。投資家は利益ではなく、アマゾンのビジョンに投資しているのだ。これはキャッシュを顧客獲得とインフラに自由に投資できる白紙委任状を得たのと同じだ。

　ネットフリックスはおそらく、これと同じことを成し遂げる唯一の企業になるだろう。

　さらにネットフリックスはパンデミックの恩恵も受けている。株価は１月から50%上昇した。サブスク会員数も２０２０年前半で１１０％増加した。これは前年同時期

の2倍である。(6)

ネットフリックスが今後も同じスピードでコンテンツ予算を増やし続けたら、2025年にはアメリカがフードスタンプ（補助的栄養支援プログラム）に費やす額よりも多くをオリジナル・コンテンツ制作につぎ込むことになる。資本主義が機能していないなんて、いったい誰が言っているのだ？

しかしこの数字に驚いていない人物がいる。それは、元ジャック・ワーナーの屋敷でヒト成長ホルモンを打っている男、ジェフ・ベゾスだ。ベゾスは彼自身がフライホイールだ。ティム・クックも同じく。

ネットフリックスのリード・ヘイスティングスはCEOとしては同等かもしれないが、戦略的優位性を欠いている。

ネットフリックスはもっと規模の増大が必要だ。最初の一手はスポティファイの買収だ。こちらもトップを目指していて、すばらしい資産があるが、致命的な弱点になりかねない欠陥もある。

これら2社が一緒になれば音楽と映像が手に入る。さらにスマートスピーカーのソノスを買収し、物理的に家庭内に入り込めば、アレクサやシリを使わなくてもすむ。そうすればネットフリックスの将来はさらに明るくなるだろう。

メディアは独立した事業というよりも、顧客獲得の道具になっている。メディアという麻薬をどこよりも速いスピードで摂取できる企業が勝者になるだろう。

ＧＡＦＡはすでに腕に点滴をつけている。彼らに映像配信も加えてもらえばいいではないか。ここで言っておくと、ベゾスの屋敷のもともとの所有者だったジャック・ワーナーは、１９４８年に反トラスト法違反で司法省に訴えられている。

既存メディアがさらされる脅威

ビッグテックが既存の大手有力企業にとって本物の脅威となるのは、その大手企業が自分たちの本分を忘れて、バカなことを始めるときだ。たとえば大手テレビ局ＨＢＯについて考えてみよう。

テレビはわれわれの時代を代表するアートフォームだ。映画は退屈で驚きを失っている。ヒーローものの続編など、誰が待っているというのだ。

映画の創造性の頂点がテレビであり、ＨＢＯは何十年にもわたりその最高峰だった。『セックス・アンド・ザ・シティ』や『ゲーム・オブ・スローンズ』は、ＨＢＯが無比の創造性を持った天才であることを示す名作だ。

ＨＢＯはコンテンツ制作費７４００万ドルごとにエミー賞を１つ獲得している計算になる。アマゾンは1つにつき4億ドル。ネットフリックスは5億５６００万ドル。Huluにいたって

エミー賞受賞作品1作あたりに投じた金額（2019年、単位：100万ドル）

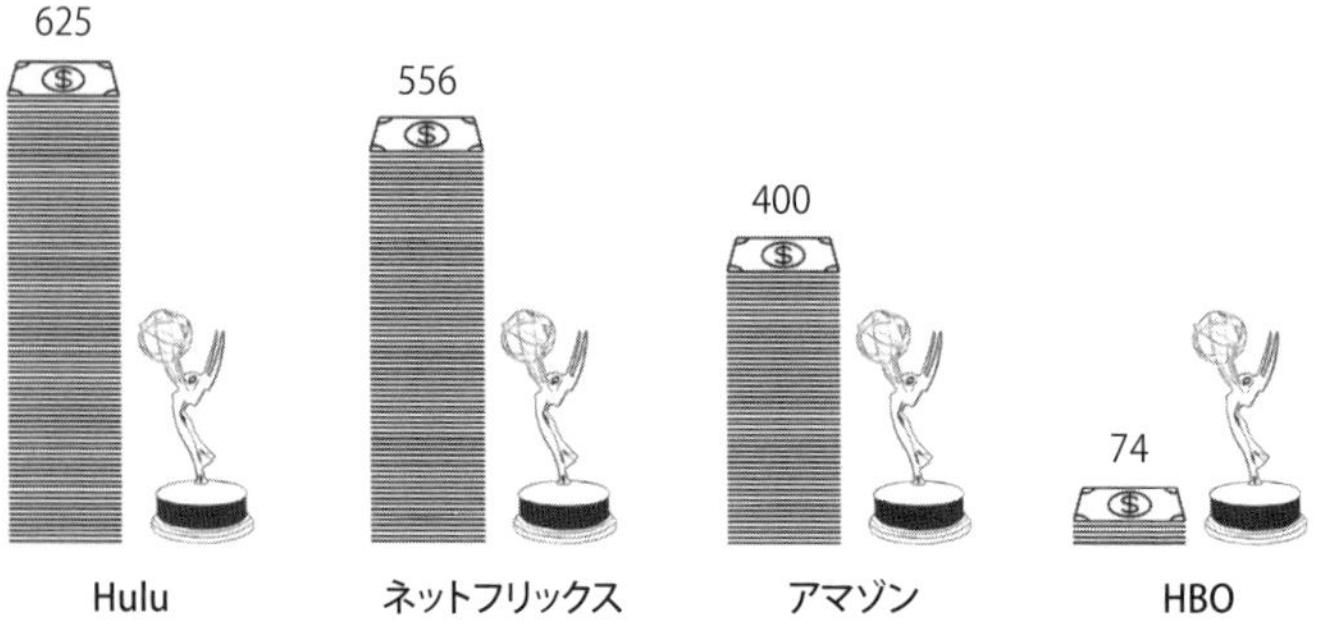

出所：Analysis of Observer Data

は６億２５００万ドルである。

アップルの『ザ・モーニングショー』〔訳注：長年続く朝の人気情報番組を舞台に、看板キャスターの不祥事を発端とする人間模様を描いたテレビドラマシリーズ〕では１話につき１５００万ドルかかる。[7] ＨＢＯが『ゲーム・オブ・スローンズ』１話にかける額より多い[8]。

あなたは、どちらが見たいだろうか。それは難しい選択だ……というのは嘘である。

ＡＴ＆ＴのＣＥＯジョン・スタンキーはＨＢＯを買収した。彼がやったことは、パリの至宝オルセー美術館に入っていって「もっと規模を大きくしよう」と言うのと同じ愚行だ。

かつてのＨＢＯはぜいたくなコンテンツが売りのブランドだった。ストリーミング世界におけるバーキンのバッグだ。

それがいまや、月額15ドルの、雑多なものの入った高価ながらくた箱になっている。これはディズニープラスの料金の2倍、アップルTVプラスの3倍だ。4人のオタク男子と3人の女の子が繰り広げるラブコメディ『ビッグバン★セオリー――ギークなボクらの恋愛法則』が目玉の配信パッケージに、15ドルを払おうとする人はいない。

そして展開のやり方も完全に間違っている。RokuでもアマゾンFireTVでも見られないのだ。アメリカで圧倒的なシェアを獲得している2つのメディアストリーミング端末のいずれでも見られないのは致命的だ。

これはRokuと配信契約を結べなかったためだ。ストリーミング映像視聴の70％は、RokuとアマゾンFireTVが占めている。(9)

このHBOの失態につけ込んで好機を見出したのは誰か。アップルである。

アップルはオリジナル・コンテンツ制作に60億ドルをつぎ込み、ぜいたく品という地位をHBOから奪いつつある。

ぜいたくの本質は職人技と希少性だ。アップルTVプラスは、そこにあるものが重要なのではない。そこにないものが重要なのだ。さらに明確に言えば、アップルが制作していないものは1つもない。

もちろんアップルの作品は、HBOの傑作に比べると見劣りする。しかしブランドを棄損するような駄作がないことが大切なのだ。

テック企業が大きくなれば問題も大きくなる

ますます強まるGAFA＋Xの支配力

新型コロナのパンデミックは、ビッグテックの悪行から目をそらすという効果をもたらした。そもそも現代では、どんなニュースも12時間もたたないうちに忘れられていく。それにパンデミックと国家の無能ぶりが重なり、他のすべてのことが軽く見られてしまった。

しかし人々が注目していようがいまいが、歯止めなき成長と市場支配によっておびただしい数の問題が生じている。

当然のことながら、厳しい競争から解放された企業ではイノベーションが減ってくる。利益やシェアを増やすため、真の価値の創造よりも独占的地位の悪用が主業務になる。自分の地位を守るために、彼らは他の革新的な新興企業を早い段階から摘み取ろうとする。

１９８０年代から90年代の絶頂期のマイクロソフトは、外部のイノベーションを抑圧したことで悪評ふんぷんだった。同社のやり口は〝ＦＵＤ〟と呼ばれた。競合製品についての恐怖(Fear)、不確実性（Uncertainty)、疑念（Doubt）を呼び起こすのである。それらの製品はマイクロソフトの製品で徹底的に検査していないとか、ライバル会社には資金が足りないとか、やる気のあるセールスマンが考えそうなあらゆるデマを吹聴していた。

マイクロソフトは〝ベイパーウェア〟が大好きだった。発売の目処が立っていないにもかかわらず、ライバル会社に対抗する製品や仕様変更の計画だけを発表してしまうのだ。最も悪質なケースでは、ユーザーがライバルのソフトウェアをインストールしたとき、偽のエラーメッセージが出るようにした[10]。

現在のビッグテックの危険度は、それよりはるかに高い。そのパワーも宣伝能力も、私たちの生活と社会のさらに奥深くまで入り込んでいる。

１９９０年代のビル・ゲイツは、ライバル会社のスプレッドシートソフトの販売に弾みがつくのを妨害することができた。いまマーク・ザッカーバーグは大統領選の結果に影響を与えることができる。

マイクロソフトはアメリカ企業のテクノロジー予算を奪った。フェイスブックはそれだけでなく、個人の生活や精神の安寧、われわれの民主主義の健全さまで奪っている。

「大きすぎて潰せない」企業は無茶ができる

これらの企業が１９９０年代のマイクロソフトより大きくなり、私たちの生活に浸透している。いま、その影響力がリスクとなっている。

パンデミックのロックダウンで食料品店の棚が空になり始め、アマゾンの宅配が急増した。このとき、私たちは規模が大きくなりすぎて潰せない新たな企業のグループが誕生したことに気づいた。

「大きすぎて潰せない」企業にとって正しい戦略は、特大のリスクを負うことだ。成功の手柄は自分たちのものになり、失敗したときのつけは社会のものになる。つまり、政府から救済してもらえるのだ。このリスクの非対称性のために、銀行はレバレッジを利用し、世界的な経済危機を引き起こしそうになった。

ビッグテックにとっての正しい戦略とは、「何も悪いことは起きていない」と無視を決め込むことだ。選挙妨害、十代のうつ病、反ワクチン、若者の先鋭化、雇用喪失……彼らはそんな問題はどこにもないかのように振る舞うだろう。

対立と分断

ビッグテックが意見の対立と先鋭化を助長していることは十分に証明済みだ。それはもう常識になってしまっている。人よりも利益を優先するとんでもない例が次々と現れている。

まさにこの本を書き終える数日前、バズフィードが次のことを記事にしていた。ウィスコンシン州ケノーシャで起きた警官の発砲に対する抗議として、ある民兵組織がフェイスブックで人々に「武器をとれ」と呼びかけた。この件について、フェイスブックには455件のクレームが届いていた。

それだけたくさんの警告があったにもかかわらず、フェイスブックはこのあからさまに暴力行為を煽動する投稿を放置したのである。(11) 明らかに故意に放置されたと思われる。このクレームは、その日にフェイスブックに届いた報告の66%を占めていたうえに、4人のモデレータによるチェックを受けていたのだ。

そしてケノーシャで2人のデモ参加者が銃殺されると——報道によれば武装した民兵組織のメンバーによる犯行とされる——、銃撃犯を賞賛する投稿がフェイスブック上にあふれた。銃撃犯のために資金を集める呼びかけは1万7000回もシェアされた。(12)

この事件の1週間前には、フェイスブックがホロコーストを否定するコンテンツを「積極的に助長している」というレポートが出ていた。(13) さらにフェイスブックも、カルト宗教組織のQアノンを支持する集団の何千ものページを削減せず、サイトに蔓延させたことを認めていた。NBCニュースによれば、その組織は「列車ハイジャック、誘拐、警察の追跡、殺人など暴力的・犯罪的な事件」へ関与していたという。(14)

ビッグテックは自分たちの製品設計と方針決定が持つ意味を、これまでほとんど考えてこなかったように見える。そうでなければ、私的な利益のためにわざと公共の利益を犠牲にしていると断じるしかない。

彼らの組織の規範は、規模の外部性を認めないことだ。たとえそれが、ケンブリッジ・アナリティカによる世論誘導や、若者を先鋭化させるユーチューブのコンテンツにつながったとしても。

ビッグテックで働くなら「これが起こったらどうなるか、考えたことある?」という疑問を持ってはいけない。「どうすれば毎日のアクティブ・ユーザーを1000万人から2億人に増やせるか」という深遠な問いへの答えを妨げるのはもってのほかだ。そういう者は、誰であれ〝キャリア不適合〟の烙印を押される。

アメリカの自動車業界よりも大きな価値を持ちたい、次代のスティーブ・ジョブズになってスタンフォード大学の講演者として招かれたい、わが国の富とイノベーターの象徴的な人物として熱狂的賞賛を浴びたい——人はそんな誘惑には抗いがたいのだ。

GAFA＋Xに対抗する

古びた法律

これら巨大企業と戦うのは難しい。これほど力を持ってしまった企業に対して、個人はもちろん、他の企業でさえできることはほとんどない。それは政府の役割だ。

しかしビッグテックに味方する世論もあり、彼らに雇われたロビイストもいる。彼らは取り締まる側が追いつけないほど動きが速い。石炭発電の明かりの下で書かれた法律は、デジタル独占企業を制御することができない。

従来の反トラスト法の原則は、価格の釣り上げによって消費者が被る不利益だけを重視していた。つまり低価格が善で、高価格が悪だった。

しかし、これはグーグルやフェイスブックのように顧客に料金を請求しない企業には適さないしくみだ。アマゾン（そして、アップルTVプラスを含めたアップル）にも使えない。彼らは徹底的に価格を引き下げながら、その一方で競争を制限し、高価格以外の方法で消費者の利益を損ねているからだ。

また現在、主流の反トラスト法の枠組みではまったく考慮されない能力がある。それは何十億ドルという廉価な資本を調達する力だ。ビッグテックはこの力で市場を統合し、ライバルを打ち負かしている。

同様に、いまのコンテンツ規制の慣例は印刷メディアとブロードキャスト通信の時代につくられたものだ。アメリカ合衆国憲法修正第1条の「言論の自由」はアメリカの民主主義の土台だが、無制限に許されたわけではない。中傷、暴力の呼びかけ、守秘義務違反、国家機密の漏洩は常に厳しく制限されているし、営利的言論も規制されている。

しかしその線引きが定められたのは、印刷製本した本を一度に1冊しか販売することができず、電子メディアは放送波に乗って不特定多数に流れていく時代だった。

いまでは、誰でも何百万人もの視聴者とつながることが可能だ。世慣れたプレーヤーなら、特定の言説を受け入れやすい、考え方に少し偏りのある集団に、個別にカスタマイズされた何百万ものメッセージを発信することができる。

よく言われることだが、言論《スピーチ》の自由はリーチの自由ではない。これまでも偽物あるいは誤解を招きやすいメッセージが発信されることはあった。しかし高度なアルゴリズムによって、公の場で評価され批判されることなく一部の人を狙い撃ちにできるようになってしまった。ターゲットにされるのはデマを信じやすい特定の有権者だ。これは民主的プロセスに大きな打撃を与える可能性がある。

その次に出現するのは、ディープフェイク（誰かが本当に何かを言ったりやったりしたと思わせるフェイク映像）や、それ以外のフェイクニュースのツールだ。それらによって、わが国はさらに分断を余儀なくされることになろう。

公聴会

市民やメディアは、これらの脅威に気づき始めている。しかしこの先の道は険しく狭い。

2020年の夏、下院の反トラスト小委員会が公聴会にGAFAのCEOを呼び、証言させたことが大きなニュースになった。

私を含め多くの人が、それは意味のないジェスチャーだろうと思っていた。しかし実際は小委員会が入念な調査を行っていたこと、そして委員の大半が大まじめにビッグテックの支配を抑制しようとしていることが明らかになった。

開会のあいさつで、小委員会議長の下院議員デイビッド・シシリーニがデジタル時代の反トラスト、主にビッグテックのデータとリーチについてのビジョンを展開した。小委員会はそれ以上の情報は求めなかったが、法律の制定や反トラスト法違反訴訟の可能性を示唆した。ビッグテックがそうした政治反応を引き起こす可能性は十分にある。

攻撃の先頭に立ったのは、下院議員のプラミラ・ジャヤパルだった。社内文書と小委員会による調査で引き出した証言を武器に、ジャヤパルは情け容赦なく追及した。彼女には公正を求める熱意があった。

こうした公聴会では証人に比べて政治家の力が見劣りすることが多いが、ジャヤパル下院議員は違っていた。彼女は非常に有能だった。反対側の席に座って自分自身の会社について弁明したとしてもおかしくないくらいだった。しかし彼女はずっと以前から、国のために尽くすことを選んでいた。

彼女の最初の質問は、自らの選挙区の有権者であるジェフ・ベゾスに向けられた。そして、アマゾンがサードパーティー販売者のデータを不正に利用していることを認めさせた。

世界一の金持ちを片づけた後で、彼女はナンバー・スリーのマーク・ザッカーバーグに襲いかかり、質問の集中砲火で血祭りにあげた。質問は主にザッカーバーグ自身のeメールに基づくものだった。ザッカーバーグは、ライバル企業の製品をあからさまにコピーしたことを認めた。

公正取引委員会がグーグルを反トラスト法違反で訴える可能性があることは、広く報道されている。議会が反トラスト法の改正を支持する意見を集めることができれば、その他のビッグテックに対する同様の訴訟も起こされることだろう。

GAFA分割は、ひとえに「競争促進」のため

ビッグテックの分割を、何か悪いことをした罰だと考えるべきではない。テック企業のトップが悪人かどうかも関係ない。

経営者は株主価値を上げるためにできることは何でもやる。それが彼らの仕事だ。企業の規模が十分に大きくなったら、ライバルとの競争を力づくで押さえ込み、自らの力を最大限活用する。それが株主の短期的利益を守る最大の方法だ。経営者なら誰でもそうする。

しかし会社を分割すれば市場で競争が再開する。それこそが継続的な経済成長のための最善策だ。彼らも行動を改めざるをえなくなる。市場競争の結果、私たちの選択肢が次々に増え、

競争に参入してくる他の企業も……行儀よくふるまう。

規制がGAFA＋Xを利することもある

反トラスト法は、ビッグテックの危険なパワーを知らしめるための、政府の道具の1つにすぎない。競争を育てるためのものなので、包括的にならざるをえないところがある。

しかしビッグテックの私的データ乱用や、絶え間のないデマと対立の煽動を抑えるには、その他の規制が必要になるかもしれない。これは見た目以上に込み入っている。規制が思わぬ結果につながることがあるからだ。

公害や労働を厳しく規制すると、最低賃金が低く労務管理の弱い外国に生産が流出する可能性がある。森林火災を防ぐ取り組みによって何十年もの間に積み上がった燃料が、もっと破壊的な大火災をもたらすこともある。

最大のリスクの1つは、大企業の監視を意図した規制が、最終的に彼らに利益をもたらしかねない点だ。規制に対処するための内部コンプライアンス・チームやシステム開発の経営資源を持っているのは、大企業だけなのだから。

フェイスブックの投稿、ツイート、グーグル検索結果など、現在のITコンテンツに関わる規制は、主にセクション230という法律によって管理されている。この法律は、ユーザー投稿によって生じる責任からプラットフォームを保護している。これはコミュニケーションのメディアとしてインターネットが成長していくために不可欠である。

しかしその保護の範囲が危険なコンテンツにまで及んでいるため、最近はセクション230の改正を求める声が大きくなっている。しかし進むべき道として何が最適なのかについての明解なビジョンがまったく見当たらない。

セクション230を改正するための議会の最近の動きは、とてもスマートとは言えない。

議会はcraigslistやBackpage.comといったアダルトサイトの広告が急増していることを懸念してきた。それらの広告の多くが、実質的に性的人身売買の広告だったからだ。

そこで2018年、議会はFOSTA-SESTAとして知られる法律を可決した。この法律は性的人身売買について、セクション230の保護範囲を制限するものだ。

この法案が議論されているときから反対の声はあった。その多くがテック業界からのものだった。法による規制は単に人身売買を地下に追い込んで、やめさせるのが難しくなる一方、合法的で価値のある取引やオンライン・コミュニケーションを抑圧するという主張だった。

主要なテック企業も初めは反対していたが、法案が自分たちの意向に沿って修正されると、フェイスブックが強力な支持を表明し、法律として成立した。

この法律は、事実上の失敗だった。性労働者の人権を守る運動家の報告によると、予想どおり性労働がストリートの闇に押し戻され、以前よりも危険で不安定になった。法律によって性的人身売買が抑えられているという証拠もほとんどない。

連邦当局はFOSTA-SESTAが可決される前にBackpage.comを閉鎖した。性的人身売買を禁ずる現行の法律は完璧に機能しており、それを適用した英断だった。

何より致命的な欠陥は、この法律が競争に与えた影響である。小さな出会い系サイトが違法行為になるのを恐れてどんどん閉鎖された。しかし法案が通過してまもなく、フェイスブックが独自の出会い系プラットフォームを開始したのである。法案の成立には同社の支持が大いに影響していた。

GAFAが自らにかけた「成長」という呪い

ビッグテックは投資家に対して、暗黙のうちに、あるいは公然と、5年で株価が2倍になる可能性が大いにあると請け合っている。

そうでなければ、投資家はズームやレモネードなど次の〝変革的《ディスラプティブ》〟な企業に向かうことだろう。彼らの時価総額が増大しているとき、ビッグテックの食欲を満たすのはどんどん難しくなる。吸血鬼を演じるブラッド・ピットがネズミでは渇きが満たされず、人間を襲わざるをえなかったように。あの映画を覚えているだろうか。青白い顔と変な髪形の……。

アメリカで収益が大きいセクターのベスト6（2020年）

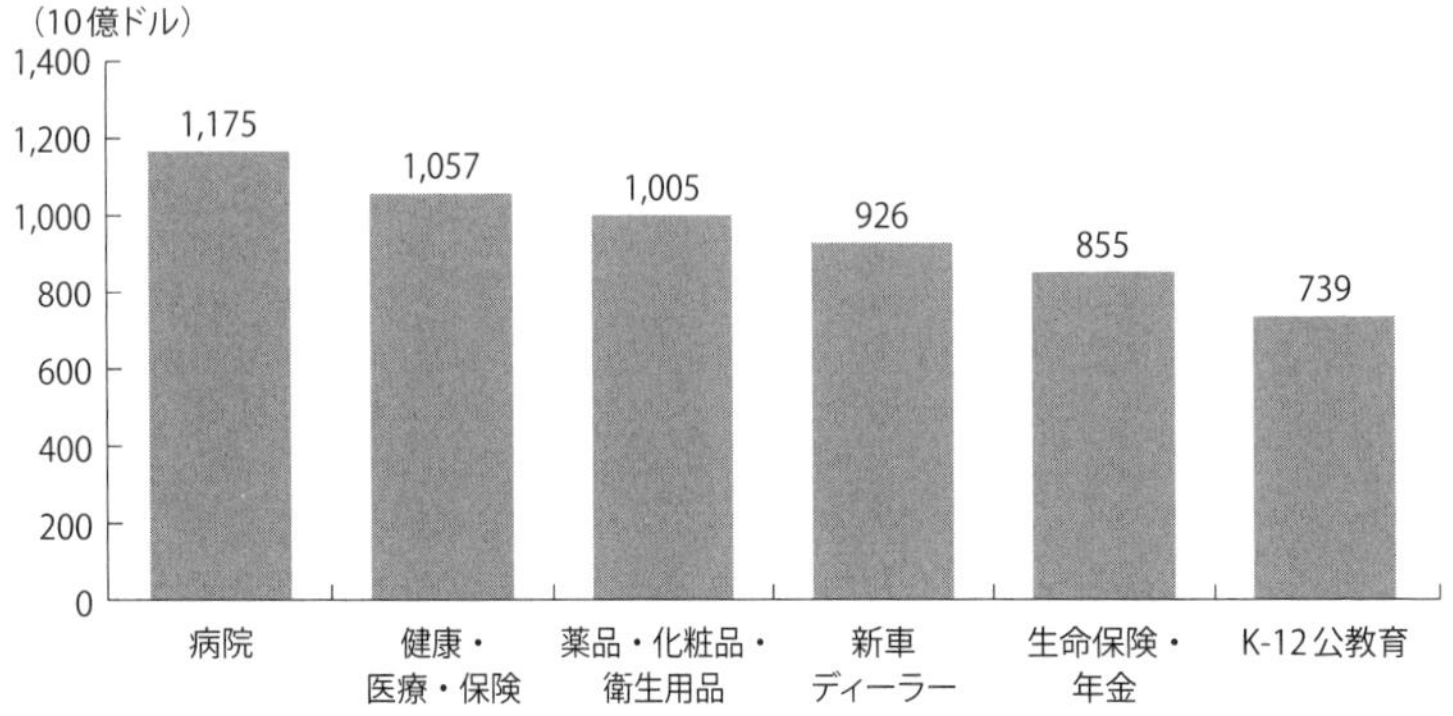

出所：IBIS World

それはあくまで空想の世界だ。グーグルやフェイスブックはラジオや印刷業界の現在の収益を奪うことができるだろう。しかし投資家の期待を踏まえると、24〜36カ月以内にはふたたび空腹で目を覚まし、さらなる収益拡大を目指さざるをえなくなるだろう。

ＧＡＦＡは今後5年で収益を1兆ドル増やす必要がある。そのためには新しい市場への参入が求められ、互いの領域に入り込んでいくことになる。ウサギの肉で都市を満たすことはできない。もっと大きな獲物が必要だ。そんな獲物はどこで見つかるだろうか。

最強の騎士アマゾン

アマゾンのコア・コンピタンスはビジョンとストーリーテリングだ。ベゾスはまだそんなことが考えられなかったときから、あらゆるものをオンラインで販売するというビジョンを持っていた。

さらに大きな功績は、ベゾスと彼のチームがかつてない偉業を達成してのけたことだ。投資家に短期的、中期的な利益は期待すべきでないと信じさせたのだ。

たいていの企業では、利益が３カ月ごとの四半期収支報告で評価される。しかしベゾスは投資家の「パブロフの犬メカニズム」を再訓練し、利益ではなくビジョンと成長を評価するように躾けたのだ。

この決定のカギを握っていたのはＣＦＯのジョイ・コヴィーである。彼女は将来を予測する最良の方法は、自分たちで将来を創造することだと認識していた。ではそのための最良の方法は？　安い資本を手に入れ、他社にはできない並外れた投資を行うことだ。それによって未来を前へ前へと牽引し、他社を寄せつけない堀をめぐらせる。そうすればさらに安い資本を手に入れることができる……以下、繰り返しだ。

大半の企業はコストを限度まで引き下げて競争上の優位に立とうとする。しかしアマゾンの目指すものは、巨額の投資による持続的な優位性なのだ。

アマゾン支援法

ロックダウン（小売店の閉鎖と家を出る恐怖）で明らかに利益を得たのは、あなたの家に商品を届ける事業を行っている企業だ。

そしてあまりメディアの注目を集めていないが、アマゾンもまた人々が多くの時間をネットに割くようになったことから莫大な恩恵を受けている。それはアマゾンの400億ドル規模のアマゾン ウェブ サービス（AWS）事業部のおかげだ。

連邦政府は景気刺激策として、アメリカ国民全員に1200ドルを直接給付した。これは「アマゾン株主支援法（ASSa）」とでも呼ぶべきものだ。アマゾン株主がどれほど虫のいいことを考えても、こんなシナリオはひねり出せなかっただろう。政府が競争を停止させ、国民を家に閉じ込めて、その後、消費者に何兆ドルものキャッシュを送りつけるのだから。

これでライバルたちを突き離せなければ嘘である。投資家たちはこう考えるだろう。アマゾンを買わない理由があるか？

パンデミックをビジネス面から要約すると次のようになる。

・家に閉じこもる
・ネットフリックスに夢中になる
・配偶者が大嫌いになる
・子どもたちにも敵意が芽生える

・ジェフ・ベゾスなら30日間で離婚慰謝料を稼ぐ

ベゾスの資産は30日間で約350億ドルも増えた。

2018年、メディアはアップルとアマゾンのどちらが最初の1兆ドル企業になるかの議論でもちきりだった。このレースでは僅差でアップルが先んじ、2020年8月に2兆ドルを達成した。

しかし初の3兆ドル企業になるのがどこかについては、誰も疑問を差し挟まない。戦う前から全員が戦意を喪失している。投資家も政府も消費者もすべてアマゾンに賭ける。アマゾンは2023年末には最初の3兆ドル企業となるだろう。

アマゾンはビジネス史上最大のフライホイールを3つも持っている。アマゾンプライム、AWS、マーケットプレイスだ。同社はそれをどう使うつもりなのだろうか。

費用を収益に変える魔法のしくみ

数あるアマゾンの妙手の1つは、出費の科目を収益の科目に変えたことだ。これはベゾスが考え出したものの中でも最高レベルのしかけの1つだ。アマゾンの他の施策と同じく、規模と超低コストの両方がそろわなければ不可能である。

そのしくみはこうだ。まず、会社にとってコアとは言えないが、本業を進めるにあたって不可欠な分野で技能が上達する。アマゾンはオンライン・ストアなので、優れたウェブのバックエンド、つまり優秀なデータセンターが必要だ。

世界レベルのデータセンターはアマゾンのビジネスに不可欠だが、その運営は同社にとって中核事業ではない。このような問題をうまくこなす最善の方法は、カネを払って外部発注することだと信じられてきた。それこそビジネスの権威たちが何十年もの間、説いてきたことだ。自分たちの〝コア・コンピタンス〟に集中して、他はすべて外部に委託しろ、と。

ところがアマゾンはそれをひっくり返した。データセンター運営のために、他人にカネを払うことはしなかった。アマゾンは自前の巨大なデータセンターと、事実上、無限とも言える資本力の強みを活かして、地上最強のデータセンターの運営能力を築き上げたのである。

次のステップでは、アマゾンは方針を大きく転換し、その能力を他社に販売し始めた。AWSはこうして生まれ、他の追随を許さない最大のクラウドサービスとなった。テクノロジーとソフトウェアが起源のマイクロソフトやグーグルが、この市場を牛耳ってもおかしくなかった。しかし実際には、小売り出身のAWSが両社を合わせた以上の事業を行っている。

アマゾンはこれと同じことを倉庫や配送の分野でも実現した。

まず何百万という商品を48時間以内に配達する力を構築し、その後にマーケットプレイスを

アマゾンはコストセンターを収益源に変える

2005年の費用科目	100万ドル	2020年の主要な収益源
総売上	8,490	
製造コスト	6,212	アマゾン・ベーシック、アマゾン・パブリッシング、アマゾン・スタジオ
送料	239	
粗利益	2,039	
【オペレーション費用】		
受注・梱包・発送などの業務費用	522	FBA（フルフィルメント・バイ・アマゾン）
テクノロジー・コンテンツ費用	406	AWS
マーケティング費用	192	アマゾン・マーケットプレイス、アマゾン・アドバタイジング
決済費用	207	アマゾン・ペイ
一般間接費用	146	アマゾン・ビジネス
営業利益	566	

出所：Social Capital

通じてそのサービスを他の小売業者に提供している。いまやアマゾンでは、マーケットプレイスを通じた収益は全体の20％を超える。

以前、決済費用はアマゾンのコストの2％を占めていた。そこで彼らはこの決済コストを研究開発費に変えて、アマゾン・ペイとして独立させることに成功した。

やがて運輸業界を支配する

アマゾンの2020年第2四半期の収益は890億ドルと、教育省の年間予算（680億ドル）よりも多い。世界からマラリアを根絶できる額だ。

ではアマゾンは次にどこへ行くの

か。

簡単だ。いま同社で最も費用がかかるのは何か。費用を将来独立させる事業への投資と考えるビジョンが、〝3兆ドル企業〟への原動力だ。

2017年7月、われわれは次のように予測した。[15]「ベゾスが明日『翌日配送にはとてつもなく大きなチャンスがあると思う』と発言したら、DHL、フェデックス、UPSの1500億ドルの時価総額は、少しずつアマゾンに移り始めるだろう」

それが本当に起こった。2018年2月にアマゾンがデリバリー・サービスを開始すると、フェデックスの時価総額は250億ドル（39％）減少した。S&Pは24％上昇しているにもかかわらずだ。

一方、アマゾンは2400億ドル（33％）増加した。2年もたたず、アマゾンはアメリカのeコマースの配送市場でほぼ5分の1のシェアを獲得した。

2014年から、アメリカの電子商取引は84％増加し、配送業界に大きなチャンスを生んでいる。しかし現実は、フェデックス、UPS、そしてアメリカ政府からアマゾンへと富が移動している。

アマゾンはフリクション（購買に至るまでの障害や心理的負担）が少なくて儲けの多い事業（AWS、AMGなど）を差別化する手段として、フリクションが多くて儲けの少ない事業へ参入したのだ。

「資金を出せ、還元はしない」

アマゾンはパンデミックにおけるチャンスをがっちりものにした。2020年5月、ジェフ・ベゾスは同社の収支報告の冒頭で、株主に対してこう述べた。「もう少し座席にお座りになっていたほうがよろしいかと思います」

彼はこれを何度かやっている。〝これ〟とは、利益を株主に還元せず、会社に再投資することだ。

ネットフリックスを除き、これほど長く滑走路を走っている企業はない。ベゾスにとっては、助走を少しでも長くすることが、機体を誰よりも高く飛ばす秘策なのだ。世界最大の飛行艇スプルース・グースを想像してみるとよい。ただしそのスピードは音速の2倍だ。

ベゾスは予想される40億ドルの利益は再投資すると株主たちに告げた。その投資には1つのテーマがあった。新型コロナだ。

アマゾンの「新型コロナ」ビジネス

ベゾスは自宅用検査キット、血漿提供者、防護用装備、ソーシャル・ディスタンスシングに関するビジョンについて概要を説明した。[16] いずれも新しい世界に適応するために不可欠だ。ア

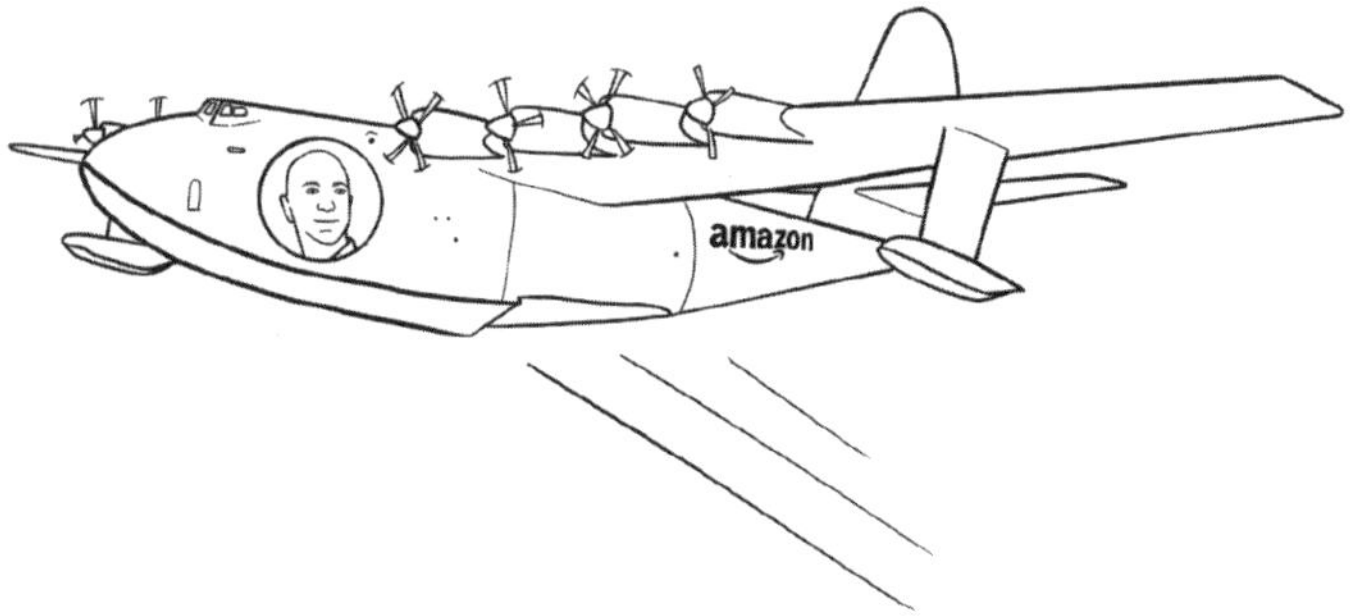

マゾンは〝ワクチン接種を済ませた〟地上初のサプライチェーンを構築しようとしている。

優れた戦略は、市場環境と会社の資産の間で大きな変化を起こす。もっとシンプルに言えば、戦略とは次の疑問に対する企業の答えなのだ。

「本当に難しいことの中で、私たちはいったい何ができるのか」

私は、アマゾンが将来、プライム会員に対して大規模で効率的な検査体制を提供してくれると信じている。その効率性によって、アメリカはまるで韓国（コロナ禍の優等生）であるかのように感じることができるだろう。

〝ワクチン接種を済ませた〟サプライチェーン——可能なかぎりの検査を行い、その安全性が確認されたもの――によって、物流企業体としての筋力や免疫力が一段と高まる。そして株主は最高の価値――現実だけでなく感覚のうえでも――を手にすることができるだろう。

リーダーシップとは、人々に対して同じゴールに向かって協力し、働くことを納得させる能力のことだ。何十億ドルもかけて自らのサプライチェーンを安全にするというベゾスの決定は、1つのビジョンに基づいている。それはクレイジーな天才になって初めて、はっきりと理解できるものだ。

アマゾンがヘルスケアでできること

アマゾンの大儲けのネタになるのはヘルスケアだ。アマゾンがこの分野に参入するのは時間の問題だったが、パンデミックがそれを加速した。

アマゾンのコア・スキルの1つは、収集された膨大なデータを活用して、高収益があがりそうな事業分野をピックアップし、そうでない部分はアウトソーシングすることだ。

アマゾンがヘルスケアで大暴れできそうな分野はいくつかある。第一は保険だろう。

2020年7月のレモネードの華々しいIPOを見ればわかる。保険分野には大変革《ディスラプション》のチャンスがある。

消費者は一般的に保険会社が嫌いで不信感を持っているが、それにはもっともな理由がある。保険は肥満化した業界で、非効率な国の規制と昔からの腐れ縁で守られている。アマゾンという捕食者からすれば、太っていてのろまな獲物だ。

アマゾンは優良顧客について、とても多くのことを知っている。何を食べているか、運動用器具やビデオゲームを買っているか、子どもはいるか、恋人はいるか。アマゾンとホールフーズでの買い物や、アマゾン・カード、アマゾン・ペイで決済できる店を通じて、どんな保険士よりも多くの個人情報を持っている。

そしてギグ・エコノミーや長期契約のフリーランサーとして働く人がどんどん増えている。ということは、自分で保険に入る人も増えているということだ。

あなたもその1人なら、アレクサに「保険料金を25%節約しませんか?」と尋ねられても、びっくりしない心の準備をしておこう。企業のCFOがベゾスの幹部から電話を受けて、全従業員に対して同じ保険料割引の提案を受けることは十分にありえる話だ。

「プライム・ヘルス」という医療の未来

しかしそれは始まりにすぎない。アマゾンはヘルスケアの財務コストだけでなく、非財務コスト——時間、労力、不安——も削減できる最適の立場にある。

息子に発疹が出たら、アレクサに呼びかけて皮膚科医につないでもらう。すると医師は、インテリジェント・カメラに向かって息子の腕を上げて見せるよう指示する。

その皮膚科医はおそらくアマゾンの従業員ではないだろう。その部分のビジネスは大規模化できないからだ。

ただし医師は収入の一部を〝プライム・ヘルス〟（私はアマゾンが地上で最も活気があって便利なリモート・ヘルスケア・プラットフォームをこう呼ぶだろうと思っている）の支払いに充当するはずだ。

アマゾンは世界で2番目に利用されている検索エンジンだ。プライム・ヘルスの会員はここに載っている多数の専門医のプロフィールとレビューを見て、その時点で最も低コストの医師を見つけ出すことができる。

プラットフォームは完全に小売り用のものと統合されているので、結果的に医療に関して、より全体観的《ホリスティック》なアプローチができるようになる。

あなたはただログオンするだけでよい。プライムの皮膚科医がすぐにあなたの子どもの医療記録にアクセスできる。そのためにアマゾンは膨大な資本を投じて自前のシステムをＨＩＰＡＡ（医療保険の相互運用性と説明責任に関する法律）に準拠させている。

プライム・ヘルスでは、体の3Ｄスキャンや、２０２０年8月に発表したフィットネス用ウェアラブルＨａｌｏ[17]を通してバイタルサインを読み取れるようになるだろう。

処方箋がアマゾン傘下の薬局ピルパックに送られ、そこからアマゾンの物流拠点にステロイド軟膏の発送が指示される。大都市圏では1時間以内に配達されるだろう。

医者が血液検査を必要としたときは、自宅用検査キット、たとえば尿検査用容器、DNA検査用綿棒が同梱される。やがてこれらは、プライム・ヘルス入会時に配布されるようになるかもしれない。アマゾンは何十億ドルもつぎ込んで、何百もの診断ツールを開発するだろう。

こうした〝火力〟の源は安い資本だ。それはアマゾンがヘルス・ケア・サービスを発表したその日に調達できるはずだ。その日の取引で株式の時価総額も1000億ドル以上増加するだろう。

パンデミックがアマゾンを後押ししている

これらは何も目新しいアイデアではない。少なくとも未来研究家《フューチャリスト》やSF作家の頭の中では。しかし資本コスト、規制、既得権益などが不動の障壁となって、その実現を阻んできた。

パンデミックは、それを数週間で押し流した。

2020年春、全国の医師がオンラインで患者を診察し、メディケアや個別の保険会社から支払いを受けた。数週間前にそれを行うには、特別な許可を得るため面倒な手続きが必要だった。

医師たちは患者にとっての恩恵をじかに目にした。予約のキャンセルが減少し、効率性が高まった。そして当然のことながら、ビッグテックには無限の資本がある。機は熟したのだ。

青の騎士アップル

アップルは低コスト製品を高価格で売るというビジネスの難題を実現して、２０１４年に史上最高の高収益企業となった。

アップルはもともと儲けが少なくセックス・アピールはゼロの、テクノロジー分野の企業だった。ジョブズはそれを、ぜいたく品を扱うイケている企業へと飛躍させた。アップルは史上最高の高利益商品、つまりiPhoneを手に入れ、それをアップルストアで販売している。その店舗は1平方フィートあたりの販売額が空前の高水準にある。アップルはトヨタの生産量とフェラーリのとてつもない利幅の両方を獲得したのだ。

アップルの持つ「ランドル＝継続的な収益を生むセット商品」という武器

しかしほんの数年前の状況なら、アップルはパンデミックの影響で、ＧＡＦＡという4大企業の一角から脱落する恐れがあったかもしれない。

この4社の中にあって、アップルは特異な存在だった。アップルだけが実際の製品をつくり、それを販売して利益を得ている。雇用が落ち込み経済的見通しが暗いと、消費者は何であれ、ものを買うときは以前よりじっくりと検討するようになる。

しかしアップルの回復力には目を見張るものがあった。その要因はアップルの商売がまとめ売りを基本としている点にある。一般的に、毎回毎回消費者に意思決定を求める企業より、年に1度、あるいは退会するときだけ意思決定を行わせる企業のほうが回復力が高い。消費者の意志決定の機会を減らすことで解約リスクを減らすことができるからだ。

それに加えて、アップルは消費者を一夫一婦の結婚のような関係（サブスクリプション）に引き入れることに成功した。

継続的な収入を生むには、セット商品で消費者を魅了し、スタートの時点から消費者に対してすばらしい価値提案を行う必要がある。それらは多額の資金を必要とし、堅牢で、いつまでも朽ちることがない。

アップルはこうした継続的な収入を生む商品に多額の投資を行った。たとえばiCloud、アップル・ミュージック、アップルTVプラス、アップル・アーケードなどだ。

2019年第4四半期のアップルのサービス部門の収益は前年比25％増、売上比率は23％に達した。その結果、アップルはソフトウェア企業へと変身を遂げた。

収益の増加額はわずかだったが、時価総額と株価収益率（P／E）はほんの12カ月で2倍になった。

アップルのサービス事業はフォーチュン500なら258位の企業となる。これはベッド・

バス&ビヨンドを上回る。[18]

ハードウェアに関しては、旗艦商品であるiPhoneの1回かぎりの販売を、アップグレード・プログラムを通じた月極めのサービスへと移行中だ。ティム・クックは、そのモデルが「桁違いに成長するだろう」と述べた。[19]

私たちは遅ればせながらも、世界的な大不況に入ろうとしているようだ。すべての経営チームは自分たちが安全でいられなくなる状況、たとえば収益が20%落ち込む事態を想像してみる必要がある。

そうした状況を回避するには、企業価値を2倍にしなければならない。収益が横ばい、あるいは減少するときに、時価総額を大幅に増加させる道は1つしかない。「ランドル」である。これは私の造語で、〝継続的な収益を生むセット商品〟を意味する。

これはパンデミック以前には戦略的行動の1つにすぎなかった。だがいまやそれは時代の合言葉となった。ランドルの収益は基本的に短期的なパンデミックの影響を受けにくく、かつ中核事業の弱みをカバーすることができるからだ。

「青」であることを活かす戦略

ティム・クックとアップル社による最近のもう1つ大きなファインプレーは、他のビッグテックと一線を画したことだ。これは主に、彼らのビジネスモデル、つまり青／iOSのおかげである。

クックは2018年、ウェブメディアでの史上最も辛辣だったCEOインタビューで、その違いをさらに強く印象づけた。フェイスブックのプライバシー侵害のスキャンダルが立て続けに起きた直後だった。私のポッドキャストの共同ホストでもあるカラ・スウィッシャーがクックにこう尋ねた。

「あなたがマーク・ザッカーバーグだったらどうしますか？」

クックは「私ならあのようなことにはなっていない」と切り返した。彼によれば、アップルはデータマイニングのために顧客を商品化することはしない道を選んだ。「われわれからすると、プライバシーは人権の1つだ」。フェイスブックよ、思い上がるのもいい加減にしろ、根本的にどうかしている。

そのビジネスモデルと、アップルが最後の偉大なるブランド・ビルダーであり続けることによって、クックは有利な立場に立つことができる。

アップルはもう放送メディアを必要としない。店舗と、ユーザーが発信するアーンド・メディアがあるからだ。

しかしアップルがマルチチャネルでのマーケティングをやめることはないだろう。彼らは、漠然とした関連づけ（＝ブランド）の構築がふたたび意味を持つようになることを認識している。なぜなら放送メディアへの批判の高まりによって放送コストが下がったからだ。

アップルにとって、パンデミックの試練はサプライチェーンにある。新製品を消費者に届けることができるのか。

これについては、ほぼ確実にイエスだろう。中国、韓国、その他のアジアの国々は優れたパンデミック対応をとった。そのおかげで、世界で2番目に頑丈と思われるアマゾンのサプライチェーンはほとんど悪影響を受けていないようだからだ。

ますます拡張するアップルの「ランドル」

アップルはこれからどこへ向かうのか。パンデミックの間ずっと同社を牽引してきた継続的な収入を生むビジネスをさらに強化することになる。

その究極的な形は継続的な収入源をたくさん増やすことだ。それがフライホイールとなる可能性がある。フライホイールの例を1つあげてみよう。

ペロトンはフィットネス界のアップルと呼ばれ熱狂的なファンがついている。フェイスブックのペロトンのオフィシャル・ページの会員は33万人を超える。この集団は1時間に23回も投稿し、熱く交流している。

マッチング・アプリのザ・リーグはアイビーリーグの社交界の有名人たちを互いに引き合わせ、Ｊｄａｔｅは独身ユダヤ人の縁を取り持ち、Ｒａｙａはモデルと社会的エリートのキューピットとなっている。

それと同じように、ペロトンがフィットネス愛好者たちの出会いの場となるかもしれない。会員がより熱心にバイクをこぎ、スマホをスワイプするようになるのだ。

私はアップルの買収対象として、ペロトン以上にふさわしい会社はないと思っている。アップルがペロトンの発行済み株式すべてに50％のプレミアムを支払っても、株式の希薄化は２％未満だ。アップルは史上最も高い利益率と言われるiPhoneを武器に、世界一の時価総額を誇っている。ペロトンの買収で、さらに大きな利益をもたらすウェアラブルが加わることになる。

このタイアップで、アップルはヘルスケアの分野でもランクアップすることができる。ヘルスケアは今後ディスラプションが起こる可能性がきわめて高い２つのセクターのうちの１つだ（もう１つのセクターは教育）。これら２つのセクターに進出することによって、アップルは時価総額２兆ドル企業への躍進が期待されている。

ストリーミングという「最強のランドル」

2018年時点では、アップルTVプラスで構想中のストリーミング映像配信用のオリジナル・コンテンツ制作費は10億ドルと推定されていた。

しかし2019年8月になると、彼らはオリジナル・コンテンツ制作に60億ドルを投じると発表した。つまりテクノロジーのハードウェア企業が連続ドラマの制作に、カリフォルニア州が23の州立大学に割り当てるのと同じ金額を捧げるということだ[20]。それを聞いて、私たちがディストピアに生きているように感じたら、その直感は間違っていない。

ティム・クックがハリウッドを再評価してくれたおかげで、アップルTVプラスではすべてのオリジナルコンテンツを1カ月4ドル99セントで見られることになった。1カ月にあなたが支払う1ドルごとに、同社は年間10億ドルのコンテンツ制作費を投じている（ネットフリックスとだいたい同じ）。

同社が提供するものの質は老舗テレビ局のHBOに肩を並べるまでにはなっていない。しかしアップルは世界最高級のブランド・ビルダーだ。オリジナル・コンテンツに『ビッグバン★セオリー――ギークなボクらの恋愛法則』の魅力を取り込むだけにとどまらない知恵がある。アップルはブランド・マネジメントのベンチマークであり続けている。

その結果、アップルはアマゾンプライムのようなランドルを提供できるようになった。私たちはアップルに月額50ドル支払う。すると無限のメディア（テレビ、ゲーム、アプリ）が使える優れものの電話と最新の「i〇〇」アプリが手に入る。月100ドルなら性能がアップした電話と時計が追加され、月150ドルならデザインとUX／UIのオンライン講座、さらにiPelotonが追加されるといった具合だ。

時価総額3兆ドルへの一番乗り競争では、まだアマゾンがアップルに先行しているだろう。しかしアップルがランドルをフルに活用すれば、それほど遅れをとることはないはずだ。

赤の2大巨頭、グーグルとフェイスブック

GAFAのうち2社、グーグルとフェイスブックは広告事業だ。従来の広告業は経済が低調のときには不況に陥る。

しかし今回は違っている。たとえ足元で広告料が落ち込んでいても、いずれ回復してくれればグーグルとフェイスブックが恩恵を受けることになる。彼らは停滞期を乗り越えられる。ライバルであるオールドメディアは過去20年間、これら2大企業の逆を行ったことですでに青息吐息になっている。とても生き残れないだろう。新型コロナウイルスによる人々の死亡率は0・5～1％だが、パンデミックによるオールドメディアの倒産率は10～20％に達するだろ

う。

これは、財務力の弱さと忍耐力を失った投資家のせいだ。同じような自然淘汰が、ほとんどの業界で起こるだろう。またステイホームのせいでフェイスブックとグーグルを利用する機会が増え、彼らの商品在庫が増えている。そう、ここでの〝商品在庫〟とは、あなたのことである。

広告プラットフォームとしての強み

それ以上に、従来のメディアはもう1つ別の試練にも直面している。パンデミックでその現実がかつてないほどあらわになっている。

その試練とは、フェイスブックとグーグルのほうが広告主にとって便利だという単純なものだ。それが明らかになるにつれ、大手広告主でさえオールドメディアへの広告費を減らし始めている。彼らにはメディアへの未練はない。

フェイスブックとグーグルほど、規模ときめ細やかさの両方を備えたプラットフォームはない。彼らは歴史上最も効果的な広告媒体である。フェイスブックはビジネス史上最も弾力的で自己回復力の高い顧客ベースを持っている。

広告主もオールドメディアに未練はないだろう。ブランド時代が終焉し、いまはプロダクト

デジタル広告費のシェア（2020年）

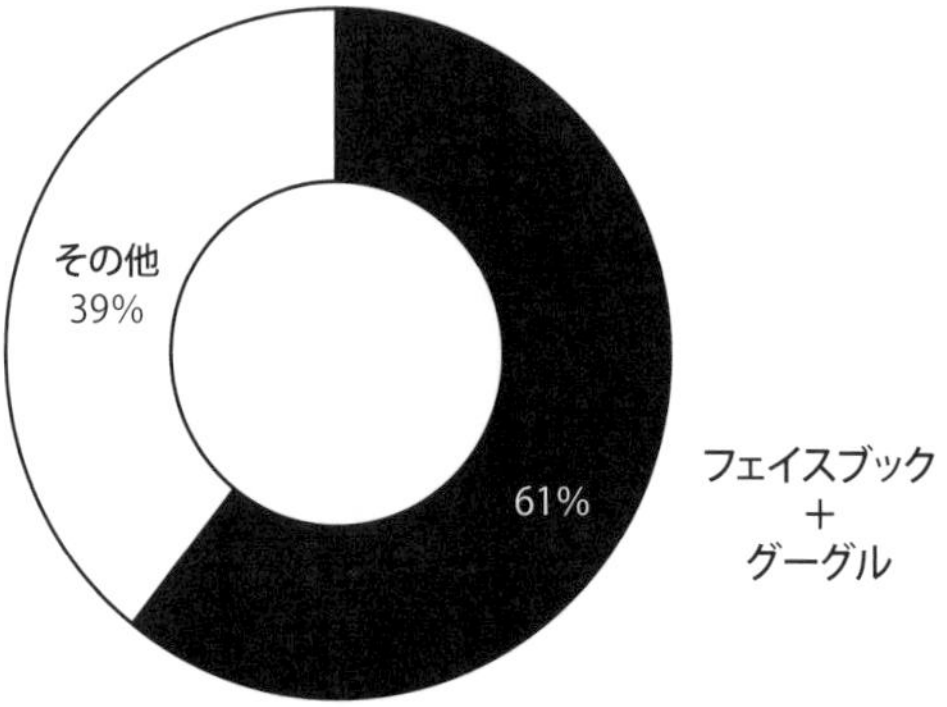

出所：eMarketer 2019

の時代だ。オールドメディアの広告が最も得意とすること――大衆向けブランドの構築――が、時代の要請に合わなくなっている。

ここにジレンマがある。ブランドの資産価値はゆっくりと目減りする。そのため、数カ月、広告費が減った程度では、ブランド価値に棄損が生じたようにはまったく見えないことだ。

そうなると、いまだにオールドメディアによるブランド価値を信仰しているマーケターでさえ、その広告費をパンデミック以前の水準にまで戻そうとは思わなくなる。

パンデミックが批判の目をそらした

フェイスブックとグーグルにとってのもう1つの利点は、世間の注目が他にそれたことだ。パンデミック以前、両社はもっと頻繁にニュースにとりあげられていた。

ユーチューブ上のＩＳ（イスラム国）のリクルート映像や小児性愛者向け動画から、ロシアのスパイ活動やフェイスブックのデータ窃盗まで、当局の規制を求める声が高まっていた。

そんなときにパンデミックが起こった。検査、マスク、感染率がニュースの大半を占めるようになった。政治もパンデミック関連のテーマが中心で、グーグルとフェイスブックは一時的に世間の厳しい目から逃れることができた。

しかし彼らのビジネスモデルに変化はなく、いまではパンデミックが拍車をかけた陰謀論コンテンツから利益を得ている。両企業とも新型コロナに関する誤情報は制限すべく努力しているようだ。しかしそうした投稿を際限なく生み出す根本は手つかずのままだ。彼らはあいかわらず、ユーザーの激しい怒りや疎外感を餌食にしている。

２０２０年の夏、善意の広告主がフェイスブックにささやかな対抗を試みた。しかし大方の予想どおり、すぐに頓挫してしまった。

きっかけは公民権運動家の集団が、ヘイトスピーチとデマを煽る投稿を放置しているフェイスブックに抗議したことだ。そのキャンペーンに賛同し、約１０００の広告主が7月の広告費をフェイスブックから引き上げたのだ。ウォルマートやＰ＆Ｇといった大広告主も、公式声明は出さなかったものの7月の広告出稿を止め、あるいは一部削減した。引き上げられた広告費の額は大きかったが、たいした意味はなかった。

フェイスブックの広告収入は7月最初の3週間で前年比10％増加した。ザッカーバーグは7月30日の同社の収支報告会で「われわれのビジネスが少数の大広告主頼みだという誤った考えを持っている人がいるようだ」と一蹴した。事実、フェイスブックの顧客800万のうち、100位までの広告費の合計は全収益の16％を占めるにすぎない[21]。

一方、このボイコットは広告主にとって裏目に出てしまった。彼らはフェイスブックの広告からもたらされるビジネスを失っただけでなく、空いた枠に偽物や詐欺師が入り込む隙を与えてしまったからだ。

フェイスブックの広告はオークション型なので、広告費が全体的に減れば価格が下がる。アナリストのマット・ストーラーはこう述べている。高級靴メーカーがボイコットしても、ふだんは彼らが広告を流しているところに偽物の靴の広告が表示されるようになるだけだ、と[22]。

フェイスブックのしくみ上、1社の広告費の減額が他社にとってのチャンスとなる。このしくみの上に800万もの広告主を抱えることで、フェイスブックの顧客ベースはビジネス史上最強（自己回復力まで備わる）となっている。

GAFAは群れの中で体がいちばん大きい象である。だからどんな危機にも強く、雨期が戻ってくればさらに体を大きくすることができる。パンデミックのせいで、人々はステイホームを余儀なくされ、スクリーンの前に座り込んでいる。そんな専門職の人々の懐には、使い道のなくなった給料が多く残っている。

そのスクリーンを私たちに販売し、そのスクリーン上で私たちが行う活動を独占する企業にとって、そんなものは危機でも何でもない。ＧＡＦＡはすでに支配的な地位への進撃を始めており、パンデミックはそのスピードを加速させただけだ。

そのような企業は、ＧＡＦＡの他にもたくさんある。

第3章　台頭するディスラプターズ

ディスラプタビリティ・インデックス

光の速さで成長を遂げたＧＡＦＡは、１社あるいは2社で市場を独占した。流通業界の覇権を握り、安価な資本を武器に他の追随を許さないところまで上り詰めた。

しかしいまは大規模なグローバル経済の世界だ。他の業界でも、いくつもの企業が頭角を現しつつある。そこでも、パンデミックがチャンスを加速させている。新興企業はますます成長を続け、その動きはすばやくなっている。

ある業界にディスラプションが迫っているかどうかは、いくつかの指標を見るとわかる。それをディスラプタビリティ・インデックス（崩壊指標）と呼ぶことにしたい。

インデックス1：付加価値に比してどれだけ価格が伸びたか

変化の重要な兆しは、イノベーションが起きておらず、付加価値はほとんど増えていないのに、価格だけが大幅に上昇することだ。これはアンアーンド・マージン（未収の利ざや）とも呼ばれる。

その典型的な例は、私も関わっている高等教育である。

大学の講義を考えてみよう。あなたが19歳であろうと90歳であろうと、同じ光景を思い浮かべるだろう。大きな講堂、黒板を背に立つ年配の教授、座席に座った若者、講義、授業のノートとり、指導助手たちなどだ。40年前、いやひょっとしたら80年前から、この光景はほとんど何も変わっていない。

しかし驚くほど変わったものが1つだけある。それは価格だ。大学の授業料は40年間で1400％上昇した。[1] 崩壊への危険信号だ。

もう1つ、ディスラプション寸前なのが医療業界である。高度な技術、薬物療法、装置など、計り知れないほど質が向上した分野であるのはたしかだ。しかし平均余命や乳児死亡率はそれほど向上していない。そして多くの人にとって消費者体験も向上していない。

一方、コストは爆発的に増加している。家族保障の保険料はこの5年で22％増、10年では54％増と、賃金上昇率やインフレ率を大幅に超えている。[2]

インデックス2：ブランドへの依存度

次の指標はブランド資産への依存である。ブランド時代からプロダクト時代への移行で、20世紀を代表する多くの大企業が持っていた競争上の優位がすり減っていくことだろう。

多くの企業は基本的に同じような方法で大量生産された平凡な製品を販売している。売れ行きや価格を左右するのはブランドだ。各社は数世代にわたってブランド構築に投資しており、それに応じて異なるプレミアムがついていた。

ところがデジタル技術によって怒涛のイノベーションが起こり、ほぼすべての消費者カテゴリーで差別化が進んだ（すべてではないかもしれないが）。

上質な材料・原料や新しいプラットフォーム、流通、コミュニティを備えた新興企業をいっさい無視し、ブランド構築に戻ろうとする企業もある。その衝動がいちばんよく表れているのが過去の覇者、つまりメディアの持ち株会社だ。彼らのやり方は端的に言って的外れなことが

2020年4月以降の時価総額の増額分と、大手メディア企業の時価総額の合計

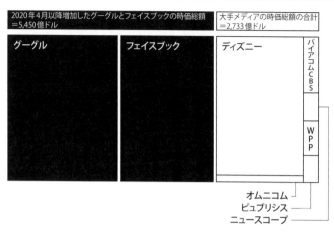

出所：Prof G Analysis of Seeking Alpha Data

多い。

インデックス3：消費者の不満の蓄積

3つめの指標は消費者の不満の蓄積である。

多くの企業と産業が、消費者と敵対的な関係にある。すぐ思いつくのが保険業界だ。そもそものビジネスモデルが、消費者から無期限に保険料を集め、その経営資源を総動員して保険金の支払いを渋ることにあるからだ。

医療分野もまた、使命が高潔であり、有能な人材を集めているにもかかわらず、後味の悪さが残る。

問題の多くは、保険会社と規制が私たちと医療機関との間に介在することによって起きている。保険会社と規制が医療ニーズと治療を結びつけるうえでの障害になっているの

だ。

この業界での主役は、患者と医師／病院の2つであるはずだ。ワン・メディカル、ズーム＋Care、オンライン薬局のCapsuleなど創造的破壊を目指す医療クリニックでは、特に患者に焦点を絞り込もうとしている。

インデックス4：「偽のイノベーション」の存在

最後のインデックスは既存企業の態度にある。既存企業は、製品やサービスの質と価値を向上させる技術革新を拒むことがある。自分たちのコア・ビジネスを脅かす可能性があるからだ。このとき、その業界ではディスラプションの機が熟したと考えていい。

ある業界が弱体化していることを示す適切なサインは、偽のイノベーション――製品の実質的な価値を高めることのない特性の追加――の存在だ。たとえば、カネの節約にならないし特別なメリットもない会員制クラブ、チケットを窓口で購入するよりオンラインで申し込むほうが面倒な映画館、教育資源そのものではなく設備をぜいたくに見せるためにカネをつぎ込む大学などだ。

これらは一部の経営者がよく使う、昔ながらの家庭向け治療法だ。彼らは患者に手術が必要でも、その費用や苦痛に耐えられないことを知っている。

パンデミックは「最大のイノベーションが値上げだった」という業種の弱点をあらわにした。

アメリカの医療システムの弱さは国家的な悲劇だ。山ほどある欠点のうち中央集中型治療への偏向、特に救急診療については、遠隔医療などイノベーションの大波が起こるかもしれない。

パンデミックがディスラプションを加速する

企業は生き残りを図るために、信じられないほどの俊敏さで事業をあらゆる方向に拡張している。

テイクアウトを片手間でしかやっていなかったレストランでは、それを最優先のビジネスにして、メニュー、レイアウト、営業時間などを変更している。シームレス、ポストメイツなどの配送サービスがそうしたニーズに応え、顧客関係まで管理するようになった。レストランはいまや彼らの支配下にある。

あなたの会社がすでにクリック&コレクト（オンラインで注文して自宅以外で受け取ることができるショッピング方式）に手慣れているなら、パンデミックは突然天から降ってきた隕石ではない。それはちょっとした障害物にすぎない。

もしあなたの店がeコマースが得意でないなら、とても苦労しているはずだ。いまから10年後（つまり、いますぐ）の世界では、消費者との直接取引で平均以下の点をとることは許されないのだから。

「過熱」の一途をたどるスタートアップ業界

創業者崇拝

現在のＩＴ〝スタートアップ企業〟は十分な資本を持っている。専門スタッフが運営し、資金も入手しやすい。もし市場から一定の評価を受けることができれば、数カ月で驚異的な力を発揮することができる。

それは以前なら数年、あるいは何十年もかかることだった。つい最近までは、そうした企業は、カリスマ創業者がいて、ビジョンも豊富で、敏腕なオペレーターが影のように寄り添っていた。

資本家と創業者の間には常に緊張がある。しかし創業者崇拝はピークに達したようで、その変化はパンデミックで加速している。

１９９０年代のシリコンバレーでは、ＩＴスタートアップの創業者ＣＥＯは必要悪とみなされていた。常軌を逸し、ビジョンを持った若い白人の男で、最後は会社を大きくするために引き抜かれてきた経験豊富な年配の幹部によってその座を追われる。

権力は資本家――やや年長でそれほど変わり者でない白人のベンチャー・キャピタリスト

——が握っている。創業者はベンチャー・キャピタリストが資金を回収できるまで、会社を手放すことが禁じられている。創業者の株は買収かIPOが実現するまでは動かせないのだ。

私はそのルールを公然と破ろうとして、若いころに創設した会社の1つ、レッド・エンベロープの株の二次販売を行った。外部の投資家に私の所有株の中から100万ドル相当を売却したのだ。それから24カ月たたないうちに、同社の業績は悪化した。私は当初の100万ドル分を再投資するか、リード・インベスター（創業者と協力してさまざまなことを決める最重要投資家）だったセコイア・キャピタルに消されるかという選択を迫られた。

しかし1990年代後半から2000年代前半に、権力の振り子がふたたび創業者に戻ってきた。創業者は企業内で秘伝のソースとみなされ始めた。

その理由は2つある。ビル・ゲイツとスティーブ・ジョブズだ。

ビル・ゲイツは、会社を創業することと、それを1000億ドルの価値を持つ存在に育てることを、同じ人間ができると初めて証明した。ゲイツはマイクロソフトを14年間で6000億ドルの企業に育て上げた。

ジョブズはアップルの価値を創業から5年で6億ドルにまで高めた。しかしその後の1985年に、風変わりで頑固で気まぐれだという理由で会社を追い出された。当時、黒いタートルネックを着て自分が夢中になれるものを見つけろと説くCEO以上の嫌われ者はいなかった。

しかしジョブズは本当の天才だった。その後、CEOに就任した年配者たち――スカリー、スピンドラー、アメリオでさえも――は誰も会社を大きくできなかった。

ジョブズはアップルに戻った。その20年後、会社の価値は200倍になっていた。

「カネ余り」は創業者の立場を高める

2人に影響を受けた創業者は、以前よりも積極的に動くようになった。そしてITブームが高まると、需要と供給が創業者の立場を高めていった。

1985年、シリコンバレーには世界を変えるアイデアを持った天才であふれていたが、資本を手に入れるのは簡単ではなかった。2005年、本物の天才はそれほどいなかったが、使える資本は飛躍的に増加していた。

ベンチャー・キャピタリストたちは成功しそうな創業者をつかまえるため、出資にあたっての条件を緩和した。二次売却、2種類の株式発行、その他創業者に有利なさまざまな条件が認められるようになった。

資金はますます増えたが、創業者はそうではない。ギャップは拡大するばかりだった。ナスダックは10年で4倍になり、誰もがブームに乗りたがったが、天才はそう簡単に現れなかっ

アメリカにおけるベンチャー・キャピタルの資金額（各年の前半6カ月間）

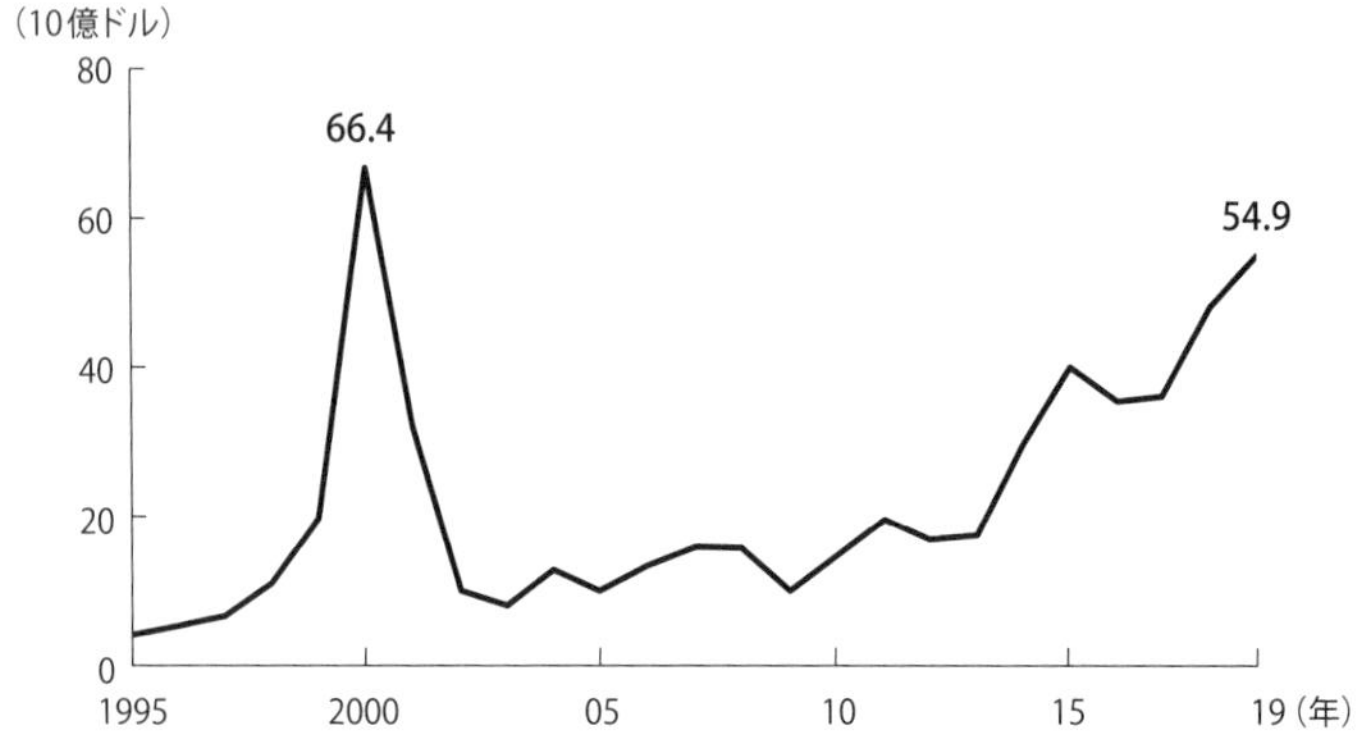

出所：Statista

た。

市場は空白を嫌う。だからそんなときには預言者もどきがその隙間を埋める。彼らは自分たちが経済界の次のイエス・キリスト——次のスティーブ・ジョブズ——であると大衆に信じ込ませた。こうして創業者崇拝の時代が幕を開けた。

創業者崇拝を高みへと押し上げた要因はもう1つあった。

莫大な額の資本を集めた企業は、資本駆動型の成長戦略を追求することができる。つまり赤字販売によってマーケット・シェアを広げ、時価総額の増加をテコに次の資本を調達する戦略だ。時価総額は安価な資本による成長でさらに増加していく。

資金は集まるのだから、新興企業はこの赤字垂れ流しのメリーゴーランドにできるだけ長く乗り続けようとする。株式公開に踏み切る（そして自らを公開市場の精査にさらす）のは最後でいいのだ。

アメリカのＩＰＯの数は、１９９６年から２０１６年で88％も減少した。また企業が株式公開にこぎつけるまでの時間もはるかに長くなった。企業がＩＰＯを申請する時期が、この20年で３年目から８年目にまで伸びた。

カネ余りと資本駆動型の成長戦略、この２つの要因が互いに絡み合って、〝ビジョンを持つ〟創業者が大いにごちそうを楽しんだ。

スタートアップの新たな種はこうして現れた。ユニコーンだ。

ユニコーンの誕生

はるか昔の２０１３年、評価額が10億ドルに達するスタートアップ企業はまだ珍しかった。だからベンチャー・キャピタリストのイーリン・リーが、それを説明するためにユニコーンという言葉を考案した。(3)

彼女はそのような企業を39社見つけ、１年に約４社、新たなユニコーンが現れていると報告した。ユニコーンの数はいまや約４００にのぼり、２０１９年だけで42社生まれている。

「成功するまで、成功しているふりをしろ」を信じて走り続け、本当に何かを成し遂げた企業もいくつか存在する。しかし、すべてのユニコーンがそうだとはとても言えない。犯罪行為（血液検査のセラノス）、共感性幻覚（起業家向けのコワーキングスペースのウィーワーク）、単なる過剰評価（マットレスのキャスパー）というケースもある。

これらの企業が頼みにしたのは、迎合的なビジネス・メディアと取り残されることへの不安に駆られた投資家だ。それらが時価総額を段階的に引き上げてくれる。そのうちに自分たちの持ち株をマヌケな投資家に売りつけることができるだろう。そんなひねくれた考えに支配された起業家も少なくなかった。

いつも「今回は違う」はずなのだ。

私がペッツ・ドット・コムやアーバン・フェッチが好きだったように、人はウィーワークやウーバーが好きだ。ドッグフードやアイスクリームが翌日、あるいは1時間以内に、しかもコスト割れ価格で届く。これはすばらしいことだ。自分が株主でないなら、だが。

価値とは成長とマージンの関数だ。90年代と同じように、現在のユニコーンの多くは成長のために莫大な資本を使っている。一方で、マージンを実現するための価値命題は示せていない。

パンデミックの渦中のいま、スタートアップ企業の世界は大きな転機を迎えている。過去にこれほど多額の資本と、これほど多くの体力と立ち位置に恵まれた企業が存在することはなかった。これはすべてのトレンドを加速させる起源となる。大いなる変革の機会があちこちで生み出されているようだ。

今後、ほとんどのユニコーンが何らかの形で生き残るだろう。時価総額がとてつもなく大きくなることによって、ディスラプションの規模もそれだけ大きくなると思われる。

資本こそ最強の武器

安い資本を供給する筆頭格はソフトバンクだ。その1000億ドルのビジョン・ファンドはいくつかの点で破壊的だ。いままさに進行中のこの事例は、世界中のビジネススクールで今後何十年にもわたって教えられることになるだろう。その戦略は(聞いて驚かないで!)、「戦略としての資本」である。

具体的に言えば、資本は多ければ多いほうがいい。そうすれば、ディール・フロー(投資家につながる投資機会の流れ)を勝ち取り、投資先企業を猛スピードで成長させることができる。それでライバルは引き離され、混乱してしまう。

ソフトバンクから起業家たちへの宣伝文句は、シンプルで説得力がある。「君たちは十分に大きく考えていない。われわれは君たちが想定している額の3倍を投資したい。もしわれわれと取引したくないなら、その莫大な資本を君たちの最大のライバルにつぎ込む」。それなら喜んで投資をお受けしましょう。

資本は実のところプライベート・エクイティ（未公開株式投資）での武器の1つだ。そこでは、ほんのひと握りの企業だけが、巨大なキャッシュフローを確実に生み出すベンチャー企業に投資することができる。

しかしベンチャーの成長に本当に大切なのは資本ではない。変調をきたし崩壊寸前の市場、そして自分の失敗を想像することもできないマヌケでクレイジーな天才創業者だ。

1つのコンセプトに数十億ドルを投じる能力が最優先事項になっているとき、投資から得られるリターンは落ちてしまう。1000億ドルを投じる場合ならなおさらだ。これはソフトバンクの投資先の企業リストを見れば明白だ。

ソフトバンクが無視する投資の原則1：距離が近いほどビジネスはうまくいく

一般的には、ネットの発達によって距離の概念が消滅したと考えられている。しかしニューヨーク大学の同僚であるパンカジ・ゲマワット教授は、事業や取引の収益性は依然として距離の関数であるというすばらしい研究を発表した。小売店の収益性は本部との距離と相関している。

ROI（投資利益率）と孫正義からの距離の関係

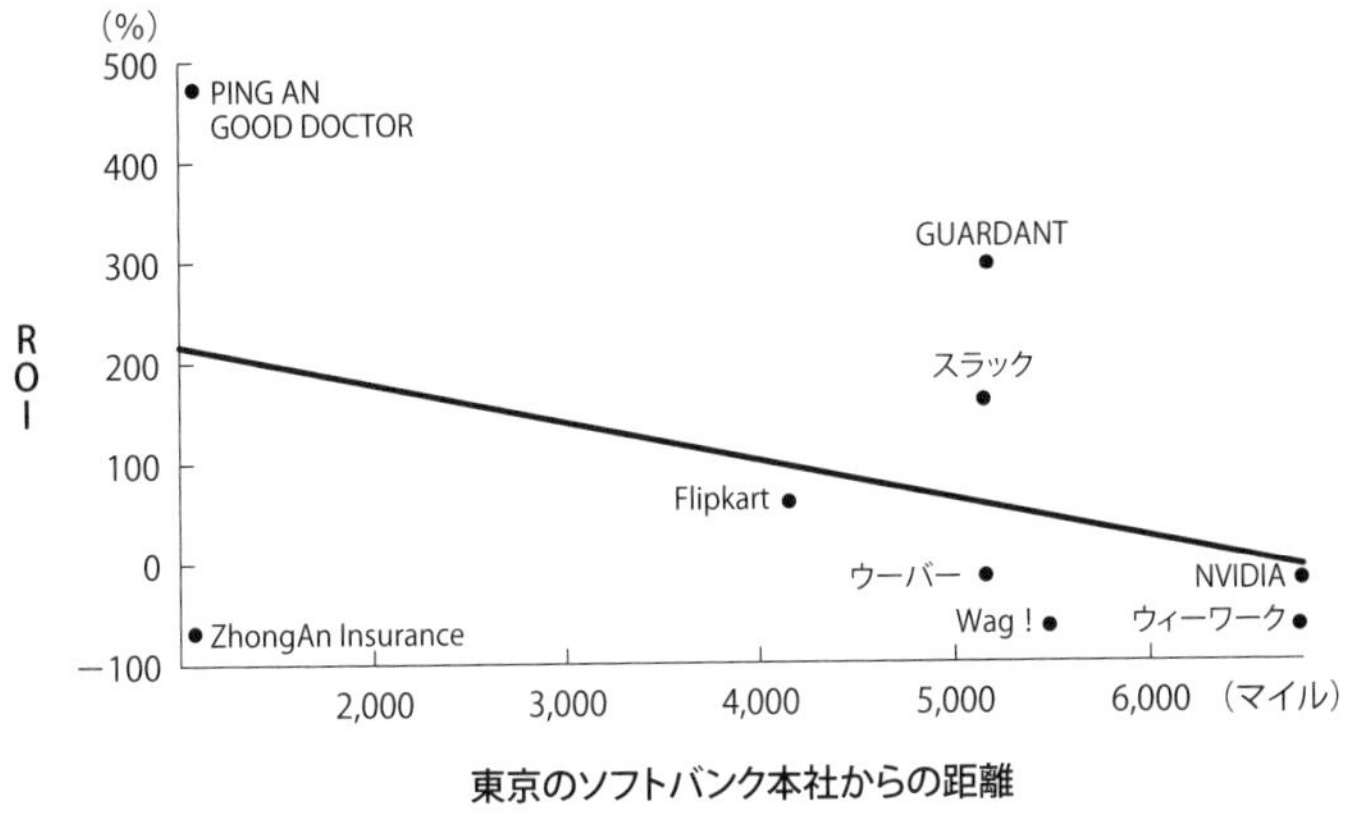

出所：Section4

セコイア・キャピタルは私が2番目に設立した会社のリード・インベスターだ。その取締役会のパートナーが、投資の重要な原則を1つ教えてくれた。車で行けない距離の会社には投資してはならないのだ。たしかに最上位のベンチャー・キャピタルが大型ファンドを組成したとき、世界中で投資を行う。しかし、だいたいはその土地にローカル・オフィスを開設している。

孫正義とアダム・ニューマン（ウィーワークの創業者）は日本とアメリカの真ん中（ハワイあたりか？）で会うことになるだろう。1980年代に日本がアメリカの映画スタジオやゴルフコースを買い漁っていたときと同じように、ソフトバンクは損して去ることになると思われる。

ソフトバンクが無視する投資の原則2：リード・インベスターを続けない

ベンチャーのもう1つの原則は、私が資金を集めたすべての投資会社（ゼネラル・カタリスト、マヴェロン、セコイア、ウェストン・プレジディオ、JPモルガン・チェース、ゴールドマン・サックスなど）も表明していたことだ。連続したラウンド（投資家が企業に対して投資をする各ステージのこと）でリード・インベスターになってはいけない。

有能な投資家は「自分が売っている麻薬を吸う」（複数のラウンドでリード・インベスターとなる）誘惑に打ち勝って、当該企業のその時点での評価について第三者による客観的な評価を求める。2016年以降、ウィーワークの複数ラウンドでリード・インベスターを務めているのはソフトバンクだけだ。

痛みはソフトバンクの従業員にアウトソースされる

皮肉なことに、大きなダメージを受けるのはソフトバンクの従業員だろう。彼らはビジョンIの普通株を所有しているからだ。

サウジアラビア・パブリック・インベストメント・ファンドとムバダラ・デベロップメント・カンパニー［訳注：アラブ首長国連邦アブダビ政府が100％出資している投資会社］は優先株を所有し、毎年7％という（優先的な）リターンを得ている。ポートフォリオの中の数少ない勝者のリターンを吸い上げているのだ。

主要投資家とROI（N＝9社）

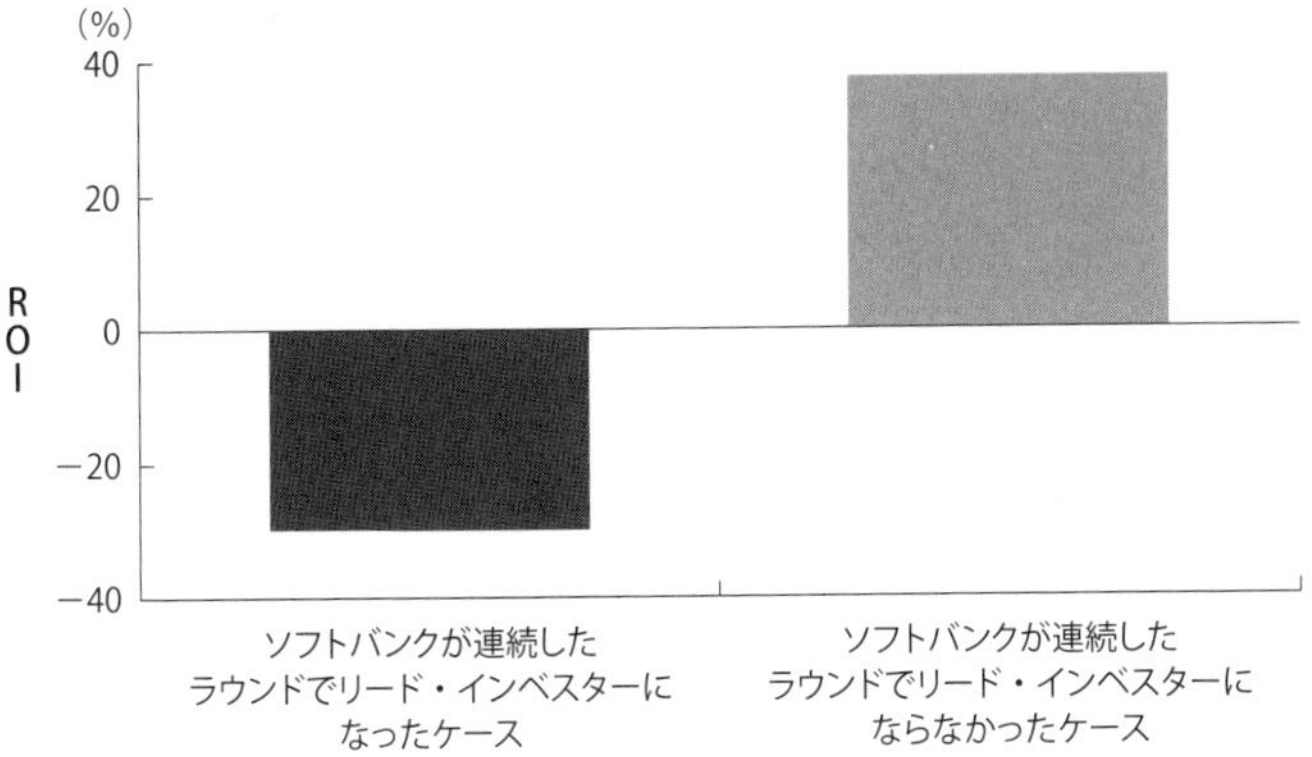

出所：Section4

つまり、ビジョンⅠは肺炎にかかっているが、ビジョンⅠの普通株所有者は人工呼吸器をつけている状態だ。

資本が豊富にあっても、それに見合ってその資本を投資したくなる会社が存在するとはかぎらない。よい投資先――変革的なスタートアップで、いずれ寿命の長い数十億ドル級に成長しそうな企業――は、そう簡単には現れないだろう。

ユニコーンの狩りの物語が始まるのは、2人の役者がそろったときだ。1人はクレイジーな起業家だ。新しいテクノロジーとユニークなどビジョンでわれわれの問題を解決し、生活をよくする。もう1人はまるまると太ってハッピーな既存の大企業である。

しかし資本はたえず動き回っている。獲物を求めるサメと同様、常に動いていなければならない

――さもなければ、死ぬしかない。そのため、優良企業が森に引きこもってしまったように見えるとき、資本家はクマをユニコーンだと信じ込んでしまうだろう。

カリスマ的創業者が語る「ヨガバブル」というたわごと

資本があり余り天才が不足しているとき、カリスマ的創業者が生まれやすくなる。すべての条件が同じであれば、カリスマ的創業者がいることは1つの強みだ。会社には資本だけでなく、優秀な社員も集まる。商品の売れ行きもよくなり、危機に直面したときは会社に輝かしいイメージをもたらすだろう。

資本がたっぷりある環境では、わざわざスタートアップ企業の財務諸表やビジネス・プランを真剣に分析する時間を割く人はいない。それよりも、永遠に生きることができて、イスラエル・パレスティナ問題を（おそらく、ただちに）解決するという〝ビジョンを持つ〟長髪の人物に数十億ドルを投資しようとする。なぜなら彼は〝明確なビジョンを持った人《ビジョナリー》〟であり、資本の本分は「企業ではなく、人を支援する」ことだからだ。

「ヨガバブル」とは何か

カリスマ的創業者は特徴的な言語を話す。それがヨガバブルだ。これは私たちの造語で、抽象的でスピリチュアルに聞こえる言葉を意味する。IPOのS－1申請書類（株式公開前に公式に情報公開する）で使われることが多い。

規定の財務に関する情報公開の他に、企業は企業コミュニケーション担当幹部の力量によってヨガバブルを膨張させる。これは普通の企業にとって大きな負担となる。リンクトインによると、アマゾンでベゾスのために働くコミュニケーション担当者の数（969人）は、『ワシントン・ポスト』でベゾスを担当するジャーナリストの数（798人）より多いという。

しかしカリスマ的創業者がいる資本駆動型の成長企業では、この能力がコア・コンピタンスとなる。

企業が実用的なビジネスモデルをまだ見つけられていないときには、ヨガバブルへの誘惑はいっそう強烈になる。真実（数字、ビジネスモデル、EBITDA）を隠すものが必要になるからだ。

私がテレビのニュース番組に出演するときは化粧をされる。メークアップ・アーティストはおもむろにプラスチックボトル入りのファンデーション液を取り出して、そこにいる全員をうしろに下げさせる。そしてまるでチェルノブイリ第4原子炉の最終防衛ラインのように私の顔と頭にそれを吹きつける。

すると私の見た目がぐっと向上する……しばらくの間だけは。厚化粧の効果はしだいに薄れ

ていく。ヨガバブルもこれと同じだ

ヨガバブルは基本的に次のような「言い換え」だ。「私どもは次に述べるような理由からしっかり筋の通った堅実な会社である」と言えないから、「私たちはすばらしい人間だ」と主張するのだ。

私たちは最近、多くのテック企業のS－1で使われている言葉に注目し、「たわごと」のレベルに関する定性的評価を行った。「たわごと」とは、バランスシートの基本事項から離れて、謎めいた領域に逃げ込もうとする態度を示す。いわば部屋を暗くして、誘惑しようとする企みである。

そして私たちは、IPOから1年後の業績に着目した。明かりがついたとき、何が起こるか。われわれはヨガバブルとIPO1年後の業績とは逆相関があり、企業の株価を予測する指標になると考えている。

ヨガバブルで測る「たわごと度」

ヨガバブルを分析すると、その企業の「たわごと度」がわかる（10点満点）。私自身の場合は、以下のとおりだ。

1点：私はマーケティングの教授で犬が好きだ。
5点：おれはビッグな成功者だ。
10点：私はあなたを自己実現に導く、スピリチュアルな仲間です。

成長著しい企業の場合はどうだろうか。

【ズームの場合】
ミッション：映像コミュニケーションの面倒を減らす
これは本当のことだ。ズームは映像コミュニケーション企業で、実際に面倒を減らしている。それがNPS（ネット・プロモーター・スコア）がWebexより高いことに表れている（Webexは6、ズームは62）。
たわごと度：1点
IPOの6カ月後の株式リターン：＋122％

【スポティファイの場合】
ミッション：100万のクリエイティブなアーティストにそれで生計を立てるチャンスを与えることで人間の創造性を開花させる。また何十億ものファンにそのクリエイターたちの作品

を楽しみインスピレーションを得るチャンスを与える。

まあ、いいだろう。しかしなぜセリーヌ・ディオンが人間の創造性を開花させられるのか、私にはよくわからない。

たわごと度：5点

IPO1年後の株式リターン：＋9％

【ペロトンの場合】

ミッション：最も基本的なレベルで、ペロトンは幸せを売ります。

違う。ペロトンが売っているのはエクササイズ体験だ。

たわごと度：9点

IPO1日後の株式リターン：マイナス11％。ただし、IPOから6カ月はほぼ横ばいだったが、パンデミックで人々が家で仕事をするようになってから、ペロトン株は急上昇している。

自分の事業には天才にふさわしいビジョンを掲げる価値があると思い込みたくなるのはわかる。尊大さ、成功、メシア・コンプレックスが混然となっているのだろう。

もしそうでないなら、自分や投資家の目を次の現実からそらそうとしているのだ。その現実とは、支出よりも多くのカネを稼ぐ事業をつくり上げ、それを発展させていくのは尋常ではない苦痛に満ちたものだということだ。取締役会、ＣＥＯ、銀行家が祭りの後始末を零細投資家に押しつけることになれば、そうした目くらましは背任行為だ。

私が新たに設立したセクション4という会社では、ミッションを「中産階級の復活」にしようとした。私の同僚たちはとても面食らった表情をした。それは、彼らが私の12歳の息子からコーチングを受けたような感じだった。

そこで、私たちは「職場で見てはまずいビジネス・メディア」や「ストリーミングＭＢＡ」という代案を考えた。だが検討はまだ続いている。

最終的に私は取締役会にこう告げた。才能あふれる人材を集めた、そしてエリートのビジネススクールにマーケティングと戦略の選択科目を従来の料金の10％で提供する予定だ、と。私たちはここから出発するつもりだ。

私は、この会社は世界に喜びをもたらすものではないということを理解した。チポトレ（燻製にした唐辛子を原材料とする香辛料、メキシコ料理などで使用される）ではないのだ。

ベンチャー・キャピタルが正気に戻れば株価は急落する

２０２０年の第４四半期に入り、ベンチャー・キャピタリストたちは記録的な額の資金を調達している。新興企業の時価総額も2020年前半の（ごく短期間の）低迷を経た後、大幅に上昇しているようだ。資金調達が好調を維持し、あるいは加速さえしているとなれば、時価総額に対するプラスの影響は今後も続くと思われる。

しかしイノベーターとみなされた企業への評価は、市場が正気に戻ったら維持できなくなるだろう。念のために言っておくと、2019年3月、SXSW（IT界の大規模イベント）の大勢の聴衆を前にして、私はテスラの株価が300ドルから100ドル以下まで下落すると予想した。ところが実際は、2020年は430ドルから始まり、8月には2000ドルを超えていた。

いずれにせよ、これからも新たなIPO企業に対する市場の過剰評価は続くだろう。しかし私からすれば、なぜこれほど評価されるのか意味不明である。

過剰評価されるキャスパー

事業が好調かつ将来有望で時価評価額は2億ドルだった企業が、市場の気まぐれによって11億ドルの評価を受けることもある。マットレスをオンラインで販売するキャスパーがその例だ。

同社は2020年2月に株式公開した。成長著しい「眠りの市場」における優良ブランドの1つである。

既存のマットレス販売店のイメージは、タランティーノ映画の薄暗いシーンそのものである。銃身を短くしたショットガンを持った男が押し込んできて人質をとって立てこもる場所だ。

キャスパーの成功要因の1つは、同社自体ではなく、既存企業の無能さにある。何百もの人が眠りから目覚めたとき、同じビジョンを思いついたのだろうか。いまやキャスパーの他に175もの事業者が、オンラインでマットレスを販売している。

キャスパーの時価評価の数字はバブルの匂いがする。

同社は本来、未公開市場で取引されるべき企業だ。それが大げさな見えを切り（設立趣意書には〝テクノロジー〟という言葉が100回以上使われている）、創業者、ベンチャー・キャピタル、銀行家が自分たちの株を売却して報酬を手にするまでは疑念に目をつぶっておいてほしいと頼んでいる。

ここでもまたヨガバブルが主役である。「〝眠りの市場〟を理解し、全体論的《ホリスティック》な形で最初に取り組んだのは、私たちの企業であると自負しています」

しかし財務状況を見るかぎり、ホリスティックであるとは感じないし、特に安閑としていられる状況でもない。マットレス1枚あたりで見ると、キャスパーの収入は1362ドル。一方、支出の内訳は製造費用761ドル、販売＆マーケティング費用480ドル、そしてなんと

キャスパーマットレス1枚あたりの収益／損失

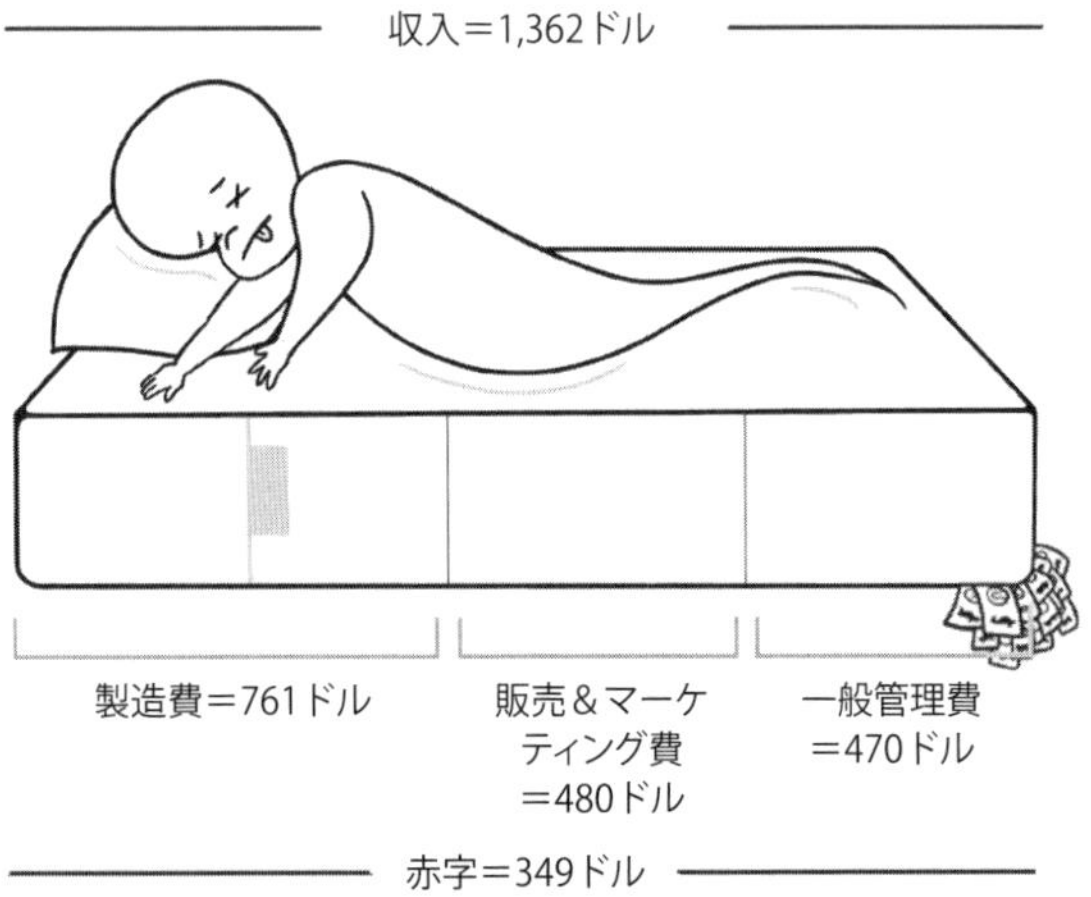

出所：同社の決算資料より

一般管理費用４７０ドルとなっている。マットレス１枚あたり３４９ドルの赤字である。これが評価額11億ドルの企業と言えるだろうか。しかし２０１９年に同社に対して11億ドルという値をつけたベンチャー支援者には、そう見えたということだ。

私は、キャスパーは株式公開すべきではない、もし公開したら株価は1年目で30％以上、下落すると述べた。

実際、２０１７年に私はキャスパーの経営陣に対して身売りを勧めた。具体的には、（キャスパーの株主の１つである）ターゲットのような小売業者や、若返りのボトックス注射を探している〝中年の〟小売業者に売却するべしという提案だった。

買収によって買い手の企業は眠りの分野での勢い、つまり消費者直販での専門的知識や技術を獲得する。一方のキャスパーは規模を拡大できるチャンスだった。規模はキャスパーが喉から手が出るほど必要としていたものだった。

彼らがよき友の助言を聞いたかって？　いや、聞かなかった。

キャスパーは2020年2月に株式公開した。時価評価は未公開企業としての直近の資金調達時を下回る11億ドルだったが、取引の最初の1週間で30％も下落した。私が本書を執筆している2020年8月時点もそのレベルにとどまっている。

公平に言って、キャスパーはチャンスを見出した（その他の175のマットレスのオンライン小売店もそうだった）。そしてテクノロジーとナラティブの合わせ技（大半がナラティブ）で、それを追い求めた。

しかし本当の意味で差別化には苦労した。その代わりに、彼らはブランド時代へと逆戻りして、見分けのつきにくい製品をかっこいいイメージでラッピングしようとした。

カネ余りとGAFAがディスラプターに力を与える

本当のディスラプターは、口が上手で夢見がちな創業者よりも多くのものを提供できる。では、彼らにとってスタートアップ企業をめぐる環境はどのようなものなのだろうか。

資本はたっぷり残っている。だからスタートアップのライフサイクルは、多くの企業にとって〝クローズドループ〟になっている。

投資家——基本的にはベンチャー・キャピタルが中心だが、リスク志向の高まりによって機関投資家も自由な裁量で運用できる資産が増加している——は、頻繁に、そして大きな金額の資金調達に参加するようになった。彼らは公開市場を新たな資金調達の場ではなく、資金回収の場として位置づけている。

潤沢な資本のおかげで、以前は公開市場でしかできなかった大型の資金調達が可能になった。さらに流通市場の活性化によって株主は簡単に資金化できるようになった。

これほど多くのユニコーンが存在する主な理由は、企業が株式を公開しないでいる時間が長くなっているからだ。株式公開しなければ厳しい審査を受けずにすむ。さらには間接費とコンプライアンス・コストが減るという利点もある。企業は非公開市場の投資家のために、さらに成長することができる。

もう1つの変化は、第二のハイリターンの資金回収方法——GAFAのような巨大テック企業による買収——の可能性が増えたことだ。

巨大テックへの身売りという選択肢

10～12年前には、買収による資金回収はベンチャー・キャピタルの支援を受けた企業にとっては残念賞だった。たしかに創業者に何がしかのカネは入るが、本当の富と名声が得られるのはＩＰＯだった。

しかしいまやプライベートな資本市場が一般の公開市場に追いついてきた。大規模買収で得られる富と名声も見劣りしなくなっている。

アップルのバランスシートには、ユニコーン２００頭分に相当する現金（２０００億ドル）が記載されている。グーグルは１２００億ドルだ。

しかしこれは、ＧＡＦＡならＩＰＯ株のすべてを購入できることを意味しているだけではない。市場での圧倒的な優位性（とＩＰＯ銘柄を片っ端から買い漁れる資金力）によって、彼らのオファーは断れなくなっていることを示している。

２０２０年7月、アメリカ議会の反トラスト法公聴会で、マーク・ザッカーバーグがインスタグラムに対して拒絶できないオファーをしていたことが明らかにされた。彼はインスタグラムに「仲間になるか、死ぬか」と迫ったのだ。

一般的に、創業者と投資家は買収されることで大儲けできる。２０２０年前半に12社あったユニコーンも同じで、未上場時代の最後に算定された価値額に対して91％のプレミアムがついた(4)。

しかしこうした買収は経済と雇用増大にとっていいこととは言えない。エコシステムが不活発になり市場の統合が進めば、スタートアップ企業の成長の機会が奪われてしまう。

パンデミックで今後数年の間に、ＩＰＯ市場で最高のパフォーマンスを演じる企業が生まれるかもしれない。市場の評価は、今後10年間の業績予想に基づいて行われるからだ。

それはダウンサイドのリスクについても同じだ。業績不振の企業には市場から蘇生禁止の指示が出され、残ったキャッシュフローに基づいて評価が行われる。

資本が安く調達できるようになれば、変革を目指す企業（ディスラプター）には未来を牽引するチャンスが生まれる。既存の大手企業は彼らから酸素を吸い取られ、縮小（レイオフや資本支出の削減）に向かわざるをえなくなる。新興企業が新しい設備投資や雇用の拡大に取り組めるようになるからだ。

これは自己実現的な予言だ。既存企業はこれまで続けてきた高い利益水準を維持するため、守勢に立たざるをえなくなる。こうした守りの姿勢がさらに既存企業の競争力を弱め、ディスラプターの攻勢はさらに強まる。老舗企業が衰弱すれば衰弱するほど、新興企業のシェア拡大は容易になる。

「最強のディスラプター」が持つ8つの特徴

では、大変革《ディスラプション》はどのようにして起きるのか。

まず、業界がどこかが決定的に重要だ。ディスラプションが特に起こりやすいのはどこか。それはインフレより速く価格が上昇しているにもかかわらず、それに見合ったイノベーションがないセクターだ。

では、ディスラプターはどのような特徴を有しているのだろうか。それは、数年で株主価値を何千億ドルも高めた企業の主な特性を分析することで解読できる。

私は『the four GAFA　四騎士が創り変えた世界』で考え出した「Tアルゴリズム」をさらに発展させ、それらの特性をまとめた。Tは〝トリリオン（兆）〟の意味だ。

これらの特性を持つ企業が、時価総額1兆ドルに達する可能性があるというわけだ。Tアルゴリズムの8つの要素は以下のとおりである。

・人間の本能に訴えかける
・キャリアの箔づけになる
・成長とマージンのバランス

Tアルゴリズム

・ランドル
・垂直統合
・ベンジャミン・バトン（ネットワーク）製品
・ビジョンに満ちたストーリーテリング
・好感度

Tアルゴリズム1：人間の本能に訴えかける

人間である私たちには、生物的ニーズを満たそうとする性質が備わっている。最も力があるのは、この本能に訴え、それを活用する方法を見つけた企業だ。

その本能は大きく4つに分けられる。体の上から下に並べると、以下のとおりだ。

第一が脳の本能である。

私たちは常に自分の経験と周囲の世界を理解する助けとなる答えを探している（グーグル）。安売り（ウォルマート）や合理的主張（デル、マイクロソフト）は脳に訴えかける。脳に訴えるビジネス——最安値の商品をウリにする小売業や最速プロセッサーなど――では、だいたいマージンが小さい。

第二は心臓。

私たちはまわりの人とつながりたいという内なる欲望を持っている。「違いを知るママはジフを選ぶ」〔訳注：ピーナッツバターのCMのコピー〕。まわりの人を気遣う気持ちが高まると、カネを出そうという気になる。

第三は消化器官。

石器時代に洞穴に住んでいた時代から、私たちは働いて資産をできるだけ多く溜め込み、支出はできるだけ切り詰めてきた。現代の生活は、安定した供給があってこそ成り立っている。

第四は性器。

人間の最も原初的な本能の1つが、種の繁栄、つまり数を増やすことだ。人は自分が成功者でかっこいいことを周囲に誇示できる製品を欲しくなる。できるだけすてきな配偶者を引き寄せるためだ。

人はセックス・アピールを高めてくれる製品に、ばかげているほどのカネを払う。脳や消化器官に訴えるウォルマートやアマゾンとは対照的に、フェラーリやルブタンは性器に訴える。

Tアルゴリズム2：キャリアの箔づけになる

社員のキャリアを大きく飛躍させられる企業。侵害されにくい知的所有権の他に、有能な社員を引き寄せる魅力が、成功のためには特に重要だ。

Tアルゴリズム3：成長とマージンのバランス

現在の最も成功した企業は、旺盛な成長力とぶ厚いマージンを維持している。

一般的には、マージンと成長は逆相関の関係にある。ウォルマートはマージンをとても小さくして、急速な成長を遂げた。付加価値の高い商品でも割安のマージンで販売しているためだ。逆に、マージンが大きい企業はだいたい成長も遅く、大規模化する力もない。

高成長と高マージンの両方を得られるのは、GAFAのような例外的企業だけだ。

Tアルゴリズム4：ランドドル

ランドドルとは、定期的な売上をもたらしてくれる商品やサービスの束（集まり）である。この戦略は、人間の大きな弱みの1つに巧みにつけ込むものだ。

私たちは時間の価値を見積もるのが苦手だ。消費者に自社の商品以外に目を向けさせないようにできる企業は強い。取引ごとに一過性の関係で終わる企業よりも、長期的には多くの価値を蓄積することができる。

ランドドルの例を2つあげよう。アップルはいま音楽とストリーミング映像配信のサブスクリプションを提供している。もし両方を束にして、さらにニュース、iPhoneの年間アップグレードを加えれば、定期的により大きな売上を生む商品の束にすることができる。(5)ディズニーにはディズニープラス、パーク、クルーズ、その他の商品がある。それらを組み合わせることによって、定期的な売上を生むパッケージ商品や、複数商品を束にしたサブスクリプションをつくることができる。

Tアルゴリズム5：垂直統合

バリューチェーンをできるだけ掌握して、消費者体験の最初から最後までコントロールする能力だ。流通をコントロールする企業は、大きな利益をあげることができる。

たとえばアップルはアップルストアとiPhoneを持っていることで、サードパーティーのアプリに支払う料金を大幅に節約できる。同社は自社の製品を、500ものアップルストアと呼ばれるブランドの神殿を通じて販売している。また、今後2年かけて、すべての主要なシリコンを自社設計に移行することになっている。

Tアルゴリズム6：ベンジャミン・バトン製品

年を経るほど若返る製品やサービスを指す。時間がたつにつれて、減るのではなく増える、ユーザーにとっての価値が増すのが特徴だ。購入してすぐ価値が下がる車や歯磨き粉のような一般製品と違い、ベンジャミン・バトン製品は時間がたつほど、ユーザーが増えるほど価値が増してくる。

たとえばスポティファイは、配信するアーティストが増えるとユーザーも増える。個人のプレイリストが増え、それを友人とシェアすることで、ユーザーにとってスポティファイでの経験がもっともっと楽しくなる。さらに多くのアーティストが集まってくる……といった現象である。

Tアルゴリズム7：ビジョンに満ちたストーリーテリング

挑戦的なビジョンの進捗状況を、株主や利害関係者に明瞭に伝える能力。感動的なストーリーは従業員を団結させ、一流の人材と安い資本を集める。

しかし気持ちをもり立てるだけでは不十分だ。会社は本当に約束を果たさなければならない。

Tアルゴリズム8：好感度

政府やメディアから睨まれず、有利な業務提携を結び、有能な人材を集めるリーダーの能力。顧客はブランドを擬人化する傾向がある。前向きで活力のある性格を身につけた企業は莫大な利益を得ることができる。

勃興するディスラプターズ

Tアルゴリズムを用いて、かつ業界のディスラプションの可能性を考慮したうえで、私がいま気になっている企業（公開、非公開どちらも）をいくつかあげてみよう。

観光・ホテル：エアビーアンドビー

2018年、私はエアビーアンドビーがその年の消費者テクノロジー分野において最も革新的な企業だと述べた。

同社は所有もメンテナンスもすることなく、世界で最も大きな資産（アメリカの不動産）を収益に結びつけた。所有しないことでSNSや検索による顧客獲得に多額の資本を投じることが可能になり、他のホテル運営企業よりウェブでアクセスが増えた。

エアビーアンドビーは遊休資産を収益化している。ウーバーの場合は、働く時間を自由に決めたいというドライバーのニーズと、そのためなら安い賃金と福利厚生がなくてもオーケーだという意志の上に成り立っている。

エアビーアンドビーもパンデミックで収益が大幅に下落するという直接的な影響があったが、資産を持たないモデルではコストが変動費化される。ホテル経営の会社と違って、ローン、維持費、高い福利厚生コストを心配しなくてすむ。

つまり、エアビーアンドビーはパンデミックのパンチをうまくかわすことができるのだ。一方、同業のホテルはまともに食らうことになる。

エアビーアンドビーは第２四半期に収益が67％下落したものの、５月17日から６月３日の期間は、２０１９年の同じ時期より国内での宿泊予約が多かった。いつもは海外旅行をする客が国内旅行に流れたのだ(6)。

エアビーアンドビーが上場すれば、いずれ観光・ホテル分野で最も価値のある企業になると思われる。宿泊スペースへの需要は世界的なものだ（世界中の人がオースティンで泊まれる場所を予約する）。エアビーアンドビーはそうしたニーズを取り込んでいる。それこそが企業防御の基本だ。

寝具：ブルックリネン

２０１５年、教え子の１人が自分たちのビジネスに投資しないかと、私に持ちかけてきた。綿をエジプトで調達してイスラエルで製品化する。シーツのセット、羽毛布団、枕を79ドルでブルックリンに運び、１２９ドルで販売するということだった。

価値命題は明確だ。他で４００ドルで売っている寝具類を、はるかに安く提供する。ブルックリネンを創業したファロップは夫婦でチームを組み、綿を買いつける前からオンラインで注文を受けた。

自分たちの商品を買う顧客を見つける（店に商品を山積みして誰かが買ってくれることを願う）のではなく、顧客がいる商品を見つける――これこそ優秀なマーケティングとビジネス戦略というべきだろう。

サプライチェーンを簡素化して、優れた製品にさらに高い価値を付加して提供する手法はすばらしい。

現在、彼らの会社ブルックリネンは立派な黒字会社となり、3月には収益の数倍もの価格でサミット・パートナーズに売却された。これは小売業では珍しいケースだ。ついでに言えば、シーツの質も申し分ない。

旅行：カーニバル

クルーズ旅行を提供するカーニバルは、業界を変革するディスラプターではない。しかしポスト・コロナの世界で注目すべき企業だ。

パンデミックの数カ月前、カーニバルの株は50ドル前後で取引されていた。しかし8月には14ドルを下回った。これはしかたのない話だ。同社の営業は、少なくとも10月31日までは完全に停止している。

しかしいずれポスト・コロナの世界がやってくる。老人が増えているかぎり、クルーズ旅行はなくならないだろう。クルーズはレジャー・旅行分野で急激に成長しているセグメントだ。2005年から2015年で需要は62%上昇した。

そして旅行者はクルーズを続けたがっている。まだクルーズ旅行が可能だったころ、旅行者の92%が、次の休暇にはクルーズを予約すると言っていた。

この原動力となっていたのは、人口動態学的な要因（老人が増えている）と昔ながらの価値命題、つまり「厳選された選択肢を提示する」ことだった。

新人マーケターは、選択肢は多いほうがいいと思いがちだ。しかし消費者が望むのは選択肢が増えることではなく、提示された選択肢への信頼である。

選ぶことは時間と注意力を支払う税金（＝負荷）である。人は選択肢をよく調べて情報を整理し、自分に合ったものを見つける手間を、他の人に負担してもらいたいのだ。

東南アジアをめぐる快適な船旅（ホテル、食事、行動計画、飛行機、列車、車）を自分で検討しようとするのもいい。しかしカーニバルに任せてしまうこともできる。

株価は大きな打撃を受けた。パンデミックが終息する前に、カーニバルのキャッシュが尽きてしまう恐れもある。

しかし生き残れば株価は3倍になり、それは循環的な変化と構造的な変化の違いを際立たせることになろう。クルーズ旅行は需要の後退は一時的な現象だ。一方、飛行機やレストランの需要後退は、ステイホーム期間が長引けば構造的なものになる可能性が高い。

保険：レモネード

2020年の典型的なディスラプターである（告白：私も株主である）。同社のセクター、つまり保険業界は、提供するものが何十年も変わっておらず、消費者からは嫌われている。

レモネードはサプライチェーンのデジタル化で高い流通費（保険販売員とか）を削減し、AIを使ってリスク評価の精度を上げることで損害率を低下させている。レモネードが販売する保険は、現時点では零細な賃借人向けに限られている。大手企業の領域を脅かすことはほとんどなく、彼らは歯牙にもかけていないようだ。

しかし消費者体験の改善はたとえわずかなものであっても強みになる。資本市場はいずれレモネードに必要な資金を提供し、その強みは本来の実力をすべて発揮させるパワーストーンへ変わることだろう。

レモネードは脳に訴えかける。ほんの数分で保険の見積り額がわかる。すぐに答えを知りたい、情報を効率的に得たいという欲求に応えている。まさにグーグルだ。

また、（もうしばらくおつき合いください）、私たちの子孫をもうけたいという本能にも訴える。〝イノベーター〟と仲間になることは、クールな子と一緒にランチをとるのと同じだ。レモネードの保険に入ることで、自分が魅力的な人間だとアピールすることができる。

さらにレモネードにはランドルがある。保険加入者が月々に支払う保険料だ。好感度も高い。CEOは余剰金を顧客の望むチャリティに寄付するという社会的ミッションをそつなく契約に組み込んでいる。

その結果が、老舗保険会社よりも高いNPS（ネット・プロモーター・スコア）だ。6月、私はレモネードのIPOは〝モンスター級になる〟と言った。そして実際、2020年のIPO銘柄ではいまのところ最も好調だ。発行価格は発行直前に変更されたが、取引2日の時点で140％も上昇している。(7)

動画配信：ネットフリックス

パンデミックのステイホームのお供に、ストリーミング動画はぴったりだった。そこに徐々に投資が集まり、その額はG7の国の防衛費に匹敵するほどになった。

しかしネットフリックスは過去10年に、同じくらい巨額の投資をしている。このストリーミング動画配信会社は、近年、アマゾンにしかできなかったことを成し遂げた。

第一に、優れたストーリーテリングを通して資本コストをほぼゼロにまで引き下げ、その強大なパワーを維持しつつ、目標を利益から成長へと移行した。

これはかなりハードルが高い。雑草のように成長しているときに、資本コストを極限まで下げるのは比較的簡単だ。問題は成長がピークに達して、資本市場が損益計算書の一番下の欄

（最終利益）を見るようになるときだ。

ネットフリックスは資本をどこに投資しているのか。ストリーミングのインフラ構築（これもかなりすばらしいものだが）はもちろんだが、それだけではない。エンターテインメントにおける〝価値〟の意味をつくり変えることに費やしているのだ。

毎月1ドルごとに、消費者は10億ドル相当の価値があるコンテンツを受け取る。映画なら10ドルのチケットで制作費1億ドルの作品を見ても、1ドルあたり1000万ドルにすぎない。しかも見られるのはたった2時間だけだ。

ネットフリックスは映画の100倍の価値に、自分の家のリビングルームからオンデマンドでアクセスできる。それこそ、どんなシネコンよりも多くの投資を受け、イノベーションが進んだシアターだ。もっとも、配信されている番組の1％も見る可能性はないと思うが（私はいま挑戦中）。

ネットフリックスは最も普及しているストリーミングサービスだ。そのため、レコメンドエンジンのAIはフェイスブックやグーグルのような規模とターゲティングを可能にしている。それが、ロスガトスの一企業にすぎなかった同社をテック業界のハーシェル・ウォーカー［訳注：アメフトのスター選手］に育て上げた。彼は巨大だが、すばやい。

ネットフリックスはどんなコンテンツ企業よりも上手に、規模という概念を中心としたイノベーションを進めた。マドリードのコンテンツ製作所には1万人が集められている。ネットフリックス・マドリードでは、さらに大人数でコンテンツが製作されるだろう。

同じストーリー、シナリオ、映画撮影技術、セット、衣装デザインを使うが、いくつかのシーンはさまざまな地域で〝現地の〟俳優を使って撮影する。そうすることで、コンテンツをよりリアルに、かつ速くつくれる。ここもハーシェル・ウォーカーだ。

ネットフリックスは、世界中の人々がアメリカ人の俳優を見たがっているという、アメリカの自己愛的な思い込みを打ち砕いた。世界の人々が望んでいるのは、アメリカのスケール感と安い資本、そして自分の国で活躍するタレントなのだ。

2011年、私はネットフリックスの株を1株あたり12ドルでたくさん買った（1人の教授にしては）。それはよいニュースだ。悪いニュースはこっちだ。私はそれを節税のために1株あたり10ドルで売却し、それ以降、一度も買っていない。

株価は、現時点で500ドル前後で推移している。私はどこかからタイムマシンを見つけてきて過去に戻り、自分の顔をひっぱたいてやりたい。まあ、これはあまり関係ない話ではあるが。

医療：ワン・メディカル

私は、ワン・メディカルはディスラプターであり、とてつもないリターンを生む可能性を数多く秘めていると思う。ヘルスケア分野における強固で大規模な規制は、医療提供システムの簡素化が急務となったために、やや壊れかかっている。

医療分野にスマートフォン、カメラ、スピーカーを使えるようになれば、いっきに価値が増大するだろう。小売りがマルチチャネルを採用することで何千億ドルも価値を増やしたのと同じだ。

キャンプをしているときに、自分の子がハチに刺されて足が腫れてきたと想像してみよう。すぐに電話で誰か呼び出し、次のように言ってもらえば安心できるはずだ。「わかりました。テントをたたんでここに来てください」。あるいは「大丈夫です。腫れたところをせっけんで洗い、うしろの湖の冷たい水に足をつけてください。明日、車で町へ行って抗ヒスタミン剤を受け取ってください。処方箋はいま持っているスマホの近くの薬局にメールで送っておきます」。コストは安く、家族との時間は増え、心の平安を保てる。

医療において新型コロナによるイノベーションの大きな恩恵がもたらされるのは、慣習や惰性によって変化が妨げられてきた分野だ。革新的なサービスの提供はその一例である。

ワン・メディカルが医療を提供しているのは、これまで医療業界が反発していたチャネル──特にスマートフォン──だ。このテクノロジーによって、手間、費用、羞恥心を減らし、プライバシーを高めることができる。

フィットネス：ペロトン

この会社の回復劇は、コロナ後の世界まで続くだろう。この10億ドル企業はTアルゴリズムの特徴を備えている。私は最初、過大評価されていると感じていたのだが……そのときに新型コロナのパンデミックが起こった。

前年比で69％の成長。定期的な収入の確保が同社のビジネスモデルの核心だ。２０００ドルのバイクが毎月39ドルの料金で利用できることほど、手ごろに思えるものは他にない。

ここにはベンジャミン・バトン効果が働いている。顧客が増えるほど、コミュニティ（熱狂的ファン）から受けられる恩恵が大きくなる。

ペロトンの会員（サブスクライバー）は１００万人に近づき、定着率はネットフリックスやアマゾンプライム並みの93％に達している。[8] マージンはアップルを上回り、サービスを垂直的にコントロールしている。

会員の数が増えれば増えるほどインストラクターの指導にも力が入るようになり、彼ら自身のキャリア・アップにもつながる。

同社は競合他社の3倍の報酬や株式、それに加えてオンラインで何千人とつながるプラットフォームを提供することで、インストラクターを引き抜いている。

金融：ロビンフッド、パブリック

金融サービスは崩壊寸前の業界だが、パンデミックで時間ができ、1200ドルの給付金が入ったことで個人の株取引が急増した。

ロビンフッドは株式投資アプリのビッグ・ネームだ。同社が取引手数料をゼロにしたため、大手も手数料を廃止せざるをえなくなった。これが業界トップのチャールズ・シュワブとTDアメリトレードの合併を速めた可能性はある。

ロビンフッドはさらに端株取引も始め、若者でも高額な株を買えるようにした。もし端株取引がなければ手が出なかったことだろう。

このアプリのユーザーの半分が、株式投資は初めてだ。インターフェースはゲーム化されていて、より多くの時間をアプリで費やせるようにできている。目を引くビジュアル、ランダムな報酬（バッジ、このアイコンを100回タップすると高利の預金口座が開ける）など、ビデオゲーム、あるいはカジノで遊ぶような興奮を得られる。

同社はイノベーション（優れた製品）から搾取（10代のうつ病、ゲーム化、さまざまな報酬を提供して若者を中毒にさせる）にいたるまで、IT企業の進化をそのままなぞっている。

そのどこが問題なのか。フェイスブックはそれでうまくいっている。ゲーム化は搾取のアルゴリズムだ。フェイスブックのニュース配信をコントロールしているのが怒りをかきたてるアルゴリズムであるのと同じだ。

パブリックは違うアプローチで、手数料無料かつユーザーフレンドリーな端株取引アプリを運営している（告白：私も株主である）。

しかしパブリックは自社のアプリを、株取引のできるソーシャル・ネットワークとみなしている。そのため、公開フォーラムや個別のチャットでのユーザー同士のコミュニケーションを強調している。十分な規模のユーザー・ネットワークが資産になり、（ある程度の規模になれば）ライバル企業が追いつくのは難しくなるだろう。

小売：ショッピファイ

ショッピファイはこの10年で最も偉業を成し遂げたＩＴ企業である。そしておそらくどこよりも度胸がある。このカナダの企業は巨大な空白があることを知っていて、アマゾンの逆を行くアマゾンになった。

ショッピファイは、サードパーティーの小売店のための決済システムと商品保管・配送サービスを提供している。これはアマゾン・ペイとＦＢＡ（フルフィルメント・バイ・アマゾン）そのものだ。

アマゾンとの違いはどこか。それについて、ショッピファイのＣＥＯが議会で証言している。同社はサードパーティーの小売店から収集したデータを、自社の売れ筋製品の販売に利用していない。ショッピファイがアマゾンにとって脅威なのは、アマゾンのサービスと価値を、データやブランドを利用することなく顧客に提供しているからだ。

その結果どうなったかって？　時価総額は１３１０億ドル。これは２０１９年初頭の6倍である。ショッピファイは２０２０年の株価上昇率でもアマゾンを上回っている（ショッピファイ２５０％増、アマゾン72％増）。

音楽：スポティファイ

スポティファイには、世界展開、製品の差別化、好感度が備わっている。欠けているのは垂直統合だ。そのためにアップルから、App Storeの手数料として30％をピンハネされる永遠の罰を受けている。

２０１８年、私は株価が12カ月で倍増すると予想した。それは間違っていた。結局、30カ月かかった。

しかしスポティファイには1兆ドル企業になれる要素がすべて備わっている。定期的な売上があり、ベンジャミン・バトン製品もある。時間を経るごとにユーザーが増える。それにつれて、価値が下がるのではなく上がっていく。

しかしそれだけの資産があっても、時価総額は４７０億ドルと巨大テック企業のレベルには達していない。

このスウェーデン企業の頭を押さえているものは何か。アップル・ミュージックである。このクパチーノの巨人は有料サブスクライバーの半分を抱えているが、NPSはそれほど高くない。

しかしスポティファイで聴ける音楽は、ほとんどアップル・ミュージックでも聴ける。アップル・ミュージックには大きな優位性がある——つまり垂直統合型の経営で自社の流通を所有できている点だ。

ここで決定打となる一手とは何か。ネットフリックスとスポティファイが合併して、スマートスピーカーのソノスを買収し垂直統合することだ。

2つの巨大なサブスクリプション・メディアが手を組んで、映像と音楽を支配するのだ。すばらしい。そしてソノスを（『タイガーキング』[9]のヒットで得た13億ドルで）買収する。そうすれば、彼らはアメリカの最高の富裕層の家に、総合的な装置として入り込む足がかりを得ることができる。

自動車：テスラ

人間の本能にアピールするテスラには、差別化のポイントがいくつかある。イーロン・マスクのビジョンとストーリーテリングに実際のすばらしい製品が加わって、安い資金が集まった。

その安さを知ったら、他の自動車メーカーは戦意を喪失してしまうことだろう。彼らにはテスラと同じような前のめりの投資は不可能だからだ。

フォードがNFL（ナショナル・フットボール・リーグ）の再放送でCMを流しているときに、イーロンはNASAの宇宙飛行士にテスラ・モデルXを運転させて発射台に向かわせる。そこで宇宙飛行士はスペースXドラゴンに乗り込むという趣向だ。

同社は垂直統合型の企業であり、車を直接販売している。車のディーラー店に出向けないのを寂しく思う人がいるだろうか。

しかしテスラの本当の強みは、人間のコアな本能――子孫をつくる本能――に訴えることで、途方もないマージンを得る能力だ。この能力でテスラの右に出るものはいない。

テスラを買うことは、究極のステータスシンボルだ。ほとんどの商品のメッセージは「私にはカネがある」「私は良心的である」のどちらか1つだけだ。しかしテスラはその両方を意味する。これは以前なら慈善活動でなければなしえないことだった。

さらにテスラには第三のメッセージも加わる。私はイノベーターである、時代を先取りしている、と。別の言い方をするなら、私は種の生き残りに最適な遺伝子を持っている。つまり、私は生物学的に結ばれる相手としては最高だということだ。

悪童《バッドボーイ》のイメージが、さらに子づくり本能を刺激する魅力を高める。テスラ・モデルSを運転する税務専門弁護士は、税務専門弁護士ではない。彼は先見の明のある反逆者なのだ。

テスラは戦略のあらゆる側面――価格、生産、マーケティング、リーダーシップさえも――

を通じて、性器に訴えかけることに成功したのだ。

イーロン・マスクは天才である。ただ私は彼の個人的な主張の多くを評価しない。まずは市場操作だ。彼はテスラの株式を非公開にすることを考えているというツイートをし、最後に「資金は確保した」と書いた。これで株価が乱高下した。さらに、タイの洞窟に閉じ込められた子どもたちを救助したダイバーを「ペド（小児愛者）」と呼び、自分は間違っていないと主張した。そして新型コロナ対策に疑問を呈した一連のツイート。

何千人もの暮らしがかかっている企業の創業者は、もっと慎重で思慮深くあるべきだ。「わかってるよ《オーケー》、おっさん《ブーマー》」とあしらわれるのがオチだろうが。

私は何年も前から、テスラは過剰評価されていると言い続けている（間違いっぱなしだが）。いまは「全面的に評価されている」と言いたい。これでヘイトメールは抑えられる。

そう、マスクは天才だ。マスクは世界を代替エネルギーでよりよい方向へ変えようとしている。しかし結局のところ、それは鉄を加工して車を組み立てるだけのビジネスだ。代表的な利益指標であるＥＢＩＴＤＡの１２８倍もする株価を維持できるビジネスではない。

ニューヨーク大学の同僚で〝投資評価の学部長〟の異名をとるアスワス・ダモダランは、こう述べている。

「私はずっとテスラ株をストーリー株だと思っている。価格を高騰させているのはストーリーであって、ニュースでもなければファンダメンタルでもない……期待利益やキャッシュフローをもとにテスラを買っているなら、それは間違いだ。テスラはムードや勢いで買うものだ」

テスラは新型コロナから恩恵を受けている。コロナは古い資本集約型企業に不相応なほどのマイナス効果を与えている。ある意味、ウイルスがテスラのライバルに大きなハンデを与えたのだ。若い電気自動車の企業が、名の通った（大きな負債を抱え、資本が集約している）自動車メーカーより好調なのはそのためだ。

まさにそれだ――テスラは自動車製造会社であり、そのセクターではこのような評価は意味を持たない。

「テスラを買う人は不合理なわけではない。ただ合理性が買う理由にならないだけだ」とダモダラン教授は言う。「テスラのストーリーは信じにくいが、不可能なことではない。1500ドルという株価が正当化されるストーリーはたしかにある。ただ、私はそれに賭けたいとは思わない[10]」

SNS：ツイッター

ツイッターが占めている空間をきちんと支配することができたら、300億ドルではなく1000億ドル企業になるだろう（告白：私も株主である）。このミニブログのプラットフォームは、現在の情報化時代のアイコン的ブランド、世界的な生命の源となった。

ツイッター並みのリーチと影響力を持つ数少ない企業（テンセント、フェイスブック、グーグル）は、それぞれ時価総額がツイッター社の17倍、24倍、39倍である。

これは困ったことであり、その責任は経営陣が負うべきである。しかもその責めの半分は、非常勤のCEOであるジャック・ドーシーが負うべきである。逆に言えば、彼には2倍の責任があるということだ。

ツイッターには欠点が数多くある。フェイク・アカウント、GRU（ロシア連邦軍参謀本部情報総局）が震源の荒らし、陰謀論や疑似科学を助長するアルゴリズム、場当たり的なサービス・ルール適用など。

ユーザーはツイッターをヘルサイト、そこに浸ることをドゥームスクローリング［訳注：ネガティブなことばかり検索し続ける］と呼んでいる。

しかしだからと言って、金の卵を生む鶏をみすみす殺すこともできない。同等あるいはもっとひどい欠点を持つフェイスブックでさえ事業停止にいたっていない。

問題はビジネスモデルだ。ツイッターは頑なに広告ビジネスにしがみついているが、フェイスブックやグーグルと競うための規模もツールもない。その結果、ツイッターには無料・赤・アンドロイドという陣営で、かつ規模の優位性を持たないことの問題点がすべて集約されている。

２０１９年12月、私は33万株を購入し、ツイッターの取締役会に公開書簡を書いた。それはhttps://www.profgalloway.com/twtr-enough-already/で閲覧できる。

返事は来なかった。しかし2カ月後、エリオット・マネジメント（３８０億ドルを運用するヘッジファンド）が、私の書簡に賛同したと知らせてきた（同社は20億ドル投資している）。そして3週間後には、彼らが取締役会で席を３つ確保したと私に知らせてきた。

物言う投資家が一般的になってきた世界で、３週間で取締役の席を３つ確保できたということは、会社の足元が揺らいでいた証拠だ。現在、私はエリオットのアドバイザーとなり、私の助言は広く公表されている。

ツイッターはｉＯＳ型——データを利用するのではなく価値に料金を課す型——に移行する必要がある。私が第1章で説明したように、サブスクリプション・モデルに移行するべきだ。初めはフォロワー２０００人未満のアカウントは無料で、それ以上は有料にして金額を少しずつ増やしていく。ただしフォロワーの多いユーザーの実入りが大きく増え始めれば、サブスクリプション料金もそれに見合って引き上げていく。

私はツイッターに何カ月も要望を伝え続け、ついに２０２０年7月、ＣＥＯのジャックがサブスクリプションへの移行を検討すると発表した。株価は４％跳ね上がった。フルタイムのＣＥＯなら、もっと前にそれを理解していたはずだ。

配車サービス：ウーバー

配車サービスは、アメリカで領主が農奴にしかけた最新の戦いである。

この世界では、ほとんどが非白人でほとんどが非大卒のドライバー（390万人）と、ほとんどが白人でほとんどが大卒の本社勤めの正社員（2万2000人）が完全に分離されてしまった。本社社員は、投資家とともに、BMWとフォードを合わせた額にのぼる時価総額を山分けすることになる。

一方、BMWとフォードは33万4000人を雇用している。そのほとんどが健康保険に加入しているのは間違いない。フォードの時給は平均26ドル。ウーバーでは9ドルだ。

同業のリフトはいずれ買収されるか、廃業するかだろう。しかしウーバーは世界的ブランドであり、ウーバーイーツというフライホイールがある。

2020年7月、パンデミックのさなかにポストメイツを買収し、フライホイールはさらに強力になった。ウーバーがそのとてつもないブランド力、イノベーション文化、フライホイールを活用すれば、時価総額400億ドルや500億ドルも夢でないかもしれない――IPO前夜と比べると半分の水準だが。

新型コロナ禍での同社の優位性はコストを変動費化できることだ。配車サービス以外にさらに事業を展開できるかどうかが、成長の重要なカギとなる。それほど配車サービスは難しい事業なのだ。

しかし厄介な事業でも、規模を大きくして、それなりに実入りのいいビジネスモデルを開発できれば、フライホイールになりうる。リフトはそれとは逆に、配車サービスの規模を抑えることで収益をあげようとした。同社はおそらく2021年に買収されるだろう。

ウーバーにはベンジャミン・バトン効果もある。そのサービスを使う人が増えるほど、使いやすくなる。ドライバー増加、料金低下、地図や推定時間の精度向上、アルゴリズムのその他の面でも。

好感度については、創業者CEOのトラヴィス・カラニックがブランド・イメージを地に落としたため、その回復にかなりの努力が必要だった。

カラニックの悪しき男性優越主義は、若い女性エンジニアのスーザン・ファウラーによって明らかにされた。たとえばすべての従業員に革ジャンを配る……ただし女性にはなし[11]。いまのCEOであるダラ・コスロシャヒは先代に比べればはるかにまともであり、いくつもの危機に断固たる態度で対処している。

垂直統合に関して言えば、ウーバーの強み（＝最小限の資本支出）は柔軟な組織にある。車を所有せず専属契約のドライバーもいない。ウーバーのドライバーの多くは（すべてではなくても）、リフトのドライバーでもある。

ウーバーの成長に陰りは見られない。いまは利益が出ていなくても、そのマージンは着実に拡大している。

メガネ：ワービーパーカー

このセクターの大手企業は価格を引き上げるだけで、ろくなイノベーションを行ってこなかった。それでも何億ドル、おそらく何十億ドルという不労所得が濡れ手に粟で手に入るからだ。専門小売店という疲弊したセクターにあって、ワービーパーカーは2021年の希少なIPO企業となるだろう。

ワービーパーカーは専門小売店の新興企業としては、いちばんマシな企業だ。このセクターは買い物をするにはすばらしい場所だが、投資先や就職先としては悲惨である。

ワービーパーカーはすばらしいストーリーを語っていて、それは大きな宣伝材料となっている。普通は来店客を増やすために広告費を払う必要があるが、ワービーパーカーは来店客の80％をオーガニック（誘導広告なしに）で獲得している。

ワービーパーカーにはアマゾンの冬を乗り越えてより強くなるだけの筋肉（垂直的な流通、製品差別化）と脂肪（安い資本へのアクセス）が備わっている。

シェアオフィス：ウィーワーク

実は、そこまでの会社ではない。コンセプト（コワーキング）は申し分ないが適正な規模が必要だ。コアなビジネスはまともだが、前のめりになっているユニコーン企業の多くは、再編成が避けられないだろう。

ウィーワークについては、不動産ビジネスだと考える必要がある。たとえばホテル運営会社は通常、個別のLLC（有限責任会社）の集合体だ。1つが破産しても会社全体がつぶれないようにするための賢いやり方だ。

ウィーワークがマイナスの資産を切り離すことができれば（まずやるべきは創業者をクビにすること、それで完了）、コワーキングのパンデミック後の未来は明るい。アメリカのオフィスワーカーの多くがオフィスから解放されたが、誰もが自宅のキッチンテーブルで仕事をしたいわけではない。やがて求人票で「コワーキング手当つきのリモートワーク」という文言を見るようになるだろう。オフィス面積を大幅に減らし、ウィーワーク2・0などと提携して、働く場所をフレキシブルに決められる企業も急激に増えるだろう。

ウィーワークはこれまで時価総額が470億ドルを超えることはなかったが、新型コロナのパンデミックによって下落した水準にいつまでもとどまることもないだろう。

SNS：ティックトック

ティックトックにこれから何が起こるかは、起こらないことに比べると明確な予想がしづらい。2020年夏には大騒ぎが起き、激しい応酬が繰り広げられた。しかし、中国は世界的なインターネット資産を、アメリカに脅されるがままに安く売ることはないだろう。

1つには、ティックトックを禁止するというトランプの脅しに反撃する手段が、中国側にはたっぷりある。習近平国家主席が次のように宣言したらどうなるか、想像してみよう。「アップルは中国のセキュリティ・プロトコルを回避している。アップルはその運営権、知的所有権、供給契約を、45日以内に中国企業に売却しなければならない」。さよならナスダック、永遠に株価が浮上することはないだろう。

言うまでもないことだが、人々はティックトックが好き、だ。かなりの数の有権者も含めて。そしてこの本が印刷所に回される時点でも、トランプはすでにティックトックのアメリカ資産をアメリカ企業に売却する45日という期限を、90日に延長している［訳注：その後、政権が変わって棚上げになっている］。

中国政府はトランプに対して開き直り、ティックトックは外国に売却する前に中国当局の承認を得なければならないという規制をつくった。それで、最も理にかなった売却先と目されていたマイクロソフトは入札から脱落した。

長期間にわたるこの応酬は、あなたがこれを読んでいるときまでには終わっている可能性が高い。現時点で望めるベストなシナリオは、メンツを保つためにオラクルとバイトダンス（ティックトック運営会社）が〝パートナーシップ〟を結ぶことくらいだ。その提携の内容は、北京を懐柔するために曖昧なものになるだろう。

一方で相場が過熱しているときは、企業が自社の先行きに強気であるなどの噂を広めて、株価を押し上げる絶好のチャンスだ。

ツイッターの株価は5％跳ね上がったが、投資家が分析して次のことに気づくやいなやすぐに戻った。ツイッターの時価評価額が相対的に小さいことを考えれば、どんな取引であれバイトダンスが事実上ツイッターを買収することになる、と。

ここでの意図せぬ結果には、触れずにはいられない。トランプがティックトックをアメリカ企業に買収させようとした結果、逆に中国企業がツイッター社を買収するチャンスが高まった可能性があるのだ。

結論を言うと、ティックトックはすばらしい製品を所有している。そのアルゴリズムは関連コンテンツの表示に優れ、制作ツールを見ればそのようなコンテンツがどっさりあることがわかる。これは簡単ではない。

リールを見てほしい。フェイスブックがティックトックからパクった機能で、最近インスタグラムに加わったものだ。『ニューヨーク・タイムズ』のインターネット文化欄のライター、テイラー・ローレンツが5日間使用して「リールはこれまで使った中で最悪の機能だと断言できる」と結論づけている[12]。

すばらしい製品はすばらしいビジネスに発展する。マイクロソフトの製品としてであろうと自社製品としてであろうと、ティックトックの将来の見通しは明るい。

不手際が目立った米中貿易戦争ではあるが、それと同じように中国が先に怯んでしまうことはないだろう。彼らはちょっとやそっとのことで怖気づくことはない——50年単位でものごとを考える人々だ。

最大の獲物：大学

ベンチャー・キャピタル投資はだいたい新型コロナ以前のレベルにまで回復している[13]。私が成人してからずっと、世の中では技術革命がゆっくりと進行していた。それが最近になってようやく、インフラと技術の進歩が早まってきた。その結果、広範囲での変革が経済最大の消費者セクターの根底を揺るがし始めている。何十年も前から予想されていたことだ。

好機が訪れるにつれて、民間市場には資本があふれ、株式市場は成長ストーリーに飢えていく。買収をもくろむ企業の資金はかつてないほど潤沢になっている（ただし反トラスト法によってしばらくの間は巨大テック企業の買収熱は抑えられるかもしれないが）。

もう一度言う。２０２０～２０２１年のＩＰＯは、この数年来で最高レベルのパフォーマンスをあげる当たり年になる。その成功が不都合な真実をおおい隠すだろう。

たとえば、特に急激な成長を遂げているセクターの中には、スタートアップ資金が不足しているところがある。それは名の通った大手企業が、昔ほど反トラスト法や規制の厳しい審査にさらされなくなっているからだ。

新興企業の成功のカギは大手企業の鈍さにあると、皆さんすでにお気づきだろう。しかしアメリカで何より大きくて動きの鈍いものといえば、大学である。

第4章 大学はディスラプターの餌食

新型コロナウイルスの影響で、どの業界より崩壊に近づいているのが高等教育産業である。はっきりさせておくが、大学はれっきとしたビジネスである。パンデミックが始まる前から、この7000億ドル規模の業界は崩壊寸前だった。何十年も前から、高等教育はどんどん危険に向かっていた。新型コロナは初めての「本物の危機」になるだろう。

ウイルスは特に、顧客が密状態で商品を消費する業界に大きな打撃を与えている。スポーツ、航空会社、レストラン、イベント、そして崇高な使命を担ってはいても、大学もそこに入る。

大学授業料・費用と消費者物価指数（CPI）（1978年7月〜2020年7月）

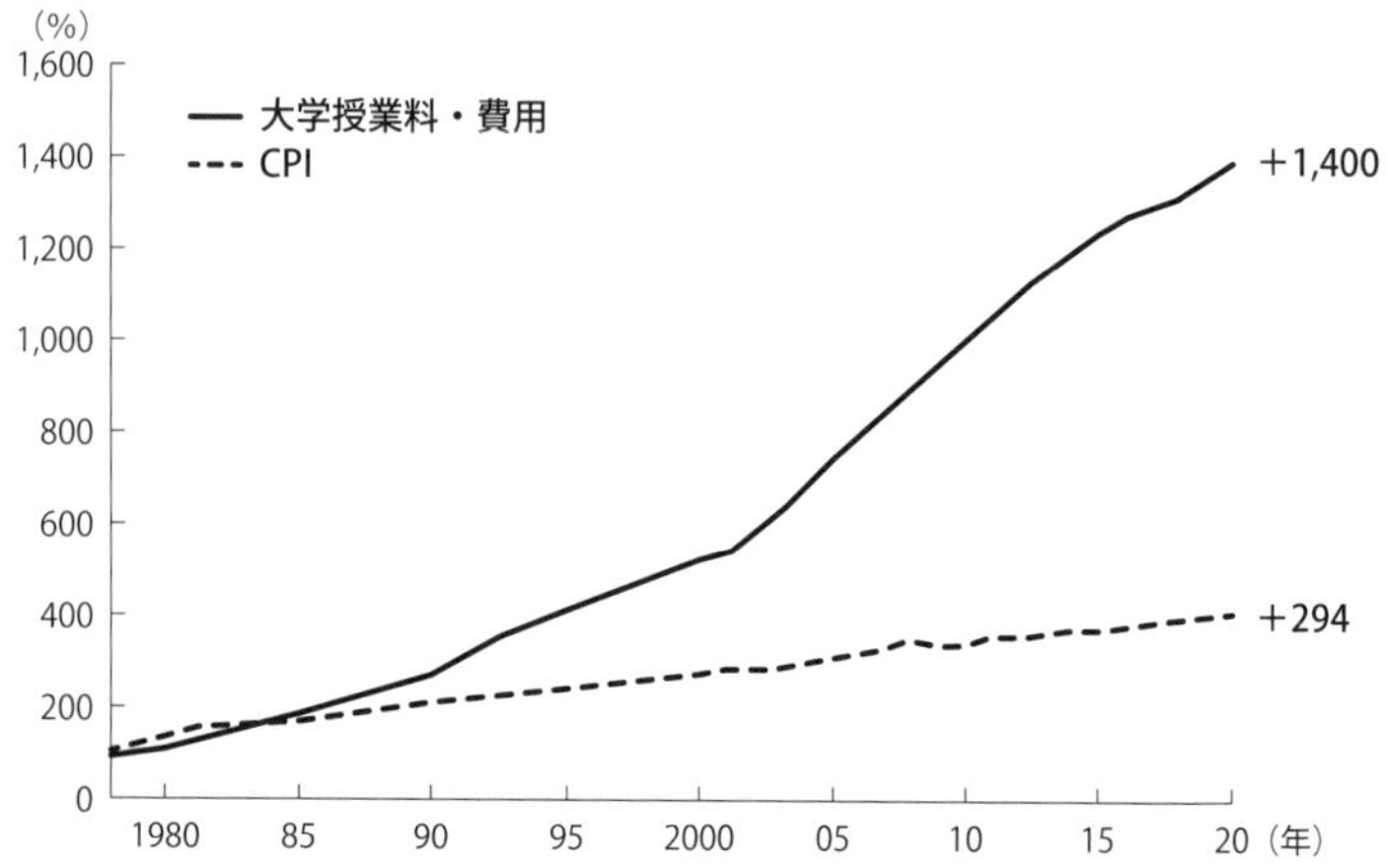

出所：アメリカ労働統計局

ディスラプションの機は熟している

高等教育業界のディスラプション・インデックスは群を抜いて高い。過去40年で大学の授業料は1400%上昇している。

1980年代から90年代前半まで、私はUCLAの学部に5年間、そしてUCバークレーのビジネススクールに2年間在籍したが、授業料はトータルで1万ドルだった――7年間通してである。

話をいっきに現在に戻すと、その額ではニューヨーク大学スターン経営大学院の2科目分にも足りない（1万4000ドル）。

これに比べれば、医療費さえ安く思える。

医療費は同じ時期に600%しか上昇していない[1]。

これほどの富を移動させて、教育産業は何をしたというのだろうか。たいしたことはやっていない。

医療費の増加に不満を覚えるのもわかる。しかしいま病院へ行けば、医療技術や手術法、薬が1980年代から大きく変わっているのを目の当たりにできる。年間4兆ドルに近い医療産業は、最先端のテクノロジーを提供している。それらが価格上昇に見合っているかといえば、答えはノー。だが、相当なイノベーションが進行していることは間違いない。

それとは対照的に7000億ドル規模の高等教育業界が提供しているものは、旧態依然としたものばかりだ。

大学のキャンパスに何とか潜り込んで実際に見てみると、たしかに変わったところがある。スライドの代わりにパワーポイント。法律用箋とタブの代わりにノートパソコンとダイエットコーク。しかしそれだけだ。

私はニューヨーク大学スターン経営大学院で、ブランド戦略を教えている。この秋、ズームで行われた授業には、通常の2倍の280人のキッズ（学生について私が好んで使う言い回し）が参加した。

彼らはそれぞれ7000ドル支払っている。つまり1学期で196万ドルが集まる。控えめに言って、このコースの粗利益率は90%強である。

この価格で粗利益率が90％という事業が他にあるだろうか。あったとしてもごくわずかだろう。エルメスでもフェラーリでもアップルでも、そこまではない。

私は授業にまじめに取り組んでいるし、時には超一級の授業ができることさえある。1学期に1回か2回、オンラインで会議をする――移動先でもできるからだが、オンライン・メディアを試すためでもある。私は学生をつなぎとめるためにいろいろなことをする。ロックスターの物まねから、失礼な学生にキレたeメールを送ることまで。[2]

しかしアデルのかつら[3]をとってしまえば、私のブランド戦略の授業は、28年前に私がUCバークレーで受けていた授業とそれほど違いはない。私は教室の前に立ち、3時間にわたって知識を吐き出し、ニューヨーク大学は小切手を回収する。

「希少性」が大学の最強の武器

私がいる教育業界は、どのようにして教育サービスの質を向上させることなく、これだけのスピードで価格を引き上げることができたのだろうか。

少数のエリート大学（ニューヨーク大学を含め）では、希少性を最大限利用してきた。希少性はビジネス戦略である前に、フェティシズムの対象になってしまっている。つまりエリート大学を、公益のための存在ではなく、ぜいたく品ブランドの一種だと思い込んでいるのだ。

アイビーリーグの合格率は4～10％だ。志願者の90％以上を不合格にすることを自慢する大学は、毎晩やってくる貧しいホームレスの90％を拒絶するホームレス・シェルターのようなものだ。

これは知的水準やブランドの希薄化の話ではない。ジャーナリストのブライアン・ウォルシュはこう述べている。母校のプリンストン大学が入試の面接を取りやめた決定について説明する記事だ。

「エリート大学の入試に関する秘密は、その大学に入るに値する学生が実際の入学者数よりはるかに多く、入学者と落ちた学生の間にほとんど差がないことだ」

その裏づけとして、彼はまさにプリンストンの入学試験事務局長から次の言葉を引き出している。「志願者の中から、実際の5倍か6倍の人数を入学させてもおかしくはなかった」(4)

同大学には260億ドルの寄付が寄せられる。それを考えると、なぜ入学者をいまの5倍から6倍に増やしてこなかったのかという疑問が浮かぶ。

このような需要超過は、高等教育のカルテルを生み出している。

何百という私立のリベラルアーツ大学は、ハーバード大学に似せた美しいキャンパスを模すことで、エリート（そして入学を拒絶された90％の世帯）の教育費を値上げしてきた。その結果、何百万人もの中産階級の家族はベンツの価格で韓国製のヒュンダイ車を買わざるをえなくなった。

その授業料の大半は簡単に申し込める借金で賄われている。いまや聖典の言葉――どれだけの犠牲を払おうと、汝の子を大学にやらねば、親として罪を犯すことになる――となったアメリカ人独特の信条に巧みにつけ込む形で。

公立大学の助成金削減

一方、大学生の3分の2を教育する全国の公共機関では、州と連邦の補助金削減により、授業料の高騰に拍車がかかっている。これは州によって違うが、学生1人あたりの公的助成金は1980年代よりも低くなっている。

特に2008年の不況が、大幅削減の原因となった。2008年から2013年で、公的助成金は22％減少した――そして授業料は27％上昇した。

これは私たちにも責任がある。大学はこれまで自分たちとは異質な人も受け入れてきたが、しだいに考え方が違う人たちに不寛容になっている。ハーバード大学の教授陣で自分を保守派だという人は1・5％にすぎない[5]。その結果、公選議員の50％が、進歩的な正統派の大学への支援に消極的になってしまう。

予算削減の悪影響は、全国に均等に及んでいるわけではない。たとえばアラバマ州では、不況の間に大学制度への助成が40％近く削減され、その後も回復していない[6]。

大学は上昇した授業料の差を埋め合わせる必要に迫られ、州外や外国からの学生を多数集め

アメリカ人が抱える負債残高（2020年第2四半期）

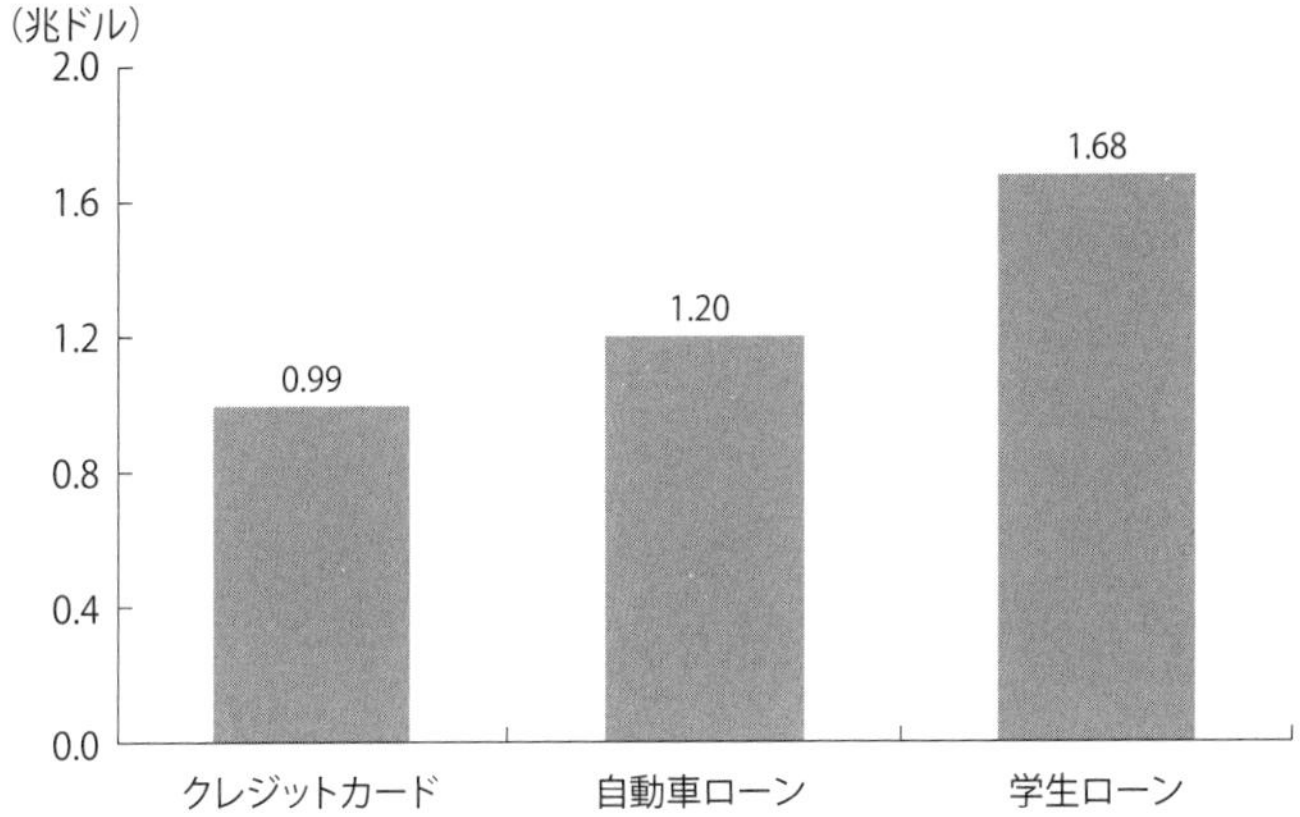

出所：セントルイス連銀

ることになった。そのために、大学のあり方や、地元のコミュニティで果たすべき役割も大きく変わっている。

大学ビジネスを支える「学生ローン」という麻薬

これだけの値上げができたのは、連邦が支援している学生ローンというヘロインのおかげだ。学生ローンの残高は、いまや総額１兆６８００億ドルにのぼる。クレジットカードの負債や自動車ローンよりはるかに多い。平均的な大学生は、卒業時に３万ドル近くの借金を抱えることになる。

学生ローンによって一部の大学の財政は潤い、他の大学への支援を削減する口実を州政府に与えた。そして若者たちは、えげつない額の借金を負わされることになった。

これは、意図は正しくても結果が間違っていた政策の殿堂に入るものの1つだ。借金によって後押しされる授業料の上昇、貪欲に利潤追求を目指す大学の出現、それでいて商品（教育）の質には目覚ましい改善がほとんど見られない。

何より重大なのは、学生ローンがその中心的なミッション——大学教育を低所得層の若者にも広げるという使命——を果たしていないことだ。なんといっても借金の負担が最も重くのしかかるのは経済的に恵まれない層だ。彼らが返済不履行になる比率は富裕な学生よりはるかに高い。(7)

つた《アイビー》のからまるカースト制

私たちは教育が格差解消装置として働くことを望んでいる。ところが実際はそれがカースト制、特権を次世代に引き継がせる手段になってしまっている。

大学は、少数のとびぬけて優秀な子を大衆から招き入れ、あたかも実力主義を実践しているような顔をしている。だが実際の大学は富裕層の子弟であふれかえっている。卒業生の子弟優遇制度や高校間格差、あるいはカネを払わないと勉強を続けられないという現実があるからだ。

現在、裕福な家庭の子が大学に行く確率は、貧しい家庭の子の2倍。エリート校に進む確率にいたっては5倍である。[8]

アメリカのトップ100の大学のうち38校（アイビーリーグ5校を含む）では、収入が上位1％に入る家庭の学生が、下位60％の家庭の学生よりも多い。[9]この点だけでも、アイビーリーグの学部課程は大学では*ない*と言える。あそこは投資家の子どもを教育するためのヘッジファンドだ。

少数の恵まれた人々にとってさえ、大学教育は大きな投資だ。トップクラスの大学の卒業生はキャリアも収入も、そうでないアメリカ人とはまったく違う軌跡へと踏み出す。人気のある企業は有名大学の卒業生しか採用しない。

有名大学の就職部には、企業から繰り返し求人の電話がかかってくる。そして就職すれば、そうそうたる経営幹部が名前を連ねる卒業生のネットワークがあり、その恩恵にあずかることもできる。

大学に大変革を起こす力

教育に大変革を起こす力1：リモート

大変革が目前に迫っている。高等教育業界の水面下では、いくつかのトレンドが加速している。

情報技術の向上でリモート学習が一般に受け入れられるようになった。2000年代初頭、MOOC（大規模公開オンライン講座）に関心が集まったときは、時期尚早だった。しかしいまでは、多くのサメがエサに群がっている。

業界最高のブランド――ハーバード、イェール、スタンフォード、MIT――は、着々とオンライン授業を拡張している。

ハーバードでは、世界的に評判になったデヴィッド・マランの著名なコンピュータ科学入門コースをオンラインで無料公開した。

2018年には、イェール大学のローリ・サントス教授の「心理学と幸せな人生」というコースに1200人の学生が登録した。これは同大学300年の歴史上、最も人気のある講座となった。しかしサントスとイェール大学がこの講座を無料でオンライン公開すると、登録者は100万人を超えた[10]。

他方面からの参入もある。マスタークラス社は、著名人が教える講座をサブスクリプションで販売している。セレブとハリウッドのプロダクションのパワーをオンライン教育に持ち込んだのだ。

私は彼らのビジネスモデルが成功するとは思えない――ファッション雑誌編集者のとりとめのないおしゃべりを教育とは呼べない。しかしその授業映像はたいへんつくり込まれており、オンライン学習全体の質の向上に貢献している。

る。

教育に大変革を起こす力2：社会が大学に求める役割の変化

一方、学生ローンの危機によって、これまでの大学の価値命題を再考する機運が高まってい

バーニー・サンダースとエリザベス・ウォーレンは、大学の学費無料化を自分たちの政策の中心に据えている。これは考え方として間違っている。大学進学者が富裕層に偏っていることを考えると、学費無料化は貧者から金持ちへのさらなる富の移動にしかならない。しかし大学教育をもっと安くしなければならないという認識としてはうなずける。

人口動態が運命を決める。高等教育における人口動態はひどいものだ。２０２６年から、高校卒業者数は９％減少すると予想されている。[11]

変化の時が近づいている。２０１３年、有名なハーバード・ビジネス・スクールの教授であるクレイトン・クリステンセンがこう予言した。蒸気機関の出現で帆船が使われなくなったように、オンライン教育によって、従来の高等教育制度は崩壊するだろうと。

今後10〜15年で、25％の大学が廃校になると彼は書いている。[12] ２０１８年、彼はその予測を50％まで引き上げた。[13] しかも当時は、まだ誰も新型コロナの名前を聞いたこともなかった。

高等教育業界は変化に抗ってきた。そのイメージは不動である。若者たちが緑の多いキャンパスの中庭をそぞろ歩き、頭の中で学問的な難題に取り組んでいる。

また、そのブランド力は並外れている。グーグルの敷地内にある建物の脇に自分の名前を彫ってもらうために、1億ドルもの寄付をする人はいない。ほぼすべての政治家、篤志家、思想的指導者は、1つあるいは複数の大学で過ごした年月に懐かしい思い出を持っている。彼らは自分の子どもたちにも同じ経験をさせてやりたいと思うだろう。

ただ、技術の進歩やエリート主義に潜むリスクを見れば、高等教育のこれまでのシステムがこのまま平穏に続いていくとは考えにくい。

そのうえにパンデミックが起こった。ほぼひと晩のうちに、全米の大学が空っぽになり、何百万時間もの教室での経験が、いきなりオンラインに移った。

子どものベッドルームが講堂になった。緑多きキャンパスでの散策は、郊外の家の裏庭におけるソーシャル・ディスタンスを保った散歩に代わった。

こんな事態を誰も想定していなかった。最初のオンライン学習は不手際が多く、ズーム頼りで、とにかくめちゃくちゃだった。親たちは年間4万ドルも払った授業のぶざまな様子を目の当たりにして、ひどく落胆した。学生たちは〝人生で最高の1年〟を失った。

春学期は即席のズームによる授業で大混乱に陥った。大学生の75%はeラーニングに満足しておらず、[14] 高校最上級生の6人に1人が、1学期、あるいは1年間、大学入学を遅らせることを考えていた。[15]

パンデミックがディスラプションの引き金を引いた

大学がもたらす3つの価値

2020年春から初夏まで、大学のトップたちは楽天的だった。キャンパスライフは秋には通常に戻るだろうというおめでたい話をしていた。しかし、そうはならなかった。7月末、秋から始まる新学年はオンライン授業で行うという発表が相次いだ。まるでドミノが倒れるように、ほとんどの学校が春の楽観的な計画を転換することになったのだ。

大規模な州立大学（UCバークレーを含む）から、スミス大学のような小規模な私立大学、ジョンズ・ホプキンズ大学のような研究機関、そしてハーバード、プリンストン、スタンフォードなどのリッチなエリート大学まで、あらゆるタイプの学校が避けられない運命を受け入れた。対面の授業は行わず、大学構内での居住を厳しく制限すると発表したのだ。

カレッジ・クライシス・イニシアチブの報告によれば、調査した2958校のうち1302校が、2020年秋学期はすべて、あるいは基本的にオンラインで授業を行う予定だという(16)。たった1カ月前の調査では835校だった。すべて学内授業で行うと答えたのはわずか114校。少なくとも1年間、これまでとまったく違う教育が行われ、そしてその変化の多くは定着するだろうと思われる。

教育の価値方程式

大学のコスパ＝（C＋E＋Ex）／授業料

C＝Credential：資格（卒業後のあなたのキャリアは、大学のブランドに基づいて決まる）

E＝Education：教育（学習と学識）

Ex＝Experience：経験（落ち葉、フットボールの試合、恋愛）

高等教育へのパンデミックの影響を理解するには、高等教育の価値命題［訳注：顧客に提供する価値の組み合わせ］を理解する必要がある。

時間と授業料と引き換えに、大学は３つの価値を提供する。それは資格、教育、経験である。

パンデミックが引き起こす波１：財政ショック

パンデミックは高等教育の変化を、２つの波で加速させるだろう。

第一の波は、２０２０年夏に多くの大学が経験した財政ショックである。合格率４・６％、４００億ドルの寄付があるハーバードでさえ、２０２０年度の収益は７億５０００万ドル不足すると予想されていて、職員に早期退職や時短勤務を求めている[17]。

しかしエリート校には大きなショック・アブソーバーがある。入学キャンセル待ちの列や、数十億ドルの寄付である。ギャップイヤー［訳注：高校卒業後に一定の期間を経てから入学する制度」をとったり実家近くの大学に転校したりする学生1人につき、繰り上げ入学を待つ学生が10人以上もいる。

エリート大学は嵐を乗り越えて、さらに力を増していくことになる。トップクラスの大学はパンデミックによる収入の落ち込みをキャンセル待ち（補欠）学生の大量繰り上げ入学で埋め合わせることができる。

しかし、そこまで有名でない大学は入学率（合格者の中から実際に入学する学生の割合）の低下でダブルパンチを受ける。もっと有名な大学へ流れたり、入学自体を延期してしまう学生が出てくるからだ。

この影響は大学ランキングの上から下へとさざ波のように伝わり、最後は補欠者さえいない大学に到達する。すでに志望者の60～80％を受け入れている大学には補欠がいない。２０２０年秋の新学期は、目をおおわんばかりに空席の多い状態で授業を始めるしかない。

さらに、収益の少ない大学にはまた別の困難がある。合否の決定はどの学生が実際に入学するかを予想する複雑なモデルに基づいて行われている。そして、合格した学生のどのくらいの割合が経済的援助を必要とするかを正確に把握することが重要だ。ニュー・アメリカというシンクタンクのケヴィン・ケアリーが述べているように、「多くの私立大学の財務の健全性は確率の組み合わせの上に成り立つ[18]」。

しかし全学生の動向が大きく変わることで、これらのモデルが役に立たなくなった。大学は支払い能力のない新入生たちを受け入れるリスクを抱えることになる。

以上を簡単にまとめると、次のようになる。

超エリート大学は問題ない。

充実した教育を高い値段で提供する大学も安定している。カリフォルニア州立大学の教育システムは、多くの人が言うとおり同州の至宝だ。同大学は、その授業をすべてオンライン化すると宣言した。これによって関係者は身軽になり、優れたオンライン経験を提供するための技術とフォーマットの開発に集中できるようになった。

今年、カリフォルニア州ではアイビーリーグを合計した学生の8倍もの学生が卒業するが、新型コロナ禍で同大学の価値は大きく上がっている。先に紹介した教育の価値方程式において、もともと経験（Experience）にそれほど重きを置いていなかったのも幸いした。学生のほとんどが通学組であり、分母の授業料がはるかに安い（州内出身者なら6000ドル）。そのため新型コロナ禍での「大学のコスパ」は、授業料の高いリベラルアーツ系の大学を大きく上回っている。

存続に関わる危機に直面しているのは、価値命題の中で経験に重きを置いている大学だ。

映画館やクルーズ船は私たちにカネを使わせて、私たちを見知らぬ人と一緒に狭苦しい空間に閉じ込めようとする。それと同じように立派なキャンパスや校舎にカネを投じ、ブランド大学を不合格になった学生ばかりを集めてきた大学は、困難に直面している。

エリート大学と同じ授業料を徴収して、エリート大学並みのキャンパスライフを提供していても、社会の評価がともなっていない大学は、その報いを受けることになるだろう。

パンデミックが引き起こす波2：「集まる」ことのリスク

2020年度上半期、大学はキャンパスでの対面教育を続けることに固執して、不可避な現実を回避しようとしていた。ソーシャル・ディスタンスを保てるよう、教室、住居、食堂を改装し、時間割を再編し、キャンパスでのルールをつくった。多大なコストと労力がかかったのは間違いない。

たとえばパデュー大学は、1マイル以上のガラスを購入して、キャンパスじゅうに壁をつくると発表した。外部から見れば、何千人という20歳そこそこの若者たちをずっと互いに離れ離れの状態にしておくという発想自体が信じられない（そんなことが可能なら、人類はとっくに滅びていただろう）。

『ニューヨーク・タイムズ』に寄稿したある心理学者は、大学の再開プランは「非現実的な楽観で、妄想とほとんど変わらない」と記している。[19]

学生をキャンパスに戻すことを支持する人は、若者にとって新型コロナはたいして危険ではないと主張する。それが本当だとしても（本当ではないが）、無症状者からも感染することが、

大学のある町のICU病床数と全米平均（人口1万人あたり）

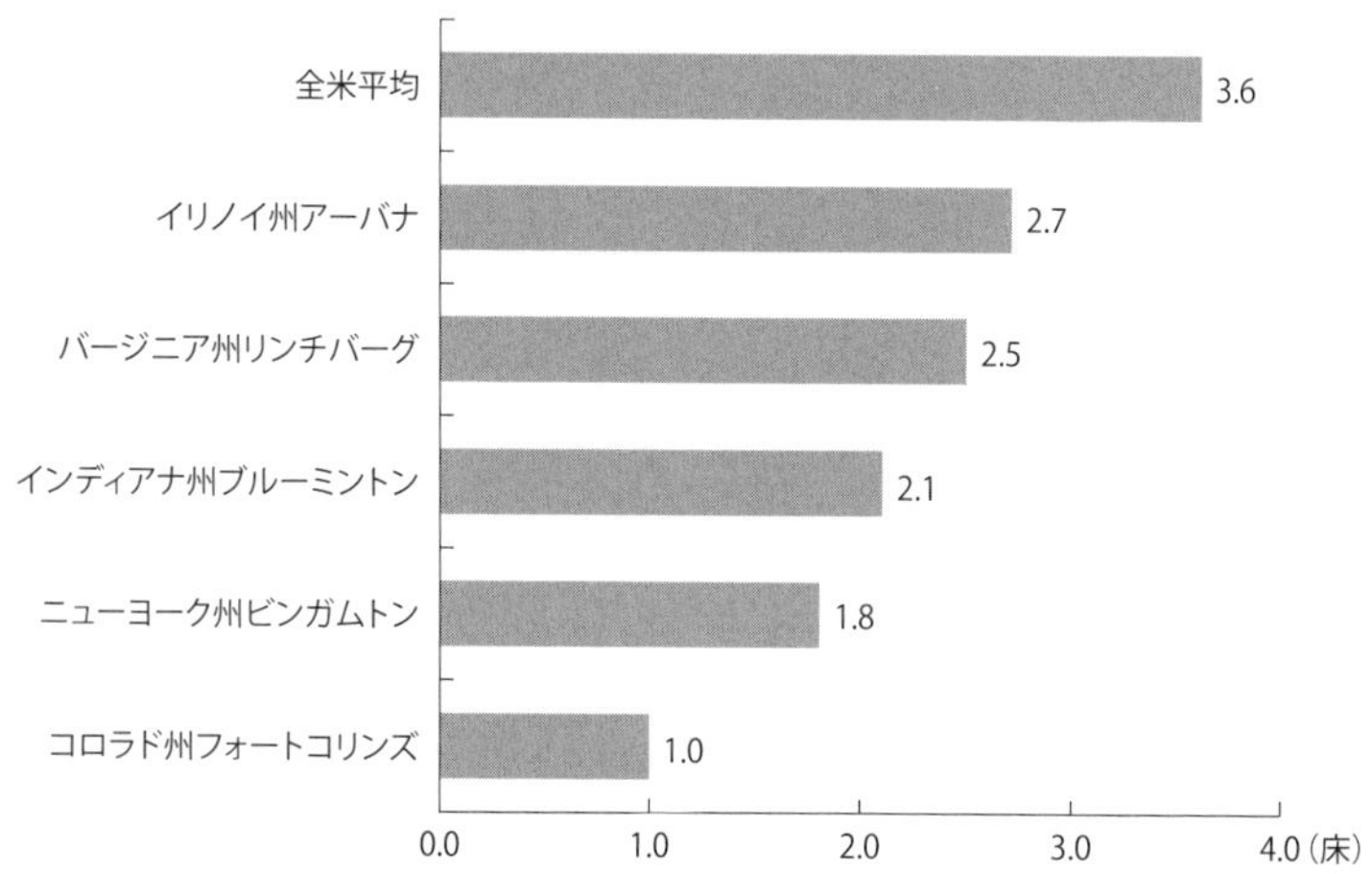

出所：ワシントンポスト紙

このウイルスの武器の1つだ。行動的でよくしゃべる若者は、スーパー・スプレッダーになりうる。

学生をキャンパスに戻すことは、町にとってのリスクなのだ。ウイルスの蔓延に備えている町は多くない。大学に近いという文化的なメリットに惹かれ、退職後に移り住んだ高齢者が多い町もある。[20]

他に高リスク層としては、食堂で働く人々、メンテナンス・チーム、警備員、図書館職員、バーテンダー、タクシードライバー、その配偶者や家族、そして大学の町に住むという運の悪い決断をした人々がいる。その決断は、以前は間違っていなかったのだが、パンデミックでリスクが急増した。

感染が起こったら、これらの町の医療インフラはものの数週間（数日ということはなくても）で破綻してしまうことだろう。

お先真っ暗

大学の学長たちは、なぜ学生、職員、近隣住人をこんなリスクにさらそうとするのか。困ったことに、他に選択肢はないと思っている人が多いのだ。

大学の運営にはカネがかかり、コスト構造も柔軟ではない。終身在職権（テニュア）と組合契約によって、最大のコストである教員と職員の給料がほぼ固定化されてしまっている。

かなりの授業が、非常勤教員とアシスタントによって行われているが、彼らへの報酬は低い。大学院生にいたっては、ただ同然である。一方で高等教育の貴族とも言うべき正教授たちは、終身在職権に守られ、高額な給料が支払われる。

加えて、大学は教員以外の職員のコストを、あきれるほど膨らませてきた。どんなときでも、数を増やすのは減らすより簡単だ。

大学で20年間働いて私が確信したのは、どんな決定も1つの目標に向かってなされるということだ。その目標とは、どうやって報酬を上げ、終身在職権を持つ教員や職員の責任を減らすかということだ。

教育への政府の支援も、何世代にもわたり減り続けている。その結果、ほとんどの大学は授業料頼みとなっている。技術の移転、病院経営、数十億ドルもの寄付金の利子、公的資金などで収入を確保しているのはごく一部だ。

学生たちが戻ってこなければ、多くの大学が思い切った策をとらざるをえないだろう。そうした対策は大学のミッションを果たすうえで長期的なマイナスの影響を与えかねない。

しかし大学のトップと教員たちは、2020年の夏にオンライン教育の経験を大幅に向上させようとはしなかった。その投資が実現していたら、数十年にわたってリターンが見込めるはずだった。ところが大学は、何百万時間、何百万ドルもつぎ込んで、自分たちのキャンパスをしっかり守れるという集団的幻覚を追い求めた。

新型コロナ感染者が夏の間も増え続け、大学が授業料の小切手を現金化したとき、現実が戻ってきた。大学は幻想から覚め始めた。

それは大学側の事情だけではないかもしれない。学生の多くはすでに結論を出していた。大学生活が変わるのは避けられない。それならキャンパスでの経験を求める価値もなければ、一部の大学が課している高い授業料を払う価値もない、と。

2020年8月、大学生の3分の1がキャンパスに戻ろうとは思わないと答えた。ハーバード大学は新入生の20%から入学延期の申し出があったと報告している。

当然ながら、いちばん減るのは外国からやってくる学生だろう。彼らは授業料の高い大学の資金源となっている。

外国人を入学させるのは多様性のためだという言説がある。それは本当だが、外国からの留

アメリカの大学の外国人留学生

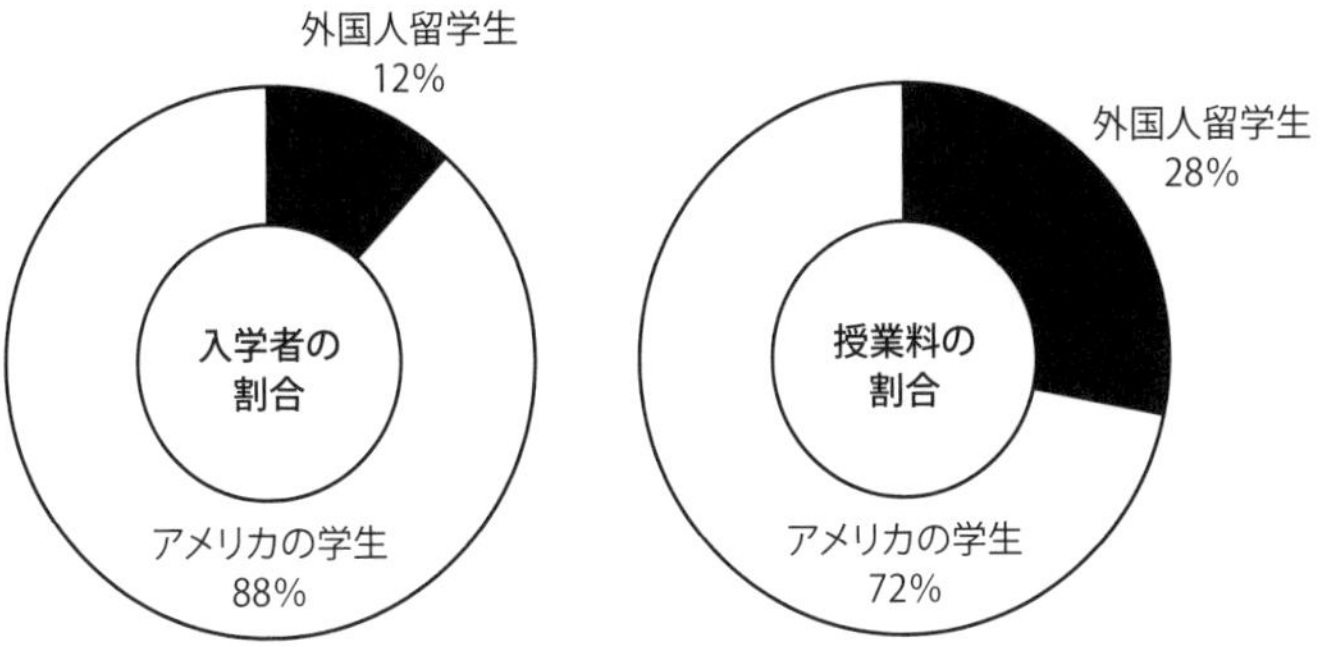

出所：ビジネスインサイダー

学生が着実に増えている最大の理由は他にある。留学生の3分の2が、外国からの資金で教育費を支払っている。総計すると、留学生はアメリカ経済に年間400億ドル近く寄与しているのだ。[21]

ニューヨーク大学では、留学生の数は全体の27%で、キャッシュフローのかなり大きな割合を占めている。

パンデミックとトランプ政権が重なったことで、外国人が悪者扱いされ、高度な知識を持つ大学院生の就業も厳しく制限された。これが将来の外国人入学志望者の数に、非常に大きな影響を与えるかもしれない。

つまりこの秋、クジラは現れず、カワウソとペンギンばかりが残るかもしれない——財務的に特大の穴が空くということだ。

強い大学はより強く、弱い大学はより弱くなる。もしくは死ぬ

その結果、何が起こるか。大学の間でも選抜が進むと思われる。2019年に9500件だった小売店の閉店[22]が、2020年には2万5000件[23]超に跳ね上がった。これと同じように、何百という大学が死の行進を始めるのを目にすることになるだろう。

大学は、中産階級の希望と夢――子どもを大学に行かせてよりよい生活を送らせたいという本能的な願い――を食い物にしてきた。大学は公的存在から、ぜいたく品ブランドへと変容してしまった。その費用を負担させるために、中産階級の両親に対して保険や住宅を担保に借金するよう促している。

これらは短期的な影響である。どれだけ深刻なものになるかは、ワクチンの開発と配布にかかる時間によるだろう。

オンライン教育と受講者の減少で、何百という大学が危機に陥るだろう。対面授業の経験と、それがもたらす授業料がなくなれば、大学の10~30%が消滅する可能性がある。

大学を襲うディスラプションの大波

長期的な影響としては、アメリカにおける大学教育のあり方が根本から変わることがあげられる。

うまく対処できれば、いまは一部の人に限られているキャリアの成功への道筋を多くの人に開放することができるだろう。一方で、対応を間違えればさらに多くの富が労働者階級の若者から巨大テック企業の金庫へと移転されるかもしれない。そうなれば経済の流動性が減少し続けることになる。

テクノロジー

今後の高等教育の変化の中心にあるのはテクノロジーだ。大学教員や職員はもともと、リモート技術の利用には抵抗していた。しかし他の多くの領域と同じく、パンデミックによってそれを利用せざるをえなくなった。今後も、さらに利用が進むだろう。

たしかに、初めのころはかなりひどかった。講義をズームで流すのはeラーニングの初歩にすぎず、当然ながら学生たちの満足度も低かった。

しかしそれも変わっていく。大学は教員にトレーニング・プログラムを受けさせた。いまあるツールの使い方や、授業をどうつくりかえるか、オンラインにどう移行するかを教えている。

私はいくつか基本的なことを学んだ。

目の前で行うという強みを奪われ、映像を通して授業をするときは、ふだんより元気に、腕を振り、声を上げ、調子や速度を変えなければならない。学生たちの中に入って、カメラをオンにしておくよう求めなければならない。たえず学生に呼びかける。インパクトのあるゲスト・スピーカーを呼ぶチャンスと考えよう。実際に来てもらうより、ズームのほうがはるかに簡単だ。顔をずっと映しているだけではいけない。画面共有機能を覚え、表や図を工夫し、学生たちの興味をつなぎとめる。お手本は、議会聴聞会で小さなホワイトボードを使っていたケイティ・ポーター議員だ。

オンライン・プログラムは、講義そのもの以上のチャンスを提供する。メッセージ・ボードやグループ・ドキュメントを使った非同期型のコミュニケーションによって、学生（と指導者）は時間割に柔軟に対応できる。

これは対面式の授業では不可能だ。対面での議論には、あちこちに不公平が埋め込まれている。議論では男性が主導権をとることが多く、教員もそれを助長しているという研究もある。

議論をオンラインにすればすべてが解決するわけではない。高速インターネット、ノートパソコン、静かな環境は、当たり前にそろうものではないからだ。しかし従来の教室でのディスカッションよりも効率的なやり方で、学生の関与を引き出す可能性を開いたのは事実である。

オンライン教育の潜在力を引き出し、その欠点を減らす新しいテクノロジーは、起業家にとって大きなチャンスとなる。

パンデミックが始まったばかりのころ、アメリカでは誰もが同時に数日でズームを学んだように見えた。これから先は、大規模なイノベーションや新陳代謝を行うブラックボードやキャンヴァスなどの企業に頼るしかない。

高等教育には、すでに巨額のベンチャー・キャピタルが押し寄せている。2021年第1四半期には、新しいツールと技術が次々に登場することだろう。

この危機で私の同僚の間でも新しいテクノロジーが次々と導入された。この12週間の出来事を見れば、過去20年の進歩が色あせるほどだ。ニューヨーク大学の元副学部長だったアナスタシア・クロスホワイトはこう述べている。「平均的な教員の態度が『オンライン教育なんて死んでもだめ』から、2週間もたたないうちに『ワクチンが出回るまで教室には入らない』に変わりました」

そして、オンライン授業が可能になったときには、学生たちが待っているのに気づくだろう。彼らは「なぜこんなに時間がかかるのか」という顔をしているはずだ。若い世代は画面上で育ち、私たちの世代には理解を超えるレベルで、オンラインでの交流に抵抗がない。

規模の拡大

この新しいメディアに真剣に取り組んでいる大学と教授たちは、今後の数年で大きな優位性を獲得する。関係者はその恩恵にあずかることになるだろう。

それはオンラインなら教室ではできない学習機会を用意できるからだけはない。なんと言っても、規模を拡大することができるからだ。

テクノロジーによって、さまざまな軋轢や、経営陣が高い価格を維持するために建てた施設、そして距離というものが意味を持たなくなりつつある。高等教育への新しいテクノロジー導入は、本当の意味で社会を変えるかもしれない。

規模の拡張ができれば、個々の大学が自分の領域を格段に広げられる。これは過去半世紀で最大の不公平——人為的につくられたエリート教育の希少性——を正せる可能性がある。

過去10年間、私の秋学期のクラスの受講生は、教室の収容人数の問題で160人に絞られていた。しかし昨年の秋は教室の収容可能人数という物理的な制限がなくなり、受講者数は280人に拡大した。

人数が倍増すれば、コストも増加するのではないかって？　私の推定では、増加分は2000〜3000ドルにすぎない。それは採点を行う大学院生を増やす費用だ。

少数のエリート大学は、高給かつ大きな影響力を持つ仕事に優先的にアプローチするためのカギを持っている。それはビジネス、芸術、学問、政府など、あらゆる分野におよぶ。

だが彼らは、成績優秀な高校卒業生が増えても、毎年同じ数のカギしか製作してこなかった。象牙の塔の足りない部分をオンラインで補うことができれば、そのカギを大量につくることができる。

そしてオンライン学習は融通がきくので、社会人教育において、教育と経営の両面で可能性を高められる。

中高年者が〝経験〟にお金を払い、自分のスキルをアップデートしている。思慮分別のある人間なら、大学教育の対象を18～22歳に限定するなんてバカなことはしない。

生涯学習は定期的な収入を生むビジネスモデルだ。大学にとっては民間セクター（アマゾンプライム、ネットフリックス）を見習って、優れたビジネスモデルへと変わっていく大きなチャンスである。

技術が大規模化を生み出し、大規模化がアクセス（社会的善）と収益（不可欠な原動力）を高めてくれる。

「GAFA＋X」が大学を食いにやってくる

規模はエサでもある。それはジャングル最大の捕食者――ビッグテック――を、それまでほとんど注目していなかった事業へと引き寄せる。

ビッグテックは毎年、売上を何十億ドルも増加させなければならない。教育機関と提携すれば、それが実現できる。

しかしそれは持つ者と持たざる者の格差をさらに広げることになるだろう。エリート校にはブランドの強みがある。ビッグテックから知的資本と技術的インフラへの投資を呼び込むことができる。

教育分野のスタートアップは安い資本を集め、パンデミックがもたらし広めたチャンスをつかむことだろう。SARSがアジアのeコマースを変えたように（アリババが消費者空間に入り込んだ）、新型コロナがアメリカの高等教育を変える可能性がある。

MOOCや、独立型の教育関連スタートアップ企業が大成功すると信じ込むのは、素人の反応だ。

著名人によるオンライン講座を提供しているマスタークラス社がディスラプターになることはない。それは、マスタークラス社の講座は役に立たないからだ。セレブの話を聞いても、若者は価値あるものを得られない。

それを与えられるのは、自らセレブになるためのスキルを教えられる教師たちである。

どの大学にも、6~12人の〝看板教授（リンガー）〟と呼ばれる偉大な教師がいる。キャンパスの物理的な制約や大学自体のブランドの制約から解放されれば、そうした教授たちの報酬は今後10年で3〜10倍にハネ上がるだろう。
上位10校に入る大学の職員で、プロダクト・マネジャーになれるスキルを持つ人も報酬は上がる。一方、伝統的な学術界にとどまるほとんどの人は下落の憂き目にあうことだろう。

巨大テック企業（や一部の中小テック企業）が世界的な有名大学と提携して、4年間で得られる学位の80％を従来の半額で提供するようになるだろう。これはアナログ分野では史上最速で成長する消費者ブランドの美味なる組み合わせ《カクテル》だ。

ＭＩＴとグーグルが共同で、2年間のＳＴＥＭ（科学・技術・工学・数学）教育のプログラムをつくるのもいい。

キャンパスと立地にまつわる神話や魔法は、いまや制約要因ではなくなった。まもなくほとんどの教育課程がハイブリッドとなり、最高のブランド大学への入学者が大幅に増加するだろう。

ＭＩＴとグーグルの教育課程なら、年間2万5000ドルの授業料（とても割安だ！）で10万人の学生を集めることができる。2年間のプログラムで50億ドルの収入だ。

それだけのマージンは、本体のＭＩＴやグーグルと比較しても遜色がない。ボッコーニ大学とアップル、カーネギーメロン大学とアマゾン、ＵＣＬＡとネットフリックス、ワシントン大学とマイクロソフト、これらの組み合わせも、どのような内容になるかイメージがわく。

大学は何百年も前に築かれた世界最高峰のぜいたく品ブランドだ。そのマージンの大きさと希少性に対する幻想に比べれば、エルメスでさえ大衆的に見えてしまう。

もしあなたが鉱山（ＭＩＴ）を所有していなければ、鉱山労働者用のつるはしや、頑丈な作業着をつくるデニム生地を売ろうと思うはずだ。大学はテクノロジーへの支出を大幅に増やし、教育課程の作成はほとんど外注すると思われる（たとえばデューク大学の社会人教育プログラムのように）。

ＳａａＳ教育ツールには、機能を大幅にアップグレードする大きなチャンスがある。これは、いまの使いにくいツールを使ったことがある人なら誰でもわかることだ。

いずれにせよパンデミックによってバーチャル学習に競争の時代が到来した。いまはのんきに構えているかもしれない。しかし何百人もの学生が混みあった講堂で授業を受けたり、大学バスケットボールの試合で声援を送ったり、寮の部屋や友愛会のある地下室で群れて遊ぶことが安全にできるようになるまでには、当初期待していたよりも長い時間がかかりそうだ。

しばらくの間、大学生活はこれまでとはすっかり変わり、マスク、周囲との適正な距離感、テイクアウト・フード、毎日の体温測定がつきものとなる。これまでの世代が経験した伝統的な儀式や通過儀礼といったものは、ほとんど意味がなくなるはずだ。

すべてが再開されても、キャンパスでの経験がバーチャル学習を駆逐することはない。パンデミックのさなかに成年に達した世代は、われわれの世代が大切にしていた「近さ」といったものにそれほどの価値を感じないかもしれない。ウイルスが封じ込められるころには、生まれながらにして人と距離をとろうとする小さな世代が育っているかもしれない。

21世紀の高等教育

大学での経験が一時的に失われたことの影響は、他にも考えられる。コロナ終息後、密な世界が戻ってきたとき、これまで口にされずにいたある疑問が湧き起こるはずだ。それは、大学にそれだけの価値があるのか、という疑問だ。

家で授業を受けていた最初の1カ月、ほとんどの学生がキャンパスに戻りたいと願っていただろう。しかし1年間、〝伝統的な〟大学生活をせずに過ごしてしまうと事態は変わってくる。多くの学生が本当のところどのくらい不自由を感じたのか、キャンパスライフにどれだけの価値があるのかを真剣に考え始める。

キャンパスの利用について見直しが進み、教育ツールへのオンライン導入がさらに進めば、大学での勉強や生活という概念も大きく変わることだろう。

多くの学生にとって、大学生活はすでにパンフレットに描かれたものとは似ても似つかないものになっている。大学生の約20％が親の家に住み、キャンパス内の寮や宿舎に住んでいない学生が半分を超える。正規の学生の27％が、少なくとも週20時間は働いている。

近い将来、キャンパスの人口密度を減らすためにローテーション制のスケジュールに移行する大学も出てくる可能性がある（4カ月を1学期とするのではなく、4〜6週の単位にするなど）。

大学が学生に対して1年以上、キャンパス外で過ごすことを奨励、あるいは必須にするかもしれない。また私が勤めるニューヨーク大学がドバイと上海で行っているように、サテライト・キャンパスに投資することも考えられる。


最後に、講堂、ディスカッション、寮、食堂といった〝伝統的な〟大学生活の経験の中にも、以前から不平等や非効率があったことを見過ごしてはいけない。ディスラプションはコミュニティへの貢献の範囲を広げ、その内容を改善する機会である。

女性、有色人種、ゲイ、トランスジェンダーの学生たちは、キャンパス内で公平な場を得るために戦わなければならなかったし、いまもそれは変わらない。だから女性の50％がオンライン大学を選ぶと言い、オンライン授業の質を信頼する黒人は白人より50％も多いと聞いても、べつに驚くことはない[24]。

簡単に言うと、大学が変わっても、彼らは失うものが少ない。それは、彼らにとっての現状が白人男性とは異なっていたからだ。結果的に彼らは、高等教育の変化によって大きな恩恵を受ける立場にある。

大学の改善に向けた提言

私たちは何をする必要があるのか。

定員の増加

アメリカにはマーシャル・プランが必要だ。州と協力して州立大学の定員を大幅に増加させる一方、4年制大学と短期大学の授業料を下げる。

大学の学位を持っているのはアメリカの人口のたった3分の1で、大学院の学位を持っているのは10％未満である。これを増やす必要がある。

私立校に課税して、公立校を補助する

高等教育は多くの点でカースト制度になってしまっている。富裕層には高レベルの大学にスムーズに入学するための私的な教育システムが準備されている。とびぬけて優秀な子は別として、貧しい子はとても彼らに太刀打ちできない。

私立校への課税を原資に、公立の初等、中等教育への投資を大幅に増やすべきだ。

寄付金への課税

入学者の人数を人口増加率の1・5倍のペースで増やさない大学に対しては、10億ドルを超える寄付金について課税すべきだ。

ハーバード、MIT、イェールへの寄付金の合計（約850億ドル）は、多くのラテン・アメリカの国のGDPより大きい。その組織が提供する価値よりも速く現金が増えているのなら、それは非営利組織ではなく営利企業である。

終身在職権の見直し

上位10校の大学の学部長は、同僚から裏切り者とそしられようと終身在職権の見直しを行うべきだ。

終身在職権は、費用のかかる割にイノベーションを阻害するだけの雇用特典になり果てている。学問の自由を守る必要がある場合のみに限定するべきだ。

それによって、短期的には世界レベルの優秀な学者を招聘するために多くの報酬が必要だが、生産性はいっきに向上することだろう。市場とは厳しい審判者である一方で、競争に取り組むものには大きな恩恵をもたらす。大学関係者たちはそれに気づくはずだ。

GAFA＋Xとの連携

いま私たちは、数十年に一度の大きなビジネスチャンスをつかみ、授業料無料の大学を開設する企業を必要としている（私はアップルに期待している）。そうした大学では、自社のブランドと技術の専門知識を活用して資格認定コースを創設することができる（アップルが芸術、グーグルがコンピュータ科学、アマゾンが経営などだ）。

このビジネスモデルは従来のモデルをひっくり返したものだ。企業が学生の募集費用を負担する（入学の費用が学生から企業にシフトする）ことで、大学の認証評価のカルテルを打ち破ることができる。

アップルがトレーニングから資格認定、テスト、成績評価まで行うことで、その卒業生の獲得競争が始まる。どの大学にとっても、それが大きな強みとなる。

私がこのことについて初めて書いたのは2017年だった[25]。そしてパンデミックがもたらした希望の光の1つが、グーグルが2020年8月に、資格を認定する職業訓練プログラムを開始すると発表したことだ。同社をはじめ協賛する企業は、修了者をその分野の4年制大学卒業者と同等とみなすことだろう[26]。

ギャップイヤーの拡大

ギャップイヤーは、特例ではなく標準とすべきだ。

ギャップイヤーを取得した後の学生の行動パターン

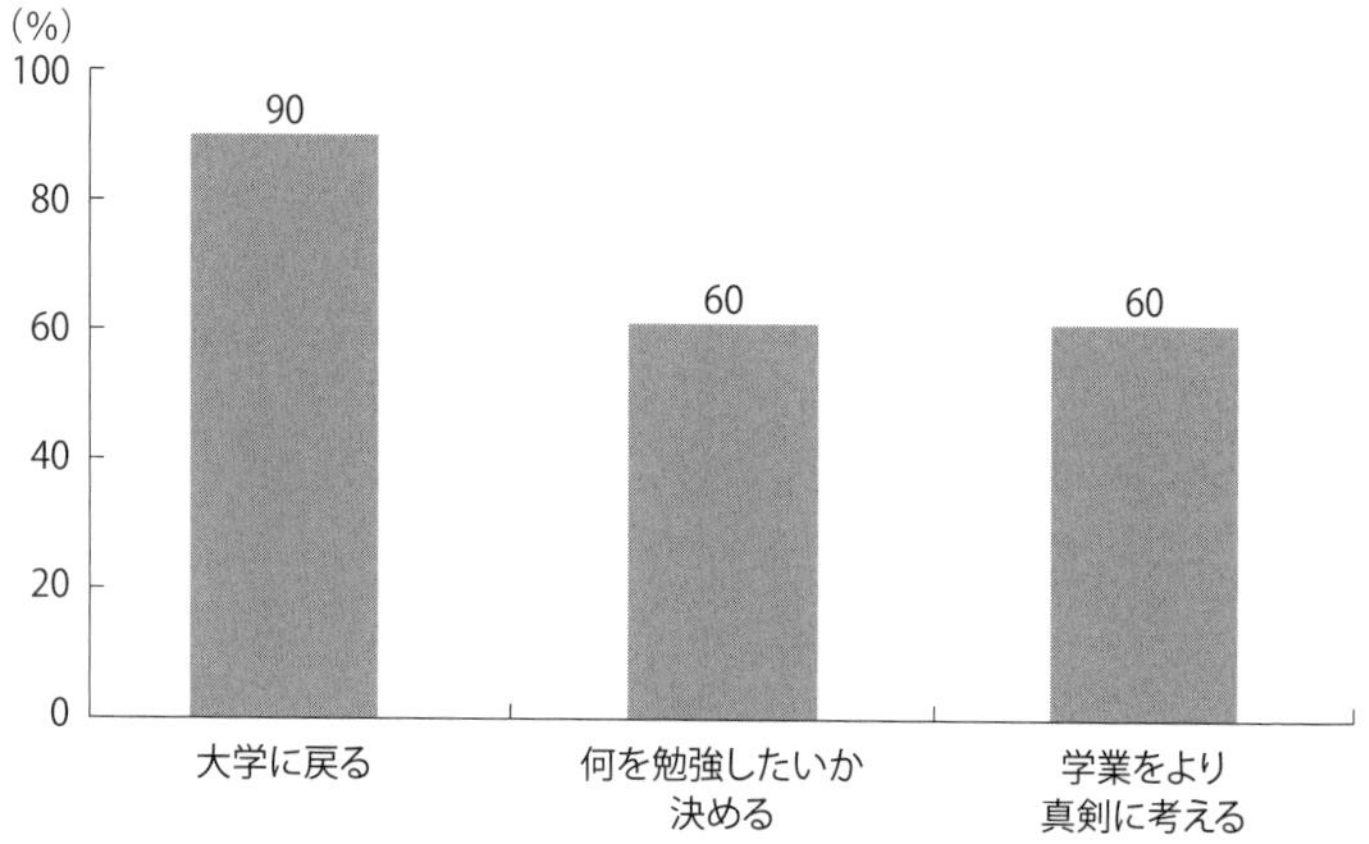

出所：https://yearoutgroup.org

いま大学で密かに問題になっているのが、過保護な親とソーシャル・メディアの影響で、18歳の若者の多くが大学にうまく適応できなくなっていることだ。これはしだいに悪化している。

データによるとギャップイヤーを取得した学生の90％が大学に戻り、そうでない学生より卒業する確率が高く、成績もいいのだ。

国への奉仕プログラム

私たちには国に奉仕するプログラムが必要である。これについては第5章でもっと詳しく説明する。

簡単に言うと、コロナ部隊から始めてしだいに拡張していく。軍事から教育まであらゆる種類のナショナル・サービス・プログラムは、国と参加者の両方への投資であり、きわめて大きなリターンをもたらすだろう。[27]

安価な教育機関の活用

私たちは大学の学位をやみくもにありがたがるが、多くの人にとってその費用はべらぼうに高く、かつ不必要なものである。

オフィス業務なら、企業経営、マーケティングなどの2年間のコミュニティカレッジの学位で十分である。

コンピュータ・プログラミング、UX/UI、プロダクト・マネジメントはホットな分野で、今後さらに注目度が高まるだろう。

そしてゼネラル・アセンブリーやラムダ（Lambda）・スクールなどの資格認定プログラムは、どの年代の人でもその分野のキャリアが身につくすばらしいコースである。またフロントエンド開発者の多くがカーン・アカデミー、ユーチューブといった無料の教材で独学している。こういった教育機関をうまく活用すべきだ。

資格認定プログラムの種類を広げ、学習の効率性を高める必要がある。それによって衰退産業の労働者の再訓練だけでなく、若者には起業家としての道を開き、やりがいを感じてもらうことができる。

アメリカでも、ドイツのような全国的な職業訓練システムが必要だ。ドイツでは職業訓練を受ける人がアメリカの4倍もいる。

経済と労働をめぐる環境は、めまぐるしく変わっていく。職業訓練プログラムはその変化に合わせて労働者に選択肢と目的を与えてくれる。

わが国の平均寿命が低下しているのは、主に絶望死（ドラッグ、アルコール、そして自殺）が増加しているためだ。目的が明確に定まった職業訓練を手ごろな料金で利用できて、人としての誇りを維持できる仕事を選べる状況だったら、そうした悲劇の多くは防ぐことができたかもしれない。[28]

「授業料無償化」はポピュリストのスローガンにすぎない

一方、やってはいけないことは何か。

大学授業料の無償化である。ポピュリストのスローガンとして使われることが多いが、よくない考えだ。貧しい層から裕福な層へと、さらに多くの富を移動させるだけだ。

アメリカ人の大学進学率は32%にすぎない。収入レベルを問わず、ずば抜けて優秀な生徒が大学に行かない理由はコストではない。

高校までの教育を向上させ、2年間の資格認定プログラムを強化し、トップレベルの大学の入学者数を増やせば、大学は若者の社会的な地位を押し上げる原動力となる。高校で多くを学んだ3分の2の人々を置いてきぼりにすることもなくなる。

大学の学費はもっと多くの人の手が届くレベルにまで下げる必要はある。しかし子どもの88％を大学に通わせるアメリカの富裕層を助成する必要はない。

第5章　GAFA＋Xの暴走に対抗する

あまりにも無力になった政府

パンデミックはアメリカの1世代にわたる失敗をあらわにし、その結果を助長した。そんな中でも、社会的な強者は健在だ。金持ちのところにはカネがさらに集まる。アメリカ社会のバラスト（安定器）は中産階級だ。一部の人間が利益の大半を独占することで、それがむしばまれている。

この40年間、私たちは企業と企業が生み出す富を無批判に崇めることに夢中だった。その一方で政府機関を空洞化させ、公務員を侮辱してきた。ウイルスにとって、これほどの感染拡大の好機はなかった。

アメリカの富と力を踏まえると、ウイルスへの対応は世界で最悪だった。本当のことを言うなら、アメリカ国民はすでに病んでいて、さまざまな症状にむしばまれていた。

政府機関は弱体化し、科学は軽視されていた。個人主義が何より重視され、偽りの自由が叫ばれていた。市民としての義務は忘れ去られ、ほんのささいな不自由さえも受け入れようとしなかった。集団のために犠牲的行為を受け入れる筋肉はすっかり萎縮して動かなくなってしまった。

パンデミックへの対処法は、これらの「病気」への対応と同じだ。コミュニティ意識を抜本的に見直すことだ。

政府はこれまで、富裕層に取り込まれてきた。私たちは政府を奪い返さなければならない。彼らが自分の富を守るために取り入れた縁故主義を終わらせなければならない。イノベーターへの偶像崇拝をいったん脇に置いて、それが助長してきた搾取にしっかり目を向けなければならない。

つまり、私たちは政府を、尊敬に値する、不可欠で、高潔な機関として真剣に再評価する必要がある。そうしてこそ、ふたたび資本主義を、時に過酷な面があったとしても、活力に富んだ、生活向上のために必要なシステムとして心から受け止められるようになる。

資本主義の功罪

資本主義は生産性を高める

経済的な生産性の高さにおいて、資本主義は他の追随を許さない。資本主義は私たちの生来的な利己心と利益を得るための動機をつなぐ。そして人間の創造力と自制心を経済的リターンが最大化する方向へと向けさせる。私たちを互いに競わせることで、多くの選択肢と機会を（驚くほど）生み出している。

わが家の近くのマーケットには、24種のブルーチーズ、50種類のクラフトビール、300種類ものワインが販売されている。スマホならその10倍の種類の注文が可能だ。

地元の空港からは、コロラドの山、パリの美術館、ブラジルの海岸へ飛び、週末には自宅に戻って月曜日から仕事に行ける。サンディエゴに住んでいる私の父は、フロリダにいる孫と、ポケットに入っているスマホでビデオ通話ができる（父はそんなことはしないが）。これまでに書かれたあらゆる小説や映画を読んだり、見たりすることができる。毛が抜けるのを防ぐ薬まである――私はもう手遅れだが。

とても信じられないような生活だ。成功して手に入る特権は、きつい仕事をするだけの価値がある。そのきつい仕事が競争をさらに煽り、もっと多くの特権を生み、さらに競争が激化する……と延々と続く。

資本主義は優秀な人材を集める

優れた頭脳と勤勉が報われるシステムに参加できるチャンスがあれば、世界中から熱心で野心的な人々が集まってくる。

私の父は大恐慌時代のスコットランドで、身体的虐待を受けていた。父の母はイギリス海軍勤めの息子が送ったカネをウィスキーとタバコに使った。それで父は大きなリスクを承知でアメリカにやってきた。

母は同じくリスクを承知で、末のきょうだい2人を孤児院に残し（母の両親は50代で死んだ）、蒸気船のチケットを買った。母は小さなスーツケースを持ち、110ポンドを靴下の中に隠して渡米した。

なぜ彼らはそんなことをしたのか。それは身を粉にして仕事をする覚悟があり、その仕事を歴史上最大の新天地であるアメリカで探したかったからだ。

彼らはアメリカの規範（勤勉、リスクへの挑戦、消費、そして離婚）を身につけた。その結果、彼らの息子は4700人の若者を教え、何百万ドルもの税金を払い、何百もの雇用を生んでいる（少し自慢っぽいが）。

これが資本主義のなせるわざだ。野心とエネルギーを生産的な労働に振り向けることで、利己心を自身の富や利害関係者の価値へと変えることができる。

そこから生み出された富は、戦利品となる。それは生産的な利他行為に必要なものだ。飛行機の中では、自分の酸素マスクをつけてから他の人がつけるのを助けろと言われる。それが資本主義の本質だ——まず自分がとって、その後、他者を助ける立場になる。自己中心性が最終的に他の人の利益にもなるのだ。

資本主義は協力を促す

資本主義はわれわれの種の特殊能力——協力——を高める。ユヴァル・ノア・ハラリは『サピエンス全史』で、次のように述べている。

ハチ、類人猿、オオカミのような種も他の個体と協力することができる。彼らとの違いは、ホモ・サピエンスが「見知らぬ他人と並外れた柔軟さで大規模に協力できることだ。それがサピエンスが世界を支配している理由だ[1]」。

動機は利己的かもしれない。しかし資本主義は何千、何百万もの人々の、時空を超えた協力を生み出すのだ。

初期の資本主義社会では、機械と工場のおかげで、何十、何百もの人々の労力が合わさって1つの大きな力となった。その結果、富が人類史上未曽有の速さで生み出されていった。

いまは企業がある。工場と違って、企業には形がない。われわれの心の中と裁判所の中にしか存在しない。

しかし企業はとてつもない力を持っている。何千人もの物理的な労力と、組織的なスキル、見識、アイデアを組み合わせることができる。

人々が力を合わせれば、その全体は部分の合計よりもはるかに大きくなる。資本主義アメリカの企業は、史上最も大きな富を生んでいる。

資本主義の罪

利己主義の上に築かれるシステムでは、コストとリスクが避けられない。

資本主義は、自己制御できるシステムではない。それで人が高潔になるわけでもなく、高潔さが報われるとはかぎらない。レーガン時代に言われていたこととは裏腹だ。

ハラリ教授は自らの説を、サピエンスは協力ができるために「世界を支配している」とかみ砕いて説明している。ヒトに近いチンパンジーは、協力はできても、規模の大きな協力ができないため「動物園と研究所に閉じ込められている」と言う。

資本主義自体には倫理基準はない。だから、自由気ままな資本主義の問題を数え上げるときりがない。

まず外部性だ。外部性とは、当事者がコストを負担しない活動のことだ。公害は典型的な外部性の例だ。純粋に利益を追求するためだけに行動するなら、ゼネラル・モーターズ（GM）は有毒廃棄物を工場の裏の川に流すだろう。それで車を安くできるが、川下に住んだり働いたりしている人にとってはたまったものではない。

これはGMを悪者扱いしているわけではない。もしGMが廃棄物をいちばん安い方法で処分しなければ、ライバル会社がそれをやって、GM車を低価格市場から追い出すことだろう。マルクスはこれを〝競争の強制法則〟と呼んだ。これはよきサマリヤ人（＝情け深い人）においても例外ではない。

次に不平等の問題がある。雇用主、土地所有者、富裕層、独占者らは、従業員や競争相手よりもはるかに優位な立場にある。これは資本主義では当然にして不可欠の側面である。勝者は報われ、敗者は罰せられるということが資本主義の大前提になっている。

しかしそれを野放しにすれば、その優位性が搾取や権力の集中、競争の抑圧につながっていく。不平等それ自体は不道徳ではないが、不平等が持続することは倫理に反している。

これについては特別な想像力を働かせる必要はない。その証拠は私たちの社会を掘り返せばいくらでも得られる。

２００年前、アメリカ経済は黒人奴隷の労働の上に成り立っていた。現在、黒人家族は平均すると白人家族の10分の1の富しか所有していない[2]。

前述のように、アメリカのエリート学校（よりよい生活へのパスポート）の多くでは、収入が上位1％の家庭出身の学生数が、下位60％の家庭出身の学生数を上回っている[3]。ある調査では、アメリカ人の平均寿命を予測する最も重要な因子は、生まれた場所の郵便番号だとされている[4]。

資本主義のブレーキを握る政府の役割

こうした状況が長期化すれば、社会として私たちすべてが貧しくなることはわかっている。河川の汚染が進めば水産業が打撃を受け、魚の養殖場は荒廃し、人体に重大な危害が及ぶ。階級の障壁が強固になれば、各世代のきわめて優秀な子どもたちが潜在能力を１００％発揮することができなくなる。

そこでわれわれは協力して（人間の特殊能力をフル活用して）、暴走へ向かう市場への対抗勢力をつくった。それが政府である。

政府の責任は、ＧＭに対して有毒廃棄物を川に流すのを止めさせることだ。

有害物を適切な処理をせず廃棄することを違法にすれば、ＧＭにもっと科学的なやり方で汚水を処理させることができる。ライバル企業が安いコストで汚水をタレ流す恐れがなくなるからだ。ＧＭには、どうすれば廃棄物をもっと効率的に減らせるかをじっくりと考えてもらう。そして起業家たちには、廃棄物処理の会社を立ち上げ、新しい廃棄物削減・処理ビジネスを展開するよう促す。そうすれば川はきれいで安全になり、その恩恵で、ＧＭの顧客を含む誰もが豊かになれる。

同様に、勝者の制度乱用を防ぐのも政府である。独占企業を規制し、必要があれば解体して、健全な競争を促進する。政府が勝者に課税するのは、公益（教育、交通、基礎研究）のために投資し、脅威（治安の維持、火災、侵略、自然災害、病気）から国民を守るためである。

資本主義では、企業の倒産は避けては通れない必然の出来事だ。そこで働く母や父が子どもを養えるように社会的なセーフティネットを構築するのも、政府の大切な役割である。

「神の見えざる手」では届かない場所

現在、巨大テック業界で人気のある自由主義的な議論によれば、そうした規制や再配分の手法は非効率的だ。放っておけば、市場が自ら規制するようになる。もし人々がきれいな河川を求めるなら、それを汚染する企業の車を買わないはずだという理屈だ。

しかし歴史と人間の性質から判断すれば、そうならないのは明らかだ。ケースバイケースではあるが、人はほぼ確実に安い製品やサービスを選ぶ。

子どもが衣料品工場で1日18時間働く姿を見たいという人はいない。しかしH&Mのアウトレットでは10ドルのTシャツがお買い得の商品として売られている。

消費者が問題企業を見極めるのは難しい。ホテルの火事で死にたい人はいないが、会合続きで疲れている客は、チェックインの前にスプリンクラーのシステムを調べようとは思わないだろう。

私たち人間は、個人の行為をもっと広い世界と結びつけたり、長期的に考えたりすることはあまり得意ではない。消費者としての私たちはファスト思考だ。[5]

それなら政府には、スロー思考を促し、長期的な視点でものごとを考え、倫理や原理原則に基づいた配慮をするよう期待したい。

これらの力――資本主義の生産的なエネルギーと政府の社会への気遣い――のバランスを保つことが、長期的な繁栄のカギとなる。

骨抜きにされた政府

2020年1月、こうした資本主義と政治の力の均衡が試練にさらされることになった。

これは意外ではあったが、予測可能だったはずだ。私たちはその試練を前に無残な挫折を味わった。これも意外ではあったが、同様に予測可能だった。

パンデミックはウイルスと同じく、いくつかの異なる疾患を抱える人々を直撃する。私たちは1世代の間に無数の間違いを犯してきたが、パンデミックはそれらをあらわにし、かつ助長した。

減税という名目で、私たちは政府の財源までも枯渇させてしまった。病気は戦争よりはるかに多くの人の命を奪う――アメリカが慢性病の治療に支出する額は、毎年3兆ドルを超える[6]。しかし2019年のアメリカ疾病予防管理センター（CDC）の予算は70億ドルを少し超える程度だった[7]。これは4日分の軍事費より少ない。

2020年1月、本来ならパンデミックから国民を守るはずの政府機関は、すっかり骨抜きにされていた。新型コロナウイルスの精密な検査方法すら開発できないありさまだった。

アメリカの例外主義についてひねくれた表現をするなら、私たちは国際協力や国際機関を切り捨ててきた。

新型コロナウイルスが初めて中国に出現したとき、WHOにもCDCにも、感染を調査したり中国当局と協力したりするための十分な職員がいなかった。ウイルスが封じ込められずヨーロッパに広がったとき、アメリカは国境を封鎖してスケープゴートを探した。しかしウイルスはすでに検査をすり抜けて、アメリカ全土に広がろうとしていた。

政府のカネは富裕層を助けるために使われた

資本主義の名のもとに、われわれは最上級の富裕層が資本から得た利益に課税せず、その莫大な儲けをリスクから遠ざけることを許容してきた。

パンデミックがアメリカ経済をずたずたにすると、政府は何千億ドルというカネを企業の金庫につぎ込んだ。規模の大小は問わなかった。

そのカネがすぐさま向かった先は、ウイルスで仕事を失ったり病気になったりした人の夕食の席ではなかった。カネは株主階級の人々の銀行口座に振り込まれた。その結果が、膨大な数の失業者、事業閉鎖、経済的不安定である。真の代償は、私たちが今後何年もかけて払い続けることになるだろう。

同時に、上位10%の人々はパンデミックによってかつてないほどいい生活を送れるようになった。これは言ってはいけないことになっているのだが、暴露しよう。株を持っている富裕層は、パンデミックで何兆ドルも稼いでいるのだ。なにしろパンデミックで株式相場が史上最高レベルに上昇しているのだから。

新型コロナが終息したら、好調の大手企業（株式公開企業）は生き残り、市場を安定させ、前よりも強くなっているだろう。マーケットには、その思惑が反映されている。

個人主義が政府を弱体化させる

個人主義の名のもとに、多くのアメリカ人が犠牲的行為の求めに応じていない。イベントの中止や事業の閉鎖といった重大なものから、ほんのささいなマスクをつけるといったことまで。

この国ではコミュニティと愛国心という概念が破壊されてしまった。その象徴がマスクの政治問題化だ。愛国心は犠牲的行為の分かち合いに根差している。しかし何百万人というアメリカ人が、こんな小さな個人的な不便を受け入れることを拒んだのだ。拒絶するのは、それが政府による要望だからだ。マスクをつけるのは未来を守るための行為である。しかしそれを自分の欲求を阻む蔑むべき抑圧とみなして、気晴らしのため攻撃の的としたのだ。

私たちは何年もかけて、例外主義の概念を構築してきた。それによれば、政府は機能しなくてよい。国民は犠牲を払う必要がない。コミュニティや未来に投資する必要もない。他の国と協力する必要もない。他国の脅威は自分とは無関係だ、となる。

2020年1月、アメリカでは、パンデミックが急速に広がるのに最適とも言える社会環境ができ上がっていた。私たちの例外主義の根拠は、もはや強靱ですばやい政府ではなく、例外主義そのものが免疫になるという思い込みだった。

なぜこんなことになったのだろうか。なぜわれわれはこんなに傲慢になったのだろうか。

資本主義（社会の階段を上る場合）＋社会主義（社会の階段を降りる場合）＝縁故主義

論理的には、資本主義の代替となるのは社会主義であり、表面上それには好ましいことがたくさんある。

社会主義は利他主義と人道主義に根差している。個人がばらばらになることではなく、コミュニティを築くことを目指す。それは高貴な目標だ。しかし生産性への打撃は、特に時間がたつほど累積的に大きくなる。

一方、資本主義は驚くほど多くの特権を生むため、他者に対する共感がなおさら必要になってくる。

アメリカは資本主義と社会主義の「悪いところ」のハイブリッド

資本主義と社会主義の最悪な部分が組み合わされると、有害なカクテルができ上がる。過去40年間、アメリカではそれを行ってきた。

社会の階段を上る場合は資本主義である。アメリカで価値を生み出すことができれば、歴史上、匹敵するもののないほど特権を与えられる。

逆に、価値を生み出せなかったり、恵まれない家庭に生まれたり、幸運に恵まれなかったりすれば、とても人間らしい生活を送ることができない。過ちに対して高い代償を払わされる可能性も高い。これは少数の強者だけが生き残る経済システムだ。

富裕層へと上り詰めると（富裕層に生まれるほうが可能性は高そうだが）、状況は変わる。個人の責任と自由についての美辞麗句とは裏腹に、彼らは社会主義へと衣替えをする――特に社会の頂点から降りる場合がそうだ。

彼らの社会主義の楽園では、失敗はないものとされる。企業を倒産させる（資本主義の本質からすると当たり前のことだが）のではなく、救済措置が講じられる。しかし救済措置は将来世代へのヘイト・クライムであり、私たちの子どもや孫を借金漬けにしてしまう。

次々と起こる危機について、救済措置を正当化するための主張はさまざまだ。9・11の後は国家安全保障。2008年のときは流動性の確保。2020年は弱者保護。

しかし対応はいつも同じだ。株主階級を保護し、幹部階級を保護する。企業を生きながらえさせ、オーナーや経営陣が窮地に陥らないようにする。救済措置の原資は国の借金で賄われ、中産階級の納税者がそれを負担する。最終的にはわれわれの子どもに払ってもらう。

しかし歴史を振り返れば、救済を行ったほぼすべてのケースで（クライスラーであろうと

LTCMであろうと）モラル・ハザードが起こった。その結果、もっと大きな破綻が生じ、その救済措置の負担はさらに拡大した。

1980年のクライスラーへの15億ドルの援助は、その後、125億ドルの援助、経営破綻、2009年のフィアット売却へと拡大していった。

1998年、連邦準備銀行はLTCMを救済した。それを見たウォールストリートの銀行は、さらにリスクの高い戦略に向かうようになった。それが10年後、はるかに重大な事態をもたらした。

毎回、私たちは次のように言われる。「今回だけは例外だ。歴史的に異例の事態が起きた……だから政府の支援が必要だ、納税者は株主を救済するべきだ」と。

しかし、株式市場は11年間も上昇相場が続いていた。それも歴史的な出来事である。ほんのひと握りの人々が莫大な富を独占している点でもユニークだ。

そうした恩恵を得た企業は、非常時（それはいつも襲ってくる）に備えて手元流動性を増やし、従業員に還元して万一の備えを厚くさせることもできた。設備投資を行って経済成長に貢献することもできた。

しかし彼らはそうしなかった。代わりに、彼らは稼いだ利益を配当と自社株買いにつぎ込み、莫大な役員報酬と株主還付を受け取った。

2000年以降、アメリカの航空会社は66回、破産を宣言している。航空業界の収益力の脆弱性は明らかだ。にもかかわらず、6大航空会社の取締役会とCEOは、フリー・キャッシュフローの96%を自社株買いに投じた。株価は上昇し、それに連動してCEOの報酬は高まる。2017~2019年の3年間に、デルタ航空、アメリカン航空、ユナイテッド航空、カーニバルのCEOは合計1億5000万ドルの報酬を得ている。

株価と経営陣の報酬はそうした資金操作で支えられている。しかし航空業界の経営危機は放置されたままだ。

世界的な危機に見舞われた現在、ひと握りの裕福な人々は社会主義をふたたび引っ張り出してきて、政府の懐の中に手を突っ込もうとしている。こうした恥知らずな手は、勝手に動かないようにしっかり固定しておくべきだ。

失敗の美点

失敗とその結果を受け入れることは、資本主義に不可欠だ。経済的混乱と危機によって企業倒産や失業などのコストが発生するが、それは再生の機会でもある。古い関係は断ち切られ、資産が解放され、イノベーションが始まる。

山火事は破壊によって新たな生命を誕生させる。それと同じように、経済の激変は新しい光と空気を生み出しイノベーションを活発にさせる。

1918年のスペイン風邪の流行は悲惨だったが、その後に狂騒の20年代がやってきた。最強のビジネスは不景気に芽生えることが多い。パンデミックのような破壊的な出来事の後には賃金が上昇するからだ――もっとも、破壊と再生の自然のサイクルがうまく働けばの話だが。

私たちは企業とその所有物や従業員とを混同してきた。

企業は抽象的な概念にすぎない。誰かを養うわけでもなく、家に住まわせるわけでもなく、教育するわけでもない。

企業がつぶれるとき、リスクを負って企業に資金を提供した人はその投資金を失うが、社員は働くことができる。資金が残ればそのまま活用することができる。企業活動に必要なものがすべてなくなってしまうわけではない。

私たちは年齢を問わず、自分の子どもをディズニーランドのスター・ウォーズ：ギャラクシーズ・エッジに連れていきたいと思っている。そうした願望を持ち続けるかぎり、クルーズ船や航空会社が消えてなくなることはないだろう。

カーニバルやデルタが破産申請しても、船や飛行機は水上を航行し、空を飛行し続ける。空港ターミナルでは、あいかわらず飛行機があなたを待ち構えていることだろう。

企業の倒産を許容し株価をその実態に合ったレベルにまで下落させれば、若い世代にも私たち（X世代やベビーブーマー）と同じチャンスが開けてくる。

欧州におけるパンデミック終息後の実質賃金の変化
(死者10万人を超えた過去12回の世界的パンデミックの場合)

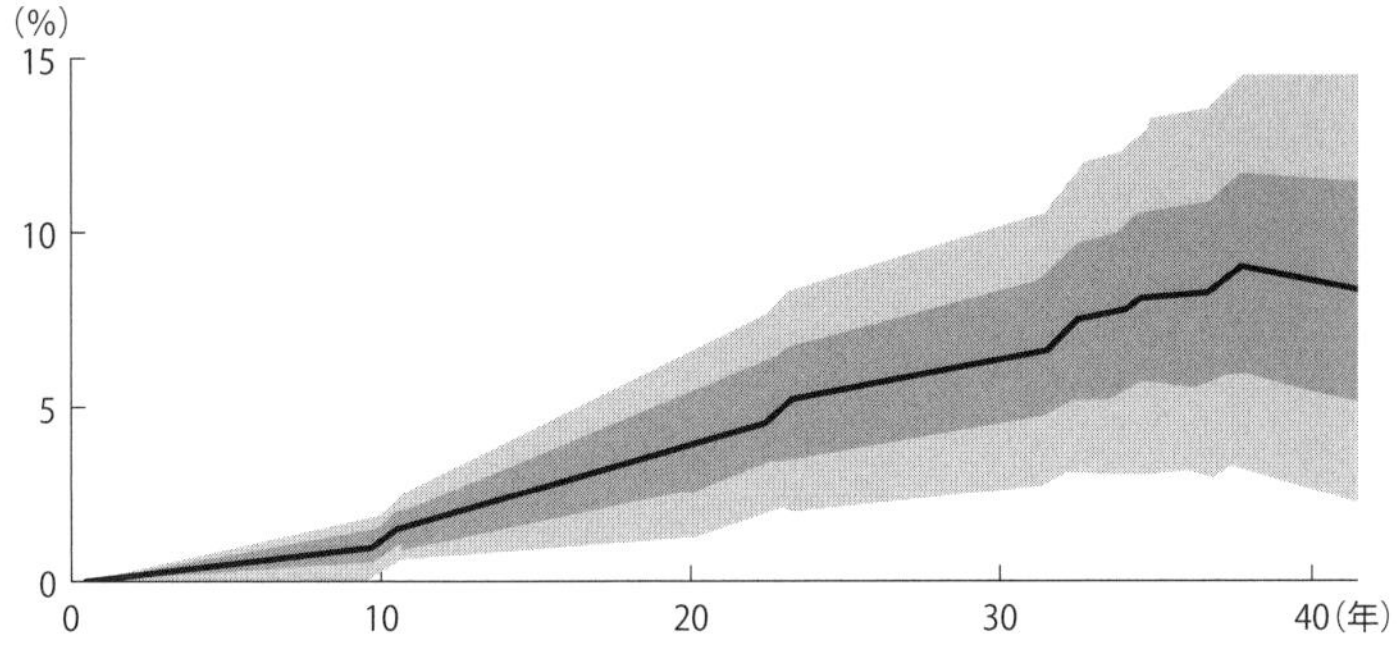

出所:「パンデミックの長期的な経済効果」UCdavis、2020年3月

アマゾン株を収益の(100倍ではなく)50倍で買ったり、ブルックリンの土地を1平方フィート(1500ドルではなく)300ドルで買ったりするチャンスだ。トマ・ピケティが指摘しているように、経済的ショックの後の急回復期は実質賃金が上昇するが、安定成長期は富裕層に有利に働く傾向がある。

権力者と金持ちは「夕食会」で仲良くなる

政府が敗者の支援に乗り出したとき誰が最初に施しを受けるか、予想がつくだろうか。最も大きな政治権力を持つ人々——企業と金持ちである。

ロビイスト、弁護士、広報担当者がそのお先棒を担いでいることは間違いないが、本当の理由は別にある。それは、さらに狡猾で油断のならないもの、つまり縁故主義だ。

ここで言う〝縁故主義〟とは何か。

私はテック企業の幹部について記事を書くことが多いが、その当事者に会うのはほとんど断っている。1つには自分は内向的で、初対面の人に会うのがつらいからだ。もう1つは、直接会うことで親近感が生まれるのを恐れているからだ。

誰かに会うと、1人の人間としてその人を好きになったり、共感したりする。するとその人たちの行為を客観的に見られなくなる。成功した企業の上級幹部たちはとても頭がよくて、興味深い仕事に関わり、内部情報に通じている。人付き合いのうまさで、その地位についている部分もある。

そういう人に会えば、好きになる可能性が高い。だから私は会わないようにしている。マルコム・グラッドウェルが指摘しているように、ヒトラーに会ったことがない人のほうが、彼を正しく評価できるのだ。たとえあれだけ恐ろしい人間であろうと、じかに会うと簡単に魅了されてしまう。

つい最近、私はウーバーのCEOダラ・コスロシャヒとの〝私的な〟ディナーに招待された。彼のPRチームはウーバーが毎日400万人の〝ドライバー・パートナー〟を搾取している事実にソフトフィルターをかけようとしていた。

私はディナーの誘いを断った。ダラには何年も前、彼がトラベロシティ社にいたころ一度会ったことがある。私が始めたばかりの会社を売り込みに行ったのだ。

彼は切れ味が鋭く愛想もよかった。もしディナーに参加したら、彼をもっと好きになったのは間違いない。そしてウーバーを、法律をかいくぐって貧しい人々を搾取する会社ではなく、ダラの善良さがしみこんでいる会社と見るようになっただろう。

私は政治家にも、これと同じ方針をとってもらいたい。政治家が少数の金持ちと接する機会が増えれば増えるほど、超富裕層にとっての問題や優先事項を中心に政策を考えないわけにはいかなくなる。

人は自分と境遇が似ている人、ともに長い時間を過ごしている人と、自分を同一視する。それは同族を優先する人間の性である。このような接触は、私たちの国のシステムの中に組み込まれている。それはダラとの夕食会のような組織的なイベントにとどまらない。民主党上院議員の財産の中央値は94万6000ドル、共和党上院議員は140万ドルだ。彼らは子どもを学費の高い学校へやり、高級レストランで食事をし、えりすぐりのバカンスを楽しむ。

周囲の人々はみなウーバーの幹部であって、ウーバーのドライバーではない。ウーバーの上層部に対して少々のことは目をつぶり、ウーバーのドライバーの窮状に目が向かないのは、自然なことだ。

縁故者は縁故主義者になる

だからパンデミックへの連邦政府の対応は、予想どおりのものだった。「最も弱い人々を守る」と言いながら、最も力のある人々に何兆ドルもカネを手渡していたのだ。

2020年3月に議会で成立した2兆ドルの緊急支援は、未来の世代からその原資を盗んだものだった。2020年第2四半期の個人所得は、給付金と追加の失業給付のおかげで第1四半期より7・3%増加した。4月の個人貯蓄率は33%となった。1960年代に記録が始まってからの歴史上、群を抜く高さである。

救済策には9000億ドルの減税もあるが、この恩恵を受けるのはほぼ年収100万ドルを超える人々だけだ[8]。金持ちであるほど得をする。8月初めには、アメリカのビリオネアたちの富は総計で6370億ドルも増加した[9]。

何十年間もそうだったように、民主党と共和党が超党派で一致できる政策は1つだけだ。それは無謀な財政支出をして金持ちを儲けさせ、困窮している人にはわずかばかりの資金しか出さない政策だ。

すべてのカネが無駄になるわけではない。おそらく3分の1くらいは、本当に困っている人々に行くだろう。

かなりの数のレストランが従業員に給料を払い、パンデミックが終息した後には再開できると思われる。飛行機のメンテナンス会社、ブランド戦略企業、錠前企業――彼らはパンデミックに備えることができなかった。しかし新型コロナ禍が落ち着けば、投入された税金を政府に返還し、業務を再開できるようになるだろう。それがうまくいけば、緊急支援政策が成功したことの証拠となる。

しかし、私たちが子ども世代に返済を押しつけた借金の大半は、富裕層をさらに富ますために使われた。

金持ちにはあいかわらず不釣り合いなほど大きな恩恵が与えられた。彼らは救済の行列の先頭に立つことができた。パンデミック前から銀行との親密な関係を続けてきたからだ。誰がカネをもらっているか政府が公表を拒んでいるが――もちろん、選挙の後まで――それが何よりの証拠である(10)。

市場の失敗を最後まで見届けるのではなく、私たちは次世代から盗んだカネを使って株主階級を支えた。

「われわれはともにコロナと闘う仲間だ」と彼らは言う。たわごとである。真実はこうだ。金持ちにとってパンデミックの間は、通勤が減り、排気ガスも減り、家族の時間が増え、富も増える。いいことずくめだ（前述のとおり、株価は史上最高を記録している）。

縁故主義と不公平

2・2兆ドルというえげつない新型コロナ緊急支援策は、私たちの縁故主義の表れだ。アメリカ政府はもう、資本主義の勝者を抑制できなくなっている。政府はむしろ塹壕戦での共謀者だ。これはシステム上の欠陥である。

富裕層は過去数十年以上の間、とんでもなくうまくやってきた。これについては山ほど記事が書かれている。なにしろデータはたっぷりあるのだから。

ショッキングなデータもある。たとえば、上位0・1％が、下位80％よりも多くの国富を所有しているとか、長者番付トップ3が、下位50％より多くの富を所有している、とか。[11]

そして国全体としても悪いニュースがある。1983年以降、低所得〜中所得世帯が所有する資産の割合が39％から21％に減少する一方で、高所得世帯の資産の割合は60％から79％に増加しているのだ。

これだけの所得格差があると、金持ちは自分の身の安全を心配するようになるかもしれない。

世界中の収入ランキングで下位半分の人々は、いつか次の点に気づくはずだ。最も裕福な8

アメリカの資産の割合

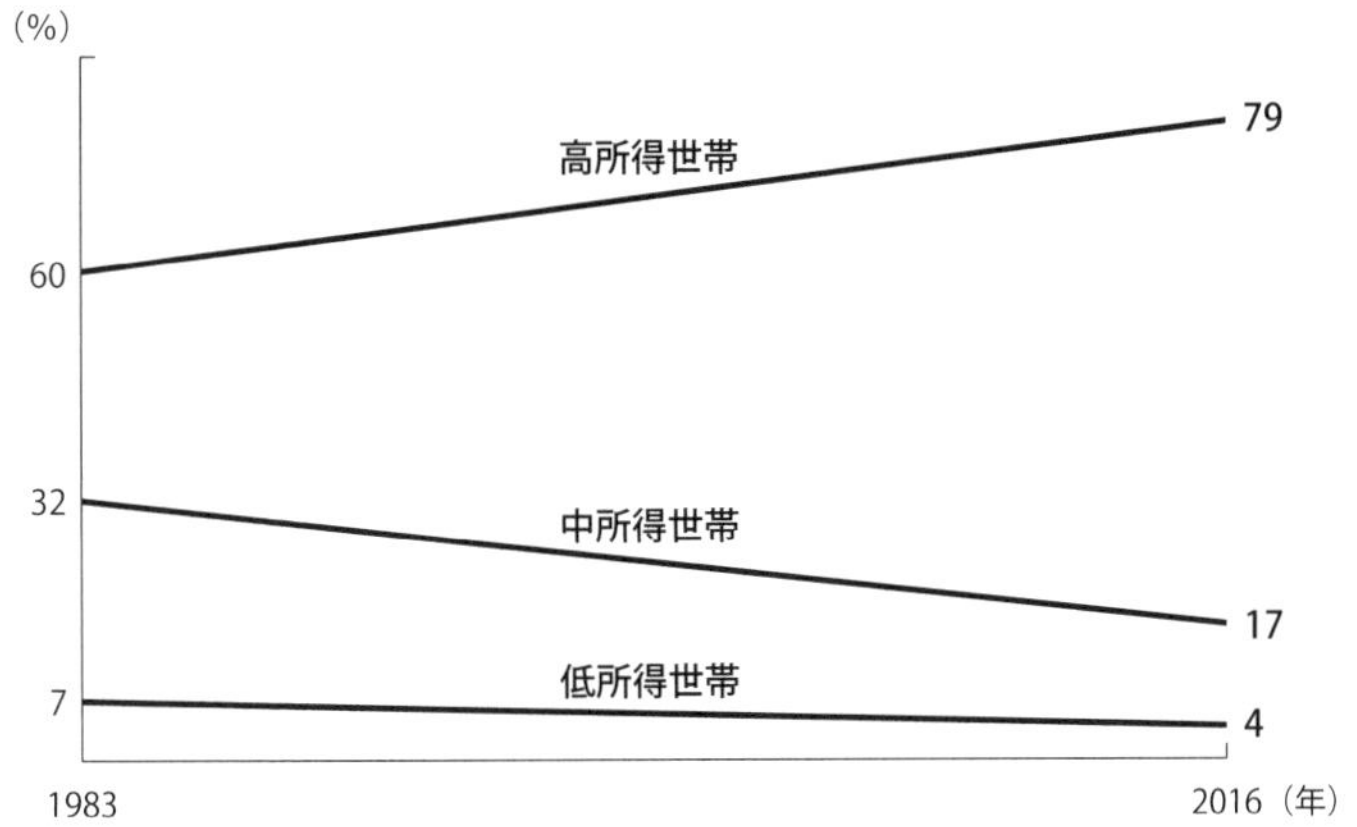

出所：Pew Research Center Analysis of the Survey of Consumer Finances

つの家族から富を奪えば、自分たちの資産を倍にできる、と。この裕福な8家族は36億人よりも多くの資産を保有している。

ここアメリカでは、下位25％の世帯（3100万世帯）の純資産中央値は200ドルである。[12] つい最近、マンハッタンのジェフ・ベゾスの家の前で、抗議デモ隊がギロチンを設置した。彼の資産が2000億ドルを超えた「お祝い」だった。

政策は徹頭徹尾、金持ち有利に変えられてきた

この流れは悪化するばかりである。

かつて私たちが選んだリーダーは、高い木の上のほうにある枝を切り払って、地面近くにある若木に日光が届くようにしてくれた。しかし納税データについての最近の研究によ

所得区分による総合税率（連邦、州、地方の税の合計）

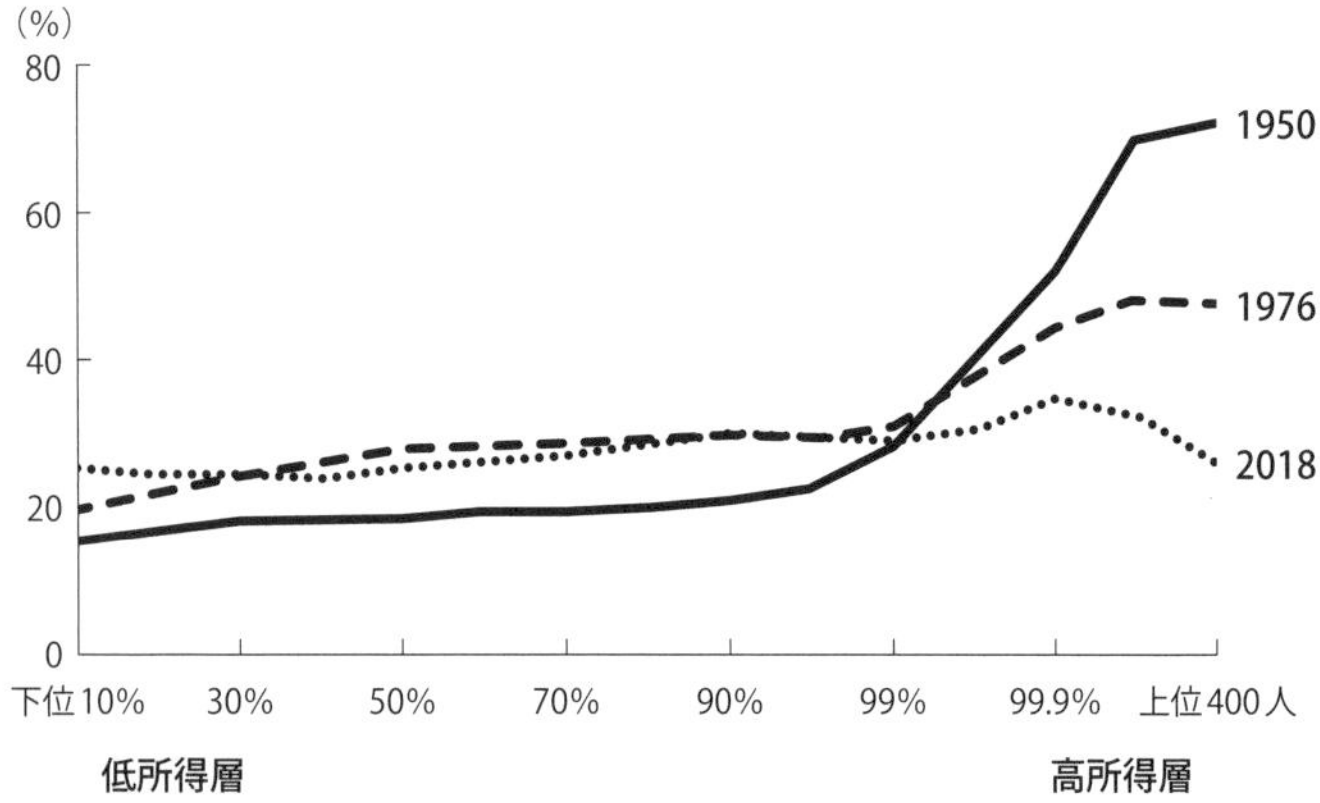

出所：Emmanuel Saez & Gabriel Zucman, UC Berkeley

ると、超富裕層の税率は年代を追うごとに低下している。50年代は70％、80年代は47％、そして現在はなんとたったの23％だ。中産階級の税率より低い。一方、貧困層、中産階級の税率はほとんど変わっていない。

アメリカでは国の借金が激増している。これは裕福な人々が払う税金が少なくなっているということだ。

お金とは仕事に費やす時間のことである。私たちは自分の子どもたちに対して、将来もっと多く働き、家族と過ごす時間を減らせと言っている。その結果、現在の富裕層は税金の支払いを減らすことができるのだ。

私自身の経験が、金持ちがいかに利益を確保しているかのケーススタディになっている。

私がいちばん新しい会社L２を２０１７年に

売却したとき、実際に支払った税金の実質税率は17～18％だった。私は22・8％の連邦税を支払ったが、株の売却で得た利益のうち1000万ドル分は課税が控除される。これはセクション1202という法律のおかげだ。

セクション1202は、新興企業に投資を行った株主のための税控除策で、スタートアップを支援するものだ。この制度には、富を他の納税者からベンチャー・キャピタリストと会社の創始者に移すこと以上の意味はない。

この税額控除の制度は、起業を促すためのものだと説明されている。しかし、当然のことながら、この制度を目当てに起業する人はいない。会社を大きく育て何百万ドルもの値段で売却するためには、会社を起業するという不屈の精神の他に、多くの才能、労働、幸運が必要だ。その決意は税法とは何の関係もない。成功者への税控除は、格差をさらに拡大するだけだ。

いったん金持ちの軌道に乗ってしまうと、これら優遇策のおかげでその動きはさらに加速する。多くのリソースへのアクセス、投資のチャンス、低い税率、税務の専門家、政治家との交流、子どもの進学の世話をしてくれる友人……このようにしてカネ稼ぎの車輪は回り続ける。

これほど簡単にビリオネア（大金持ち）になれる時代はかつてなかった。そしてミリオネア（中金持ち）になるのがこれほどたいへんな時代もなかった。

金持ちにはわからない「経済不安」の本当の意味

自由奔放な資本主義を支持する人々は、増え続ける富裕層の特権のことなど気にせず、満ち潮はすべての船を持ち上げると言う。

彼らはこう信じている。たしかに労働者階級のアメリカ人は、近年の好景気の恩恵を自分たちと同じようには享受していないかもしれない。しかしそれでも、彼らの生活は10年前、1世代前、なんなら100年前よりはよくなっている、と。そして彼らは安心する。

彼らは経済不安ということについて、根本的な誤解をしている。

2018年、1億600万人のアメリカ人が、国民貧困ラインの2倍の水準を下回る生活をしていた。それは言葉の印象ほど快適な暮らしではない。4人家族の場合、貧困ラインの2倍に相当する世帯収入は5万1583ドルである。[13]

2000年以降、その層の人口が、全体の人口増加率の2倍のペースで増えている。その大半は収入の3分の1以上を家賃が占める。病気や障害を持つ人の割合は他のグループよりダントツに多いが、3分の1の人は健康保険に入っていない。[14]

彼らの多くが過大な借金を抱え、それが原因で絶望死につながっている。自ら命を絶つ人が借金をしている確率は平均の8倍である。[15] 信用スコアが100ポイント上昇するごとに、3カ月後に死ぬリスクが4・4％下がる。[16] アメリカではお金が命そのものなのだ。

私が子どもだったころ、経済不安は〝サウンドトラック〟だった——つまり背後で常にそのノイズが聞こえていた。

わが家が裕福であったことはなく、両親の離婚後は、経済的なストレスが経済不安へと変わった。おまえたちは価値がない、落伍者だ、というささやきが母と私を苦しめた。

両親が別れたとき、わが家の世帯収入は1カ月800ドルだった。母は秘書をしていて、頭がよく働き者だった。まもなく収入は月900ドルに上がった。母がいっきに2階級も昇給したからだ——私と母が世間と戦うための大事な軍資金だった。

私が9歳のとき、ベビーシッターはもういらないと母に告げた。週8ドルを節約するためだ。そのシッターは宗教にはまっていた。アイスクリーム販売のトラックが来ると、自分の子どもには30セントずつ渡すのに、私には15セントしかくれなかった。

9歳の冬、私は適当な上着を持っていなかったので、母と一緒にシアーズに出かけた。上着は33ドル、母の1日分の給料に近いことはわかっていた。

私たちは大きすぎるサイズのものを買った。それで2年、あるいは3年はもつと、母は考えたのだろう。息子がとにかくモノをなくす人間であることまでは、思い及ばなかった。

2週間後、私は上着をボーイスカウトのミーティングで忘れてきた。次の週に必ずとってくると言ったが、結局、上着は戻らなかった。

母は別の上着を買ってくれた。このとき母は、これはクリスマスプレゼントだと言った。これを買ってしまうとプレゼントを買えないからだ、と。
それが本当だったのか、母が私に教訓を与えたかったのかはわからない。おそらくどちらも本音だろう。それでも私は早めのクリスマスプレゼントに喜んでいるふりをした。しかしその数週間後、私はまた上着をなくした。

その日の放課後、家で母の帰りを待っていたとき、貧しいわが家の家計に自分が深刻な打撃を与えたと感じていた。たかが1枚の上着だったが、私は9歳だった。

この話のポイントは、私が困窮した生活をしていたということではない——どんな合理的な尺度を持ってしても困窮はしていなかった。ポイントは、たかが1枚の上着である。

私は経済不安を感じるようになっていて、たかが1枚の上着をなくしたことがこのうえなく恐ろしかった。あの日、感じた恐怖と自己嫌悪はこれからも決して忘れないだろう。

「上着をなくしちゃった」。私は母に告げた。「でも大丈夫、いらないから……本当だよ」。本当は泣きわめきたかった。しかしもっと悪いことが起こった。母が泣き始め、やがて息を整えると、私のほうに歩いてきて、こぶしをつくって私の脚に数回打ちつけた。会議室で発言しているときに、テーブルを叩いているようだった。

母の怒りが高まったのか、きまりが悪くなったのかはわからない。母は2階の自分の部屋へ行き、1時間後に降りてくると、もう2度と上着の話はしなかった。

私はいまでもモノをなくす。サングラス、クレジットカード、ホテルのルームキー。家のカギすら持ち歩かない。必要ないから。

昔との違いは、それは不便だが、すぐに対処できることだ。資産は、ちょっとした打撃——上着をなくす、未払いの電気料金、タイヤのパンク——の痛みを和らげてくれる。経済不安は、その痛みを何倍にも増幅させる。

経済不安は高血圧のようなものだ。常にそこにあり、小さな不調であっても命を脅かす病気に変える。それどころか本当の高血圧にもつながる。低所得世帯で育つ子どもには、裕福な家庭で育つ子どもよりも、高血圧が多く見られる。(17)

アメリカで生まれた「新たなカースト制」

金持ちになるのがよくて、貧乏になるのは悪いという指摘は新しいことではない。資本主義の原動力となる野心と動機を維持するには、おそらく貧しさという刺激が必要なのだ。

しかしアメリカの、そして公正な社会の根本には夢がある。勤勉さと能力があれば、誰もが上を目指し、貧困を抜け出して、不自由のない生活ができるはずという夢だ。

しかし今日のアメリカにおいて、その夢は破れてしまった。

個人の経済的成功を左右する最大の要因は、才能でも、勤勉さでも、運でさえないという研究が相次いでいる。親がどのくらい金持ちかで決まるのだ。
収入が90パーセンタイルの家庭で育った子の世帯期待所得は、10パーセンタイルの家庭で育った子の3倍である。[18]
アメリカの経済的流動性はどんな尺度で見ても、ヨーロッパやその他の国に比べて悪い。多くの場合、はるかに劣っている。[19] アメリカン・ドリームをつかみたければどうすればいいか。デンマークに移住するのだ。[20]

これは単に貧者と大富豪の話ではない。どのレベルでも、社会階層の階段を上るのがどんどん難しくなっている。

私はサンフランシスコのポトレロヒル界隈で最初の家を買ったが、その価格は28万ドルだった。これを1992年のビジネススクール卒業生の平均初任給10万ドルで割ると2・8倍である。

現在の彼らの平均初任給与は14万ドルである。これはかなりの額だ。しかしベイエリアの家の平均価格は140万ドルまで上昇している。つまり家の価格は平均初任給の2・8倍から10倍にまでハネ上がっている。

これは、いわゆる勝ち組、つまりエリート層に加わろうとしている人々の話だ。それ以外の人にとって、住宅はもっと高嶺の花になっている。

行き着いた先は、経済はとてつもなく繁栄しているが、生活の向上がほとんど期待できない社会だ。

独立宣言では「生命、自由、幸福の追求」を保証している。しかしヨーロッパの国々に比べ、アメリカ人の寿命が短くなり[21]、自由が減り[22]、幸福の追求もおぼつかなくなっている[23]。こうした研究成果が、次々と発表されている。

プライベート・ディズニーランド

この格差は税法、教育制度、わが国の悲惨な社会福祉に根差している。それはもう文化に組み込まれてしまった。

私が小さいころディズニーランドに行ったとき、そこには裕福な子、中間所得の家庭の子、低所得家庭の子がいた。親友はモルモン教の家庭の子で、のちにスタンフォード大学に入学した。他の友人は裕福な家の子で、ブラウン大学に行った。もう1人はスラム街に住む黒人の子でカネがなく、オレゴン州の二流大学にフットボールの奨学金で行こうとしていた。

しかしディズニーランドでは、みんな同じディズニーランドを経験した。みんなチケットブックに9ドル50セント払った。Eチケットをとっておき、「カリブの海賊」の行列に45分並んだ。ディズニーではみんな同じ経験をしたのだ。

いまディズニーはこう言っている。カネをあまり持っていない人は119ドル。普通の食事をして、順番待ちの列に並んで。少しカネのある人は、170ドル払えばファストパスというものをあげよう。「カリブの海賊」に1時間並ぶことなく、たった10分で入れる。

そして上位1%の超リッチな人々には、VIPツアーがある。5000ドルであなたと友人6人のグループにツアーガイドが1人つく。特別なダイニングルームでコスチュームを着たキャラクターが給仕してくれる。バックステージにも入れる。列に並ばなくていいところではない。従業員用エントランスから入れるのだ。

ふたたび、大学の話

オーケー、ディズニーランドはそもそも共産主義のユートピアではない。自由企業の1つだ、そうだろう?

それはそうだが、私はディズニーランドでは金持ちの子どもを他の子どもと同じ列に並ばせるべきだと言いたい。利他的行為、共感性、いらだちへの対処能力に、よい影響を与えるからだ。

ディズニーランドがカースト制に加担するのは気にならないというなら、こう考えてみてほしい。もう一度、先の文章を読んで「ディズニーランド」のところをすべて「大学」と置き換える。それは同じことだ。

高等教育は人を引き上げる大きな力だ。それは階級格差を生みやすい資本主義への対抗手段であるはずだった。しかしアメリカの高等教育は、上へ向かうためのはしごではなく、カースト制度を強化するものになってしまった。

私は、上着をなくして泣いていた状況を脱し、息子が上着をなくしたのを笑っていられるようになった（「血は争えないな」）。それはカリフォルニア大学のおかげだ。

私が高校を（ＧＰＡ３・２という成績で）卒業したとき、ＵＣＬＡの合格率は60％を超えていた。それでも1回目の挑戦では入れなかったが、入試担当事務局が私の必死のアピールに同情してくれた。

そんな恩寵を与えられ、またカリフォルニア州の寛大なる納税者のおかげで入学がかない、それが現在の私の土台をつくった。

ＵＣＬＡからウォールストリートでの仕事を得て、その後、ＵＣバークレーのビジネススクールに入学した。最初の妻とＵＣＬＡで出会い（いまでも友人である）、彼女の収入のおかげで自由に動け、プロフェットとレッド・エンベロープという会社を共同で設立することができた。

ビジネスパートナーにはＵＣバークレーで出会った。彼がいなければ、どの会社の設立も実現しなかっただろう。ＵＣバークレーの教授の1人で私のメンターになったデイヴィッド・アーカーがプロフェットに関わってくれたことが、初期の成功のドアを開いてくれた。

いずれにせよ、私の成功の最大の要因は大学教育を受けられたことだ。私たちが設立した会社は、投資家、従業員、創始者に、2億5000万ドル以上をもたらしている。それらの会社は何百人も従業員を雇っている。私の両親は大学に行っていないが、多くのアメリカ人は自分の子どもたちを大学にやりたがっている。しかし第4章で詳述したように、経済不安を抜け出すための道は、どんどん険しく狭くなっている。

2019年、UCLAの合格率は12%だった。言い換えると、30年前には手が届く範囲にあった上へ昇るはしごが、5倍もつかみづらくなっているということだ。

豊かな社会なら、次の世代は現世代より成功しにくくなるのではなく、成功しやすくなっているべきだ。しかし現実はこうだ。ひと握りの特権階級が「カリブの海賊」に何度も乗って楽しんでいる脇で、一般大衆は炎天下、いつ自分の順番が回ってくるかもわからないままで待ち続けている。

私たちはこのジレンマの深さを見ようとしない。それは、アメリカの能力主義と成功についての神話を信じ込んでいるからだ。

私たちはビリオネアを理想の人々、富こそが価値の象徴だと信じている。金持ちはさらに大きなカネを稼いで当然だと考えている。

金持ちは「いい奴」が多いが、自ら特権を手放したりはしない

この富の再生産を止めるのは誰か。富裕層だと思ってはいけない。私たちは他人から、あなたの成功はあなたの能力の結果ですね、と言われることが大好きだ。私は消費財、メディア、テクノロジーの公開企業、あわせて7社の取締役を務めた。その経験からすると、黒いタートルネックを着た30代か40代の人を確実に喜ばせ、絶大な信頼を獲得できる魔法の言葉がある。「あなたはスティーブ・ジョブズのようだ」と言うのだ。

マンガでは超金持ちは一般的にろくでもない人物として描かれる。しかし、実はそんなことはない。

私の経験では、大きな成功を収めている人々にはいくつか共通点がある。根性、運、才能、そしてリスク許容度。たしかに金持ちに生まれついた人もいるが、一般的に金持ちは、どの分野でもよく働く集団である。金持ちはより多くのリターン（経済的にもそれ以外にも）を得られるので、それがやる気につながっている面もあるのだろう。何にせよ、よく働くことはたしかだ。

もしあなたがビリオネアになるつもりなら（そしてビリオネアの親がいないなら）今後30年間は働き続け……その他のことはあまりできないと心得ておくべきだ。私は長時間労働を賛美

しているわけではない。数百億ドルを稼ぎ出すには、とにかくやらなければならないことが多すぎるのだ。

私が知っている超のつく金持ちは、国を愛し、寛大で、心の底からコミュニティのことを考えている。成功の頂点へ近づくと応援してくれる人を増やすことが大事になるので、それは筋が通っている。

しかし裕福な人々は、自分から一方的に武器を手放すことはない。上位0・1％の人々が自分のスキルやリソースを使うのは、自分の会社や子どもが他よりも優位に立てるようにするためだ。他の人と同じである。そのためには、外部性（環境基準、独占的立場の乱用、租税回避、十代のうつ病）については目をつぶることもあるはずだ。

私たちはみな子どものために精一杯のことをしてやりたいと思う。アメリカの制度は国民が優れた教育を受けたり、文化的な発展に資金を提供したり、子孫のためにさらに多くの機会を提供する選択肢を与えてくれる。社会の長期的な健全さについて心配しない人はいないが、まず考えるのは自分自身とその先々のことだ。

「能力」もまた「運」に左右される

運と能力は切り離して考えるのが安全である。パレートの法則によれば、能力が均等に配分されていたとしても、原因と結果が一対一で対応するとはかぎらない。

私は成長するにつれて、次の2つを強く感じるようになった。1つは自分の人生で幸運がいかに多くの役割を果たしたかということだ。私はいいタイミングで、いい場所に生まれた。もう1つは、その幸運を自分の能力だと勘違いしていたことだ。

1990年代に白人男性として就職年齢を迎えた人々は、史上かつてないほど経済的に有利な環境に恵まれた。いま54〜70歳の人は25〜40歳の働き盛りの時期に、アメリカ株式のダウ・ジョーンズ平均が445％上昇したのを経験している。他の世代では米株式相場の上昇率はせいぜい2倍である。

成長があればチャンスも増える。ただしそのチャンスは特定の層に没収されてしまう──前述したような白人の男に。

1990年代のサンフランシスコで、私は34〜44歳の間、あわせて10億ドル以上の資金を集めた。私は40歳未満の女性や白人以外の人で、1000万ドルを超える資金を集めた者を1人も知らない。

当時は、それが自然なことに思えた。現在でさえ、人口全体に占める割合は31％なのに、議員の65％は白人男性だ。[24] ベンチャー・キャピタリスト──新興企業のゲートキーパー──の80％は男性で、その大半が白人だ。ビル・ゲイツ、スティーブ・ジョブズからベゾスやザッカーバーグまで、みんな白人男性なのも不思議ではない。

ベンチャー・キャピタリストの構成割合（2018年）

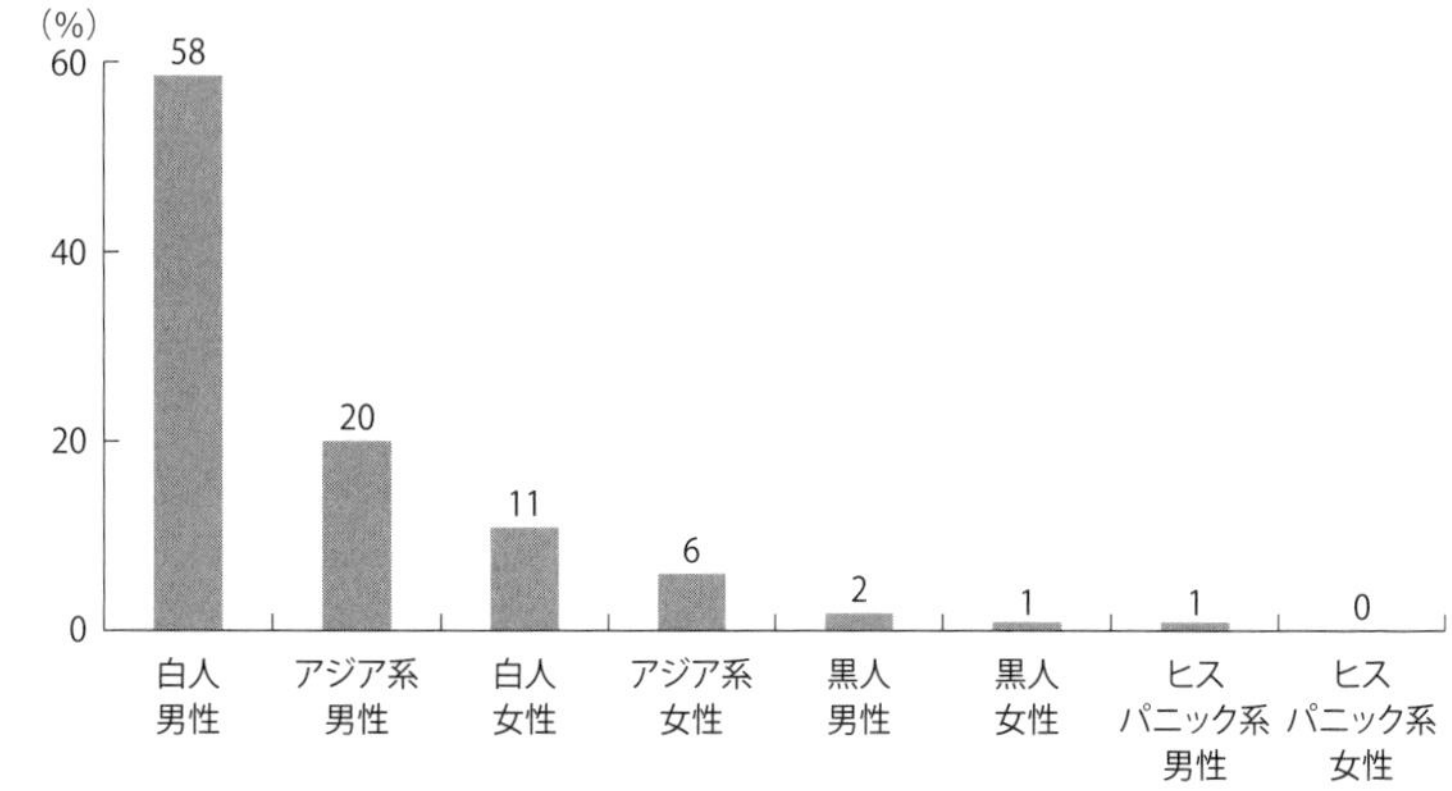

出所：Richard Kerby

能力主義は「成功者」を偶像化する

能力主義——あるいは私たちが能力主義と思い込んでいるもの——には大きな問題がある。ビリオネアになれるのはそれだけの能力があったからだと誰もが信じ、彼らを偶像化していることだ。

イノベーターを偶像化するあまり、勝者は自身が恩恵を受けてきた構造的な優位性や幸運に目を向けなくなる。そして自分はエリートに値するひと握りの人間であるという誤った考えを抱くようになる。

アメリカ人の60％が、いまの経済システムは富裕層に有利で公正さを欠いていると思っている。[25] しかしジョン・オリヴァーが指摘したように、私たちはそれを許容している。その理由は「このゲームが不公平であることはわかっている。だからこそ自分が勝てばおいしい思いができる[26]」と考えているからだ。

そして私たちは、なぜ退役軍人がマーケット・ストリートで小便をし、なぜ18％の子どもが食べるにも困る家庭で生活しているのか不思議に思うのだ[27]。

経済格差が大きくなればなるほど、私たちは成功者とそれ以外の人が根源的なところで大きく異なっていると信じるようになる。

収入格差が大きい時代には利他的行為が減少する。格差が小さいときは金持ちが寛大になり、格差が両極に広がれば寛大さを失う。マイケル・ルイスはこう書いている。

「問題は格差そのものから生まれる。それは少数の特権階級に化学反応を引き起こす。脳を偏向させるのだ。自分以外の人のことを気にしなくなり、まっとうな市民であるために必要な道徳心を感じなくなる[28]」

特権階級が覗き込む鏡には特権階級の顔しか映っていない。経済的に成功した人は、次のように考える。時給14ドルで食べ物を運んだり、地下鉄の車両掃除をしたりする人には、そうなっただけの当然の理由がある。彼らは頭が悪く、怠け者で、自分たちのように立派な人間でもないからだ、と。

さらに悪いことに、環境と幸運に恵まれない人の耳にも、そうしたメッセージが大きな声ではっきりと聞こえてくる。経済的に成功できないのはおまえ自身のせいだ。アメリカはチャンスに恵まれた国だ、誰もが一旗揚げることができる、そうだろう？　それでうまくいかないってことは、つまりそういうことだ。

私たちが0・1％の人々を崇めるとき、教師、ソーシャル・ワーカー、バス運転手、農業従事者は眼中にない。彼らこそ尊崇に値する人々なのに。そうした職業は価値が低く、それに携わる人間は敗北者だと決めつける。

どんなに経済的不利益に見舞われても、それは自分の責任であり、生まれながらにして備わった性質のせいだという主張さえある。そんな考えは資本主義ではなくカースト制度だ。縁故主義の当然の結果だ。0・1％の地位を守るため、このような神話がつくられていく。

だからこそ強力な政府が必要なのだ。ファスト思考と利己主義という人間の本性に対抗し、スロー思考とコミュニティによって均衡を図る。

人々のやる気を起こさせるために、金持ちをわざわざ偶像化する必要はない。富と成功はそれ自体が大きなモチベーションだ。

私たちがビリオネアをヒーローとして祭り上げるのは、人々の奮起を促すためではない。次のような真実を隠すためだ。

イノベーションは昔と同じくいまも活発だ。人々の勤勉さも失われていない。だが、経済成長の果実はイノベーターではなく資本家の手元に転がり込む割合が増え続けている。

カテゴリー別のスタートアップ期の資金調達の数（2010～2018年）

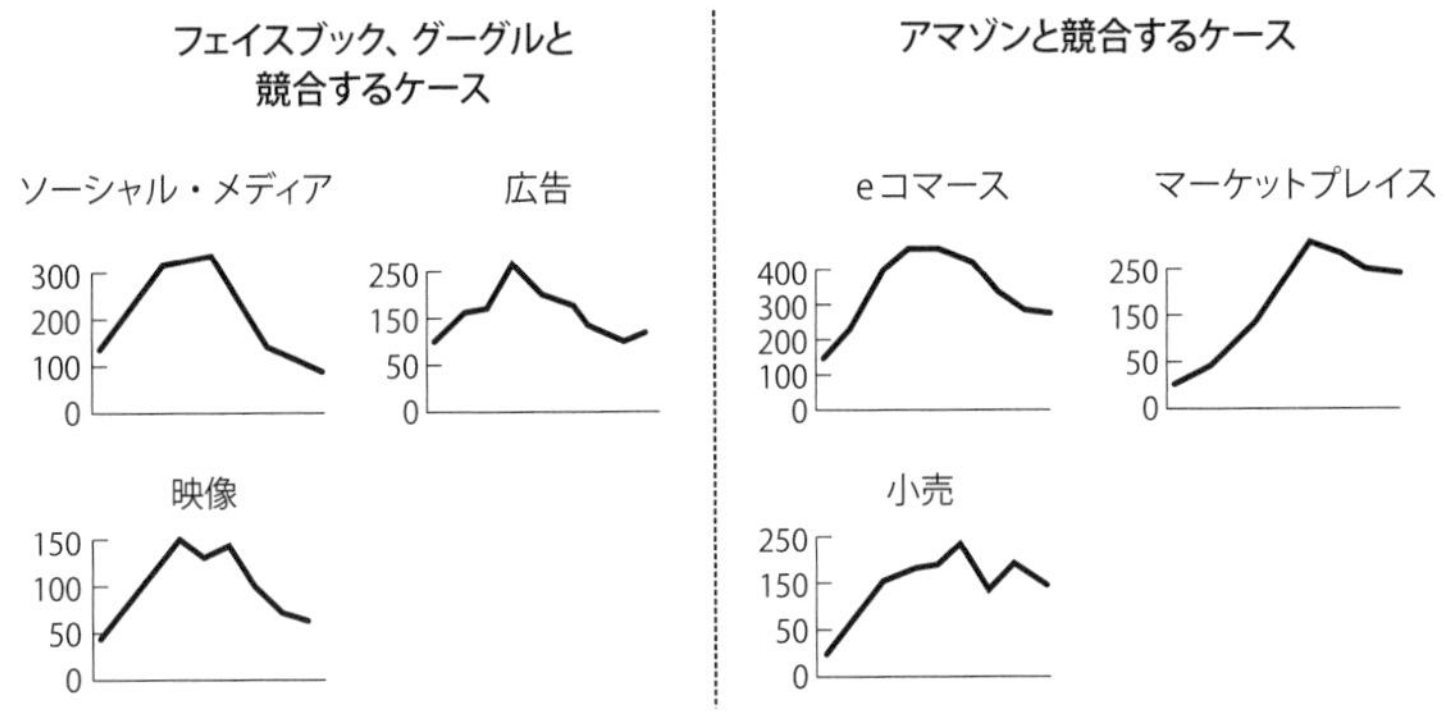

出所：Tom Tunguz Blog Analysis

この不都合な真実を世間からおおい隠すために、私たちはビリオネアをヒーローとして祭り上げるのだ。

巨大テックは「リッチな人」である

個人レベルで起きていることが、企業レベルでも起きている。税法が株主階級に有利になっているように、大企業は本来ならその力を抑制するはずの政府機関まで抱き込んでいる。

なぜそれが問題なのか。イノベーションと雇用の機会を潰すからだ。

カーター政権下では、毎日、現在の2倍の新会社が生まれていた。[29] 1000万ドルの税控除は、新会社の誕生ではなく破壊に寄与している。GAFAのどれかが支配する市場では、しだいにベンチャー企業が資金を調達できなくなっている。独占企業のフロントガラスに突進してつぶれる虫に資金を出そうとしないのは、投資家としては当然の判断だ。

こうして巨大テックは、厳しい競争に脅かされることなく、安い資本を無限に獲得できるようになった。参入するどの分野でもフライホイールの力を享受しているため、イノベーションへの意欲を失っている。彼らには、はるかに実入りのいい、搾取という名の利益獲得の機会がある。

搾取経済

過去10年で、アメリカはイノベーション経済から搾取経済へと変化した。イノベーションは危険で予測不能だ。それはマーケットのダイナミズムを変え、新しい俊敏なプレーヤーが古参プレーヤーからシェアを奪う機会を生む。それは大手のマーケットリーダーにとっておもしろくない。

アップルは現在のやり方で、2020年8月までの12カ月の間に1兆ドルを超える株主価値を生み出しているのだ。そのアップルが、いまさら〝違う考え方をする《シンク・ディフェレント》〟必要がどこにあるだろうか。

どうすれば短期間で株主価値を何千億ドルも増やせるのか。これらの企業は、テクノロジーの進歩についていけない政府の無能さと、それについていこうとする私たちの本能との間でサヤとりを行ってきた。

ソーシャル・メディア、株取引、配車アプリの業界は寡占化が進む一方だ。そのひと握りの勝者によって、数十億ドルもの株主価値が生み出された。代償は数百万人と言われる十代若者のうつ病、選挙への介入、労働における尊厳の喪失（健康保険の未加入や最低賃金以下の賃金）である。

ビッグテックが搾取しているもの

独占的な企業は触れるものすべてを搾取する。まずは自社の従業員だ。

パンデミックでアマゾンの〝必要不可欠《エッセンシャル》〟な倉庫労働者への姿勢が明らかになった。労働者はストライキを行い、署名を集め始め、新型コロナの感染リスクと危険な労働環境を会社に訴えた。それに対してアマゾンは……ストライキを計画した配送センターの社員を解雇したのだ[30]。

ウーバーは大規模な設備集約型ビジネスを、設備なしで運営する方法を考え出した。設備の購入とメンテナンスの責任をドライバー・パートナーに負わせた。さらに彼らを従業員という区分に入れないよう、あらゆる手を尽くして戦っている。彼らを従業員にすれば健康保険に加入させ、最低賃金を支払わなければならないからだ。

カリフォルニア州議会法案５（ＡＢ５）が従業員の範囲をギグワーカー（独立した請負業者）

まで広げようとしているが、これはもっともな判断だ。なぜなら、彼らの労働実態は従業員そのものだからだ。

それに対してギグ・エコノミー企業（ウーバーやリフトなど）は共同でプロポジション22と呼ばれる「ギグワーカー保護法」を提出した。この法案は読者の推測どおり、AB5を停止して、労働費用の軽い新たな分類区分を設けようとするものだ。

「22にノー」キャンペーンには、81万1000ドルが集まった。主に労働者グループからだった。「22にイエス」キャンペーンには……1億1000万ドルもの大金が集まった。[31]

ウーバーのモデルはとてもよくできているが、不条理でもある。

ユナイテッド航空が搭乗員に次のように告げることを想像してみてほしい。ジョン・F・ケネディ国際空港からロサンゼルス国際空港に飛ぶ便に搭乗して仕事をしたいなら、飛行機を自分で調達して燃料を充填しておくように。飛行中にお客に出すスナック類も忘れるな。もちろん収入は山分けだ、と。

これはフランチャイズ・モデルと同じではないか。そう思う人がいるかもしれない。しかしフランチャイズが親企業に支払うのはせいぜい4～8％だ。ウーバーは20％も要求する。

ウーバーのビジネスは、ドライバーに最低賃金を支払えば成り立たないのではないかと言われていた。しかし2020年8月に、そうした疑念は雲散霧消した。ウーバーがそれを認めた

デリバリー・ドライバーの福利厚生

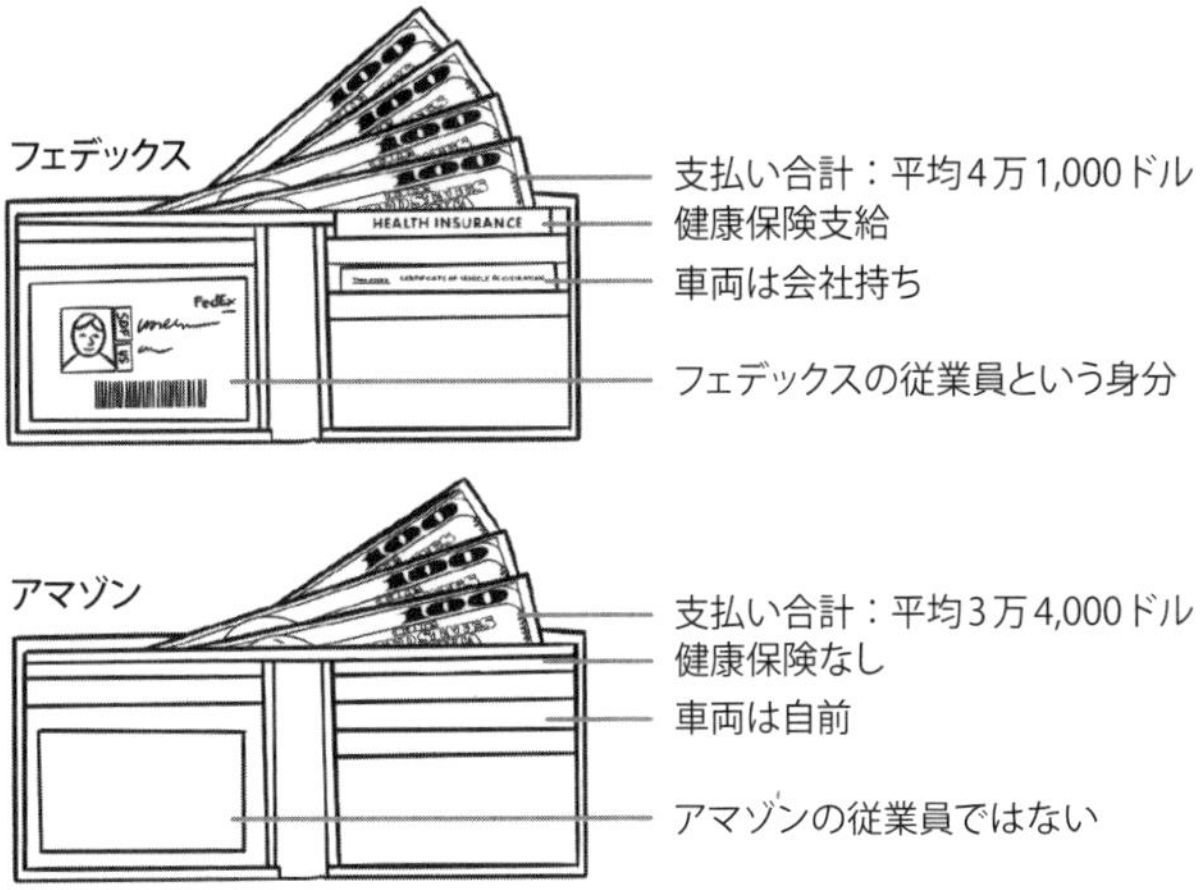

出所：Glassdoor

からだ。もし〝ドライバー・パートナー〟を、実態どおりに、つまり従業員として区分することになれば、人口密度が高い都市部にビジネスを限定せざるをえなくなるという[32]。

消費者からの搾取

巨大企業は別のまるまる太ったターゲットをも搾取し、利益を膨らませている。このターゲットとは自社製品の消費者だ。

無料のソーシャル・ネットワーク・アプリなどというものはない。企業はアルゴリズムを利用して、人間の種としての弱みに付け入るようになっている。

人間の病気や困難のほとんどは不足から生じる。塩、砂糖、脂肪、周囲の承認、安全、仲間や結婚相手を見つける機会、いずれもしかりだ。

結果として、こうしたものを見つけると、私たちの脳は最高の報酬、快楽ホルモンのドーパミンを放出する。それはもっともなことだ。自然は種の生き残りと増殖をたしかなものにする行為に報酬を与えるからだ。

ビッグテックは、種にとっての新たな脅威を生み出している。それは過剰な豊富さだ。糖尿病、所得格差、フェイクニュース——すべて、多ければ多いほうがいいという私たちの思い込みの産物だ。

次世代の人々には、いまよりも頭がよくて、俊敏で、強健になってほしい。ものごとが脱線するのは、私たちの本能がついていけないほど速くイノベーションが進んでいるためだ。

大昔から、人間の活動には自然とブレーキが働いた。木になるりんごには限りがあり、樽に入る酒の量にも限りがある。本は必ず終わるし、映画やテレビ番組の最後には必ずエンドクレジットが流れる。

フェイスブック、インスタグラム、ネットフリックスを含めたプラットフォームは、このブレーキを構造的に取り払ってしまった。カジノのフロアと同じだ。カジノでは部屋の細かな仕切りをわざと取っ払っている。広大な空間を歩いて、いつまでも次のゲームに移れるようにするためだ。ネットフリックスは終わりのないショーになった。ティックトックは終わりのない映像だ。

技術の進歩は私たちの直感がついていけないレベルに達していて、果てのないスクロールを生み出している。私たちはオフのスイッチを見つけられなくなった。

いまの時代は犠牲的な行為、真剣な取り組み、困難にあってもくじけない闘志などではドーパミン放出による快感を得られない。これは両親や祖父母の世代との大きな違いだ。快感を得たければ、テレビの前に静かに座ってスリリングなドラマが始まるのを待てばよい。

その他にも、多くのフィルター処理された写真、ポルノ、株式、マージン（利ざや）……そんな現実の生活の面倒から解放された時間が、私たちを快感漬けにしている。

ゲーム化が若者を駆り立てる

生活の面倒をなくすのは手始めにすぎない。次に来るのは人為的な動機づけ――ゲーム化である。

ゲーム化はデジタルの麻薬だ。最近ではオンラインの株取引プラットフォームがこの麻薬を導入した。株取引のプラットフォームの果てしなきスクロールとはどのようなものだろうか。ロビンフッドのアプリをダウンロードしてみよう（もちろん読者の自己責任で）。

・取引をすると紙吹雪が舞う
・カラフルでポップなインターフェース
・1日1000回タップすると、ロビンフッドの目玉商品（基本的にはアプリ内の高金利の口座）の順番待ちリストの順位が上がる[33]

これで若者がやられてしまう。歯止めがきかなくなってしまい、十代のうつ病と社会的混乱が急増している。[34]

われわれは戦闘機に乗り、毎日スピードを上げ続けている状況だ。音速の壁に近づくまで胴体がばらばらにならないよう願うしかない。

たとえば、『ザ・シンプソンズ』［訳注：アメリカのテレビアニメシリーズ、アメリカでは史上最長寿番組］のシーズン31の配信、実物そっくりのビデオゲーム、どこでも見られる過激になる一方のポルノ、あなたの15歳になる娘が招待されなかったパーティーの高解像度のライブ配信、真実ではなく暴力を煽るソーシャル・メディアのアルゴリズム、オプション取引の無審査承認。

2020年6月には、こうした搾取の最大の犠牲者が現れてしまった。20歳の青年が自殺したのだ。イリノイ州ネイパービルに住む、アレックス・カーンズ。彼は株式市場に興味を持ち、ロビンフッドで株取引を始めた。ロビンフッドで簡単に取引できたことで乗り気になったのだろう。彼はオプション取引に手を出した。その後、この麻薬取引の複雑なルールを誤解して、彼は73万ドルを失ったと思い込んだ。どうしようもなくなった青年は、自ら命を絶った。

ロビンフッドのユーザーは若者に偏っている（ビジターの32％は25〜34歳）。同社によると2020年第1四半期の新規アカウントは300万件。その半分が株取引初心者だった。[35]

さらにロビンフッドやその同業者は、ギャンブル依存症の新たな温床になっている。ラスベガスやギャンブル・スポーツがパンデミック初期からほとんど中止になってしまったためだ。これは、資金の貸し手がギャンブルの胴元をしているリハビリ施設のようなものだ。パンデミックで政府が配った1200ドルの給付金のうち、どのくらいがそのままオンライン株取引に流れたのだろうか。

ビッグテックから子どもたちを守れ

こうした電子機器依存症から子どもを守る負担の多くは親の肩にのしかかる。厳しく使用制限することと、学校の他の親にも制限させるよう仕向け、仲間外れに感じる子が出ないようにすることが必要だ。

これらは難しいが、やらなければならない。家族みんなが〝電子機器断ち〟することで、神経系をリセットすることができるだろう。ドーパミンの閾値を下げれば、もっと小さな喜びで満足できるようになる。

電子機器依存の脅威に直面して、わが家では生活をスローダウンさせている。息子の1人が電子機器依存とおぼしき兆候を示している。それは恐ろしいことだ。彼のやること、言うこと、がんばっていることのすべてが、iPadからもたらされるドーパミンを求めているからだ。

母親と父親（私）は、一般の親と同じことをやっている。本を読んで聞かせたり、外部の助言を求めたり、電子機器の使用を制限したり。

しかし何よりもまず、私たちがやろうとしているのは生活のスローダウンだ。彼とともに時間を過ごす。特に野外で遊んだり、本を読んだりする。一緒にベッドで横になって、おじいちゃんがイギリス海軍の潜水工作員になったことを話してあげる。

こうしてすべてをスローダウンする。それはうまくいっているようだ。

私は自殺したアレックス・カーンズと私の長男の顔を比べてみる。ニュースで見るカーンズは満面に笑みを浮かべたオタクっぽい青年だ。株取引に夢中になってドーパミンを追い求めた顔だ。私は彼の家族の苦しみを想像することができない。

私たちはどうして道を間違えてしまったのか。イノベーションやカネはたしかに重要だが、

ソーシャル・メディアがアメリカの10代に与える悪影響

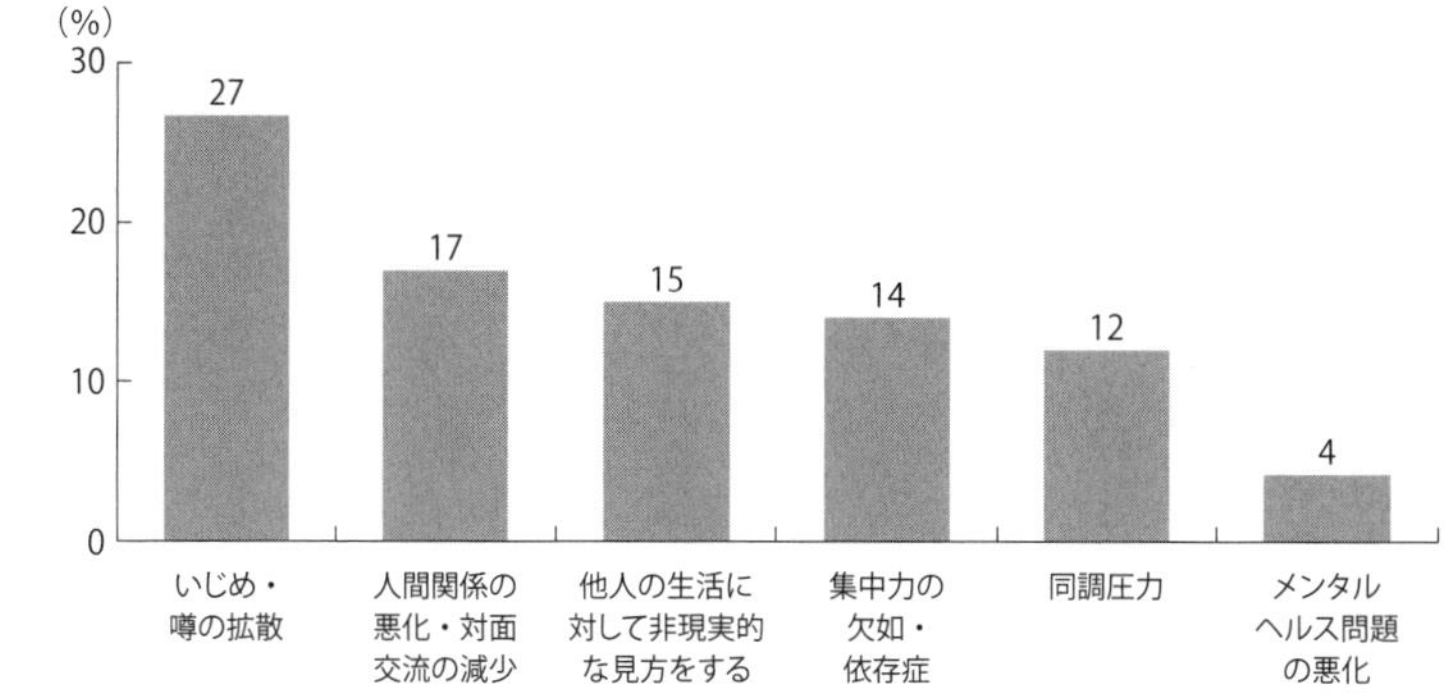

出所：Pew Research Center, 2018

どうして大切な子どもの命よりも優先してしまったのか。私は想像できない。

若者の自殺率は10年で56％も上昇した[36]。10～14歳の少女については、自傷行為が2009～2015年の間に3倍になっている[37]。1日5時間以上ソーシャル・メディアを使っているティーンたちは、1時間未満に抑えている子の2倍もうつになる確率が高い[38]。

アップルの最高経営責任者ティム・クックが、自分の甥にソーシャル・メディアをやってほしくないと思うのは何の不思議もない。あなたはティム・クックではないのだから、ついでにiPadも持ってほしくないと言ってあげてほしい。

政府のことを真剣に考えよ

私は民間市場から多くの恩恵を受けている。楽観的でいられる自由、少しばかりの生まれつきの才能と多くの幸運、そして額に汗して働くこと。これらが相まって、私はプロとしての経験を積み、経済的な安定を手にすることができた。私の両親はただ驚くばかりで、私がしていることを理解することすらできない。

さらに言えば、政府はもっと多くのものを与えてくれた。公立の小中学校、高等学校での教育は言うまでもないが、カリフォルニア大学は特別だった。

そして法の支配。事業の安全性を確保し契約の履行を義務づけるのに必須だった。政府出資の物理的あるいはデジタル面でのインフラも見逃すことはできない。すべての事業の土台をなしているからだ。

政府は効率的になりうる

政府は非効率的で、非生産的なこともある。それは民間企業も同じだ。

しかしイェール大学の法学教授で『The Meritocracy Trap』の著者ダニエル・マルコヴィッチは、政府は信じられないほど効率的になりうると指摘している。

年収6万ドルの家族は約1万ドルの税金を払っている。その見返りに、道路、公立学校、環境保全、国家安全保障、消防、警察といったサービスを受ける。それらを1つの民間サービス企業が提供するとしたら、どのくらいコストがかかるか考えてみてほしい。

一方、同じ家族がケーブルテレビ、インターネット、携帯電話のために、年間おそらく

3000ドルをコムキャストに支払っている。ケーブルテレビの内容は最悪、そしてアメリカのインターネットのスピードは他の先進国に比べ劣っている。言い換えると、政府はわれわれが協力すれば、とても効率的になる可能性がある。(39)

政府は「侮辱されて当然」という地位に追いやられている

しかしこの半世紀を通じて、政府を誹謗中傷し、公共の福祉への貢献を否定するのが流行りになってしまった。

まず、レーガン革命では政府は敵だった。国民を弾圧する組織であり、打ち負かすべきものだとされた。やがてわれわれは、〝好敵手〟としての敬意すら払わなくなった。リアリティ番組のスターを大統領にした2016年の選挙は、そうした長期的なトレンドの集大成だった。

私たちは政府をエンターテインメント作品と同じレベルで考えている。NFL(ナショナル・フットボール・リーグ)と似ているが、もっと危険で、年間を通じて休みがない。私たちは赤チームか青チームのいずれかに分かれ、代表選手が互いに殴り合っているのを見ている。

政府への侮辱は、投資家向け広報戦略の中にも見て取れる。

8月20日、パランティアというソフトウェア会社が、IPOに先んじて投資家たちに財務関連書類を送付した。その中で、「政府機関のシステム上の欠陥」をあげ、政府の請負業者と強いつながりを持っていることが企業成長の大きなチャンスだと述べている。(40)

「これらの政府機関の多くはパフォーマンスが悪く、国民の信頼を失っている。変化のスピードを、これからどんどん上げていかなければならない。このように、私たちは確信している」

この会社の創業者には、ペイパルの創業者ピーター・ティールも名を連ねている。彼はフェイスブックも支援しているが、フェイスブック以上に〝政府の信頼性の欠如〟に寄与している会社はない。

これについて考えてみよう。自分たちの最大の顧客はあまりに無能なので、もっと自社製品を買うはずだ。投資家に対してそう断言する傲慢さを持つのは、巨大テックだけだ。コンサルティング会社のアクセンチュアが投資家相手に、「政府は能がないので自社サービスへの需要は高まるだろう」と発言するとは考えられない。

たしかに連邦政府も財政運営に優れた手腕を発揮しているとは言えない。2020年、アメリカの歳出は歳入の1・30倍だった(3兆7000億ドルに対して4兆8000億ドル)[41]。しかし投資家向け資料によれば、先のパランティアは収入7億4300万ドルに対して5億8000万ドルの赤字を計上している。つまり支出は13億2300万ドルで、収益の1・78倍である。

パランティアよ、アメリカ政府から助言してもらったらどうだろうか。

「安かろう、悪かろう」になった公共サービス

国民から信頼を失えば、カネが流れなくなる。国民が政府機関を見放し始めれば、それが本当に実現してしまう。

教師には十分な報酬が支払われず、学校経営が困難になり、公立学校への敬意が失われる。政府機関の科学者や研究者にも十分な報酬が支払えないので（しかも私たちは自分が雇っている人の意見に耳を傾けない）、最も優秀な人材はグーグルやアマゾンに転職してしまう。

私たちは司法省や連邦取引委員会に、こうした巨大テックの暴走を防ぐことを期待している。しかしその一方で、私たちは彼らの両手を縛り、民間企業の何分の一程度しか予算や人員を配分していない。アマゾンには、現職上院議員の数を上回るフルタイムのロビイストがいるのだ。

パンデミックは私たちのこうした政府軽視の中で勢いを増した。アメリカは史上最も豊かな国でありながら、実用的な検査キットを何カ月もつくることができなかった。

政府の科学者は隅に追いやられ、党派性が良識を圧倒した。

青チームは、マスクをせずに祖父母の命を危険にさらしているとして赤チームを批判した。赤チームは、マスクは自由を侵害している、得体の知れないものに怯えて経済を危機に陥れている、自分たちの知り合いは誰も感染していない、という理由で青チームを批判した。

そしてウイルスが猛威を振るいはじめると、デキの悪い緊急支援措置を講じた。赤い州の知事（共和党系）と青い大学の総長（民主党系）たちは、時期尚早にも社会活動や大学を再開させた。国民の健康よりも政治とカネを優先したのだ。

ビジネスの成功者がいい政治家になる保証などない

もっと質のいい政府を望むなら、ビジネスの成功者に政治を任せるべきではない。それは中学生をNFLに送り込んでいるようなものだ。金持ちを偶像化するあまり、われわれは「ビジネス界の人間」を首都ワシントンに送って「世直し」する必要があると思い込んでいる。

しかしビジネスの運営と、公職で働くことは違う。アメリカで評価が高い大統領は、驚くなかれ、ほとんどが政治家である。その次が軍部の指導者だ。ホワイトハウスに入る前にビジネス界にいた大統領（ハーディング、クーリッジ、トランプ）は見劣りがする。

それには多くの理由がある。1つはビジネスでは常に利益を追求し、より多くのリターンが見込めなければ何も与えてはいけないと教わる。これはリターンなしに公益のために尽くすのが目的の政府（そして行政サービス）とは対極にある。

大富豪が自分たちを救ってくれると思うべきではない。あなたの家が火事になったとき、もしかしたら同じブロックに住む金持ちが高性能のホースを持ってきて火を鎮めてくれるかもしれない。しかしそれでも、地域に大富豪がもっと住むべきだということにはならない。消防署の予算を増やすことが必要だ。

慈善事業は信頼性が低く、大きな責任もともなわない。また規模を大きくすることもできない。

しかしパンデミックのさなか、私たちはビル・ゲイツが対処法を教えてくれると期待していた。ティム・クックがマスクを、イーロン・マスクが人工呼吸器を、ジェフ・ベゾスがワクチンを提供してくれることを待ち望んだ。連邦緊急事態管理庁（FEMA）やCDCは動きが鈍かったからだ。

しかし大富豪の気まぐれな善意を前提とするような社会では、長期的な発展は望めない。麻薬王に警察への資金提供を頼むのと同じだ。

民主主義の奇妙なトリック

どうすれば私たちは、私たちの統治機構、つまり政府を強くできるだろうか。

私はトランプ政権から——特にパンデミックの期間に——学んだことがある。それは軟弱な政府ほど、選挙で選ばれた政治家の力が一般の理解よりも強くなり、その反対に政府機関の力は弱くなるということだ。

皮肉なことに、アメリカ国民一般の政治家蔑視の風潮がそうした傾向を助長している。私たちは政治家が政府機関を骨抜きにすることを許容してしまった。本来なら、政府機関は政治家に対する長期的な拮抗勢力になるはずだったのに。
その結果、政治家が私たちを抑圧するという事態を招いてしまった。

人間は集団として、何年も先のことに備えるのがあまり得意ではない。私たちがいますぐに望むのは減税であって、子どもたちのために、これから数十年後の地球環境をきれいにすることではない。私たちは目先の安楽という本能に打ち勝つことはできない[42]。

純粋な民主主義《デモクラシー》はポピュリズムである（デモは古代ギリシャ語の〝一般市民〟の意味）。現代民主主義の革新性は、そのスピードを抑え、民主主義を議会、裁判所、その他機関を通じて浸透させていく点だ。

メディアもまた拮抗勢力になりうる。つまり、彼らは次のように言える専門家だ。「いま権力の座にある人がいいアイデアを思いついたという。特定の国からの移民を禁止し、ハイイログマを絶滅危惧種からはずし、国勢調査に市民権についての質問を加え、避妊法の使用を制限するそうだ。さて、それが本当によいアイデアなのか、詳しく調べてみようではないか」と。

いちばん簡単で、いちばん効果のある処方箋：投票

私たちができることでいちばん重要なことは、いちばん簡単なことでもある。投票だ。中間選挙でも地方選挙でも、投票に行こう。

アメリカの年齢層ごとの投票率

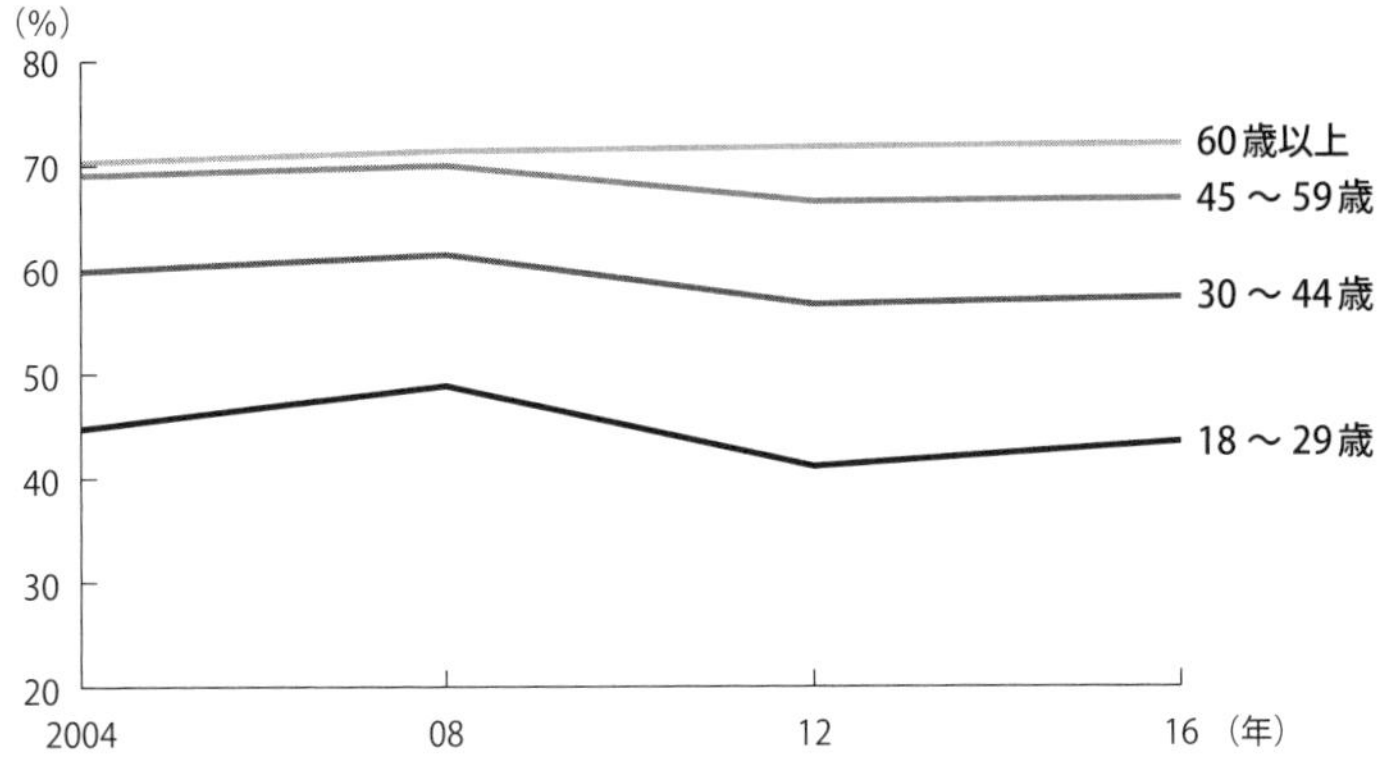

出所：United States Elections Project

いま政府を構成しているのは選挙で選ばれた人々だ。彼らが気にするのは、投票する人々だ。誰に投票するかより、まず投票することのほうがずっと重要だ。

肝心なのは、あなたが政治家にとって時間を割くだけの価値を持つ存在だと知らせることだ。どうしてアメリカには富を若者から老人に移すような制度が存在しているか。それは老人が投票に行くからだ。

65歳を超えた人は、30歳未満の人の2倍も投票率が高い。だからデモクラシーの〝デモ〟としての影響力を持ち……すぎている。政治家は自分にいい、いい投票しない老人の要求にまで応える可能性が高い。将来の選挙で投票してくれる可能性があるからだ。

政治家が歯牙にもかけない人々は誰か。投票場に行かない（あるいは大金を政治献金しない）

人々すべてだ。

私は次のような人を議員として選ぶべきだと思っている。政府を信じ、特定の個人に権力が集中することの脅威を理解し、科学を尊重する人だ。投票する人々の層が広がれば、議員は幅広いコミュニティのニーズに応えるようになる。

政府がパンデミックですべきだったこと

政府はいわゆるコモンズの悲劇〔訳注：多くの人が利用できる共通の資源を乱獲することで枯渇を招くこと〕を回避する責任がある。

私がこれを書いている2020年8月、政府が責任を持たなければならないのは、パンデミック終息への舵取りをすることだ。この本が出版されるときまでに、そのミッションが変わっているとは思えない。

このパンデミックにおける間違った対応や失われたチャンスは嫌になるほどあるが、責任の所在を詮索するのは歴史家の仕事だ。誠実なリーダーの取り組むべき仕事ではない。

われわれは経済的な破綻の危機に直面している。すでに3兆ドルの大半を無駄に遣ってしまったが、先行きの展望は開けていない。

経済不安を取り除く

私たちが守らなくてはならないのは人であって企業ではない。私ならドイツ方式を選ぶ。ドイツの〝短時間勤務制度（Kurzarbeit）〟プログラムの下では、パンデミックの間、政府が給料の3分の2を保証するため、企業は従業員を休ませることができる。契約上は依然、雇用関係が続いているので、仕事が発生すればすぐにもとの職場に戻ることができる。感染が終息しないかぎり、職場に復帰する必要はない。

つまり事実上、食べることは心配しないでいいから感染を避ける行動をとるようにと政府が言っているのだ。家族へ感染させないように他人と安全な距離を保つ必要もない。家族を養うために自分の意思に反した決定をすることもない。その結果、心配するものは何もなくなる。(43)

幸せとは、何を持っているかだけでなく、何を持っていないかにも大きく関わっている。特に不安や心配はないにかぎる。家族を養えなくなるのではないか、重病で家計が破産するのではないか、といった不安を持たなくてすむのは幸せなことである。

他のヨーロッパの国々にも同様の政策がある。スペインでは、ある社員が『ニューヨーク・タイムズ』に、自国の支援策に感謝しているとして「安心して家で過ごせた」と語っている。アイルランドのイベント・プランナーは、働けない間は政府が従業員に給料を払ってくれるので「おかしいくらいストレスはなかった」と新聞で語っている。彼が雇っている従業員の1人は、契約上は雇用されているので、ローンも承認されて家を買うことができたという。(44)

新型コロナの１日あたり新規感染者数
（100万人あたり、2020年２月１日～８月７日、７日間移動平均）

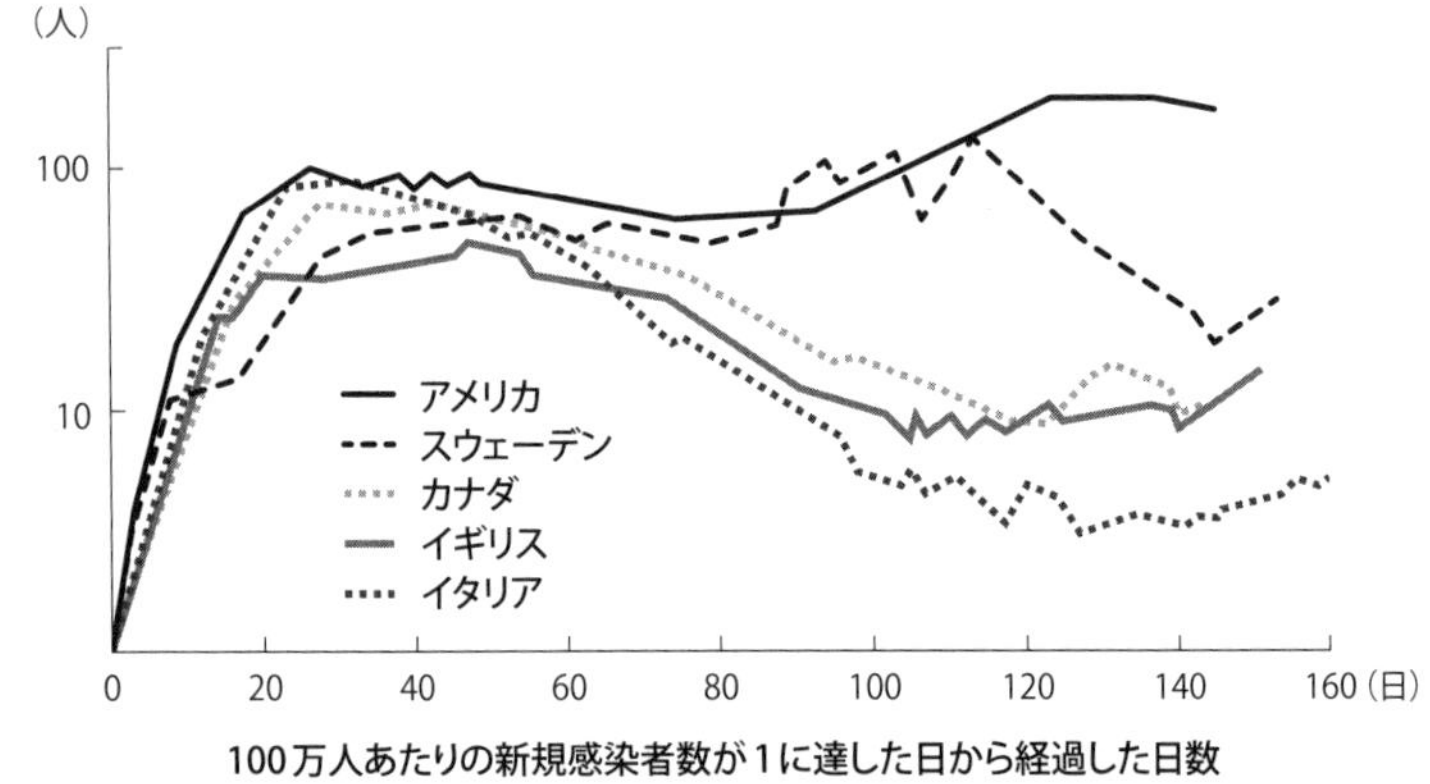

注：縦軸は対数目盛
出所：Our World in Data

そのような政策はカネがかかりそうだ。しかしアメリカがまだパンデミックの混乱状態から抜け出せないのに、ヨーロッパやアジアの国では、ほぼ通常の生活に戻っている。少なくとも私はそう聞いている。私たち自身はそれを自分でたしかめることができない。ＥＵの国はアメリカ人を入国させてくれないだろうから。

優先順位は「人、仕事、企業」

貧しい人や労働者階級にお金を配れば、経済にその額の何倍もの効果がすぐに現れる――彼らはすべてを支出に回すからだ。食べ物を買い、家賃を払い、新しい靴を買い、壊れた冷蔵庫を修理する。

そしてどの企業が危機を乗り越えるかい

ちばんよく見極められるのは消費者であり、政府ではない。市場の力を信じるなら、カネを投じるのは企業ではなく消費者だ。

パンデミックが始まったばかりのころ、政府は全国民に1200ドルの小切手を送った。これは正しい方向へ進む小さな一歩だったが、いまやそのタイミングはとっくに過ぎている。

ここで1つはっきりさせておきたい。私は失業保険には触れていないが、それにも果たすべき役割がある。私たちは働けない人のケアをするべきだ。思いがけず仕事ができなくなった間、支援するのがセーフティネットの根幹である。

しかし失業者への条件つきの支援は、雇用主にとっても労働者にとっても必要以上に問題が多い。多くの人にとって、それは健康保険を失うことを意味する。事務手続きが複雑で申請者が増えれば、現場は大混乱してしまう。最終的な目標は、パンデミック終息後も続けられる仕事を生み出すことだ。

パンデミックへの経済対策は、主に危険な目にあう人々を守るという形で行うべきだ。可能なら、パンデミックが終わったときに仕事を確保できるよう、あらゆる措置を講じるべきだ。

まずは一般的な労働者から対応して、その後は上へと広げていく。株主から始めて、下に広げようとしてはいけない。

株主は損することも織り込みずみだ。それが資本主義のしくみだ。優先順位は次のようになる。まず仕事ではなく人を守る。企業の前に仕事を守る。株主の前に企業を守る。この先はない。

「コロナ部隊」設立の提言

そして、私たちはウイルスと戦わなければならない。

ロックダウンは最後の手段だ。敵が活動している間は、ソーシャル・ディスタンスとマスクが必須である。病気の感染は自然消滅を待つか（ただし何百万人が死ぬ可能性がある）、強力な防止対策で封じ込めるしかない。韓国では戦略マニュアルまでつくられている(45)。

経済活動を止めずに感染者の増加を抑える確実な方策は、単純だ。「検査、追跡、隔離」につきる。広範囲に検査を行い、感染者を特定し、感染者と接触したすべての人を一時的に隔離するのだ。

しかしアメリカくらい大きな国でここまでウイルス感染が広がると、大勢の人員でも投入しないかぎりそれを実践するのは難しい。推定には幅があるが、18万人に近い人間が必要だ。

幸いなことに、わが国には出番をいまかいまかと待ち構えている集団がいる。

いまの高校卒業生が直面している選択肢はとても受け入れがたい。彼らは次の2つのうち、いずれかを選ぶように迫られている。近代の歴史上最悪の求人市場か、「コロナ時代の大学」

と銘打たれた5万ドルの動画配信プラットフォームか。

そんなことなら、彼らをコロナ部隊として働かせるべきだ。これは、モルモン教の宣教師、ティーチ・フォー・アメリカ［訳注：アメリカ内の一流大学の学部卒業生を、教員免許の有無にかかわらず大学卒業から2年間、国内各地の教育困難地域にある学校に非常勤講師として赴任させるプログラム］、平和部隊［訳注：アメリカ政府が運営するボランティア計画。スタッフを発展途上国に派遣し現地の支援を行う］のような長い歴史を持つ若者の奉仕団体のような組織だ。

18～24歳までのボランティアに対して、ウイルス対策に必要な知識や訓練を受けさせるのだ。本人たちも自分の人生の今後の道を考えるいい機会となる。

この部隊の主な任務は接触者の追跡である。感染者に話を聞き、濃厚接触者に連絡をとる。また全国の検査センターにも派遣して、隔離が必要な人に食べ物を届けたり、心理的なサポートを行ったりする。

コロナ部隊には政府が資金提供し、参加者にはそれなりの給料――1カ月2500ドルくらい――を支払う。最低でも6カ月参加した人には、奨学金や学生ローンを受ける資格を与える。

ボランティアの参加者が受ける恩恵や、ウイルスとの戦いで彼らが果たす役割以上に、国が大きな見返りを得られると私は信じている。このような奉仕プログラムは党派による分断を埋める助けとなる。

1965〜1975年まで、議員の3分の2が軍服を着て国に奉仕した。その時期の重要な法律を主導した議会のリーダーは、こうした共通体験で生まれた絆でつながっていた。その絆は政治的な思惑や党派的な駆け引きよりも大きな役割を果たした。

残念ながら現在ではその体験を持つ議員が全体の20％にまで減ってきている。コロナ部隊、そして将来の国への奉仕プログラムが、人間の特殊能力、つまり協力する能力を蘇らせるかもしれない。

コロナ部隊の活動にも危険がないとは言えない。しかし若者を戦争の最前線に送り出すのは弾が飛んでこないからではなく、誰かが行かなければならないからだ。

そして若者は老人に比べ、新型コロナの重症化や死のリスクははるかに低いようだ。若い隊員には定期的に検査を行う。万一、感染していたとしても早期に回復し、抗体がつくられる可能性がはるかに高い。

コロナ部隊にはカネもかかるだろう。私の推計では、報酬、訓練、サポートで1人あたり6万ドルになる。それが18万人分となれば、合計で約110億ドルだ。政府はきっとあれこれ理由をつけて、そのコストを2倍に水増しすることだろう。

しかしこれまでの景気刺激と失業対策への支出の合計から見れば誤差の範囲である。もう一度、給付金として数兆ドルが必要になるのを避けるための保証料と考えればいい。

さらにコロナ部隊は永続的な国家奉仕団体の土台となるかもしれない。ある世代のアメリカ人が肩を並べ、互いを見つめ、そして何より民主党や共和党としてではなくアメリカ人として成長する機会となる。この国の若者に必要なのは、もう一度、社会にしっかり根を張ってもらうことだ。

GAFA+Xとの闘い

巨富の悪人たち

現在の危機への対応は、当然ながら、政府が果たすべき責任の第一歩にすぎない。将来を展望すると、2つの最優先事項がある。1つは私的権力、特に巨大テック企業が持つ権力の抑制であり、もう1つは個人の権利の拡大だ。

巨大テック企業が持つ権力を制限する第一歩は、その権力の所有者を政府から追い出すことだ。理想を言えば、富裕層から政治運動に流れ込む資金を大幅に減らすことだが、最高裁がそれを難しくしている。しかし少なくとも、直接的な汚職に対して解釈の余地がほとんどないルールを適用することはできる。

利益相反のルールを軽視すべきでない。選ばれて公人になったからには、資産はいつでも公開するべきだ。政治家がその立場を利用して得られる情報をもとに株を売買すれば、公的機関の信頼が損なわれる。

1990年代の上院議員の株取引についての研究では、彼らが年間約12％も市場を上回るリターンを得ていることがわかった。企業関係者より2倍も成績がいい[46]。

2020年5月、リチャード・バー上院議員は新型コロナの危険度についての機密情報を入手して、有利なタイミングで株式を売買したと言われている。これからの上院議員は、このようなタイプの汚職に関わろうとするべきではない。

同様に、次の点はあまりにも常軌を逸している。私たちは大統領選の候補者に納税記録の公開を求めていない。あまつさえ、大統領が政治的立場を利用して金儲けすることを法律で禁じてすらいないのだ。

自らの身辺をきれいにする他に、議会と行政はかつてのように独占禁止法の適用や規制による制限を強化すべきだ。特に巨大テック企業に対して。これについては第2章で触れたので、ここではそれらの政策が効果的だと強調するにとどめたい。

独禁法適用は「罰」ではなく「活性化策」だ

規制がかえって自由を高めることもある。GM工場の幹部が川に水銀を好んで捨てるとは思わない。ではなぜ規制強化が必要なのか。ビジネスでは、毎日、しっかりした素行調査をやっていなければ、必ず抜け駆けする人間が出てくる。環境保護の法律があれば、社会の一員としてまっとうなことが行われやすくなる。

私たちは独占禁止法（企業の分割）を罰とみなしている。しかし独禁法は罰ではない。企業に酸素を吹き込んでいるのだ。

AT&Tが分割されたとき、新規に誕生した7社の時価総額の合計はもとの会社を上回った。ある調査の分析によれば、分割直前の1983年に投資した場合、1995年までの年間成長率は18・5％だった。同時期の他の銘柄の多くは10％前後にとどまっていた。売却されたサウスウェスタン・ベル社は業績を大きく伸ばし、2005年にAT&Tそのものを買収した。

1983年にAT&Tの株を所有する幸運を逃した人々は、分割以前の20年間のイノベーション（プッシュホン、通話中着信）と分割後（携帯電話、インターネット、そして史上最長のブルマーケット）とを比較してみてほしい。

独占禁止法の執行を道徳的判断とする考え方はいったん忘れよう。巨大テック企業が分割されれば、それらの企業に起因していた問題の多く――すべてではない――が解決されることだろう。

グーグルとユーチューブが別会社になっても、直接的な競争は生まれない。しかし独立したユーチューブの最初の取締役会で、新しい経営陣はテキストベースの検索に参入すると決定するかもしれない。一方、街の向こうの新生グーグルの最初の取締役会では、映像ベースの検索への参入を決定するかもしれない。

競争は選択肢を増やす。ユーチューブが独占企業だったら、自社コンテンツの向上を目指す理由がどこにあるだろうか。

どちらかの取締役会の誰かが、若い視聴者の保護に取り組もうと提案するかもしれない。そうすれば、P&Gは自分たちの映像プラットフォームに広告を出してくれるだろう。

検索エンジンもそうだ。〝政府打倒〟と打ち込んだとき、最初に「爆弾のつくり方」のページが出てくる検索エンジンと、「選挙人登録フォーム」が出てくる検索エンジン。ユニリーバがどちらを優先するかは考えるまでもない。

いまは、クリック回数を増やし、ユーザーをさらに夢中にさせるアルゴリズムを開発することばかりが奨励され、公益のことなど誰も気にしていない。

だから巨大テック企業を分割するのだ。それが邪悪だからではなく、税金を払っていないからでもなく、雇用を減らしているからでもない。わが国は資本主義を採用し、競争とイノベーションの力を信じているからだ。
それは罰ではない。それは市場への酸素供給策だ。少し遅くなったとはいえ、そうすることで株主価値が何十億ドル、何兆ドルと爆発的に増えるだろう。

いましなければならないこと

私はこの本の初めで戦争にまつわる統計をいくつか紹介した。第二次世界大戦が犠牲的行為としての戦いなら、新型コロナとの戦いは自己本位な行動とウイルスとの戦いだ。この戦いでは、私たちの負けは見えている。そしておそらく、もっと大きな戦いにも圧倒されつつある。この目に見えないほど小さな敵は、私たちの社会の欠陥を突いてきた。私たちは、ある意味で動員されたわけだが、やり方がうまくなかった。

以前、私たちの戦いは多方面にわたっていた――国の内外、テクノロジー、工業、農業、政治、そして個人的なレベルでも。第二次世界大戦中、野菜のほぼ3分の1は各家庭の庭に設けられた〝戦時農園〟から収穫されていた。エレノア・ルーズベルト大統領夫人はホワイトハウスの芝生で野菜を育てていた。

戦争でアメリカ人の家計は火の車だった。にもかかわらず、なけなしのカネをかき集めて戦時国債を買うよう求められた。

自動車業界は設備を一新して爆撃機や戦車を製造した。自動車はほぼ3年間、1台もつくられなかった。[47] クライスラーはデトロイト郊外に工場を建て、ナチスドイツ全体を上回る数の戦車を製造した。[48] 若い世代は軍隊へ召集され、45万人がノルマンディーの海岸やルソン島のジャングルで死んだ。

もちろん状況をいっきに打開するための計画もあった。いわば独裁政治を抑止するワクチンである「マンハッタン計画」には、12万人が参加した。

私たちは戦時農園で野菜を育て、戦車を製造し、犠牲的な行為を続けながら、アインシュタインやオッペンハイマーが私たちを救ってくれるのをただひたすら待った。

これらの行為は誰もやりたがらなかったし、簡単なことではなかった。怒れる人々や自暴自棄になった人々は配給カードを偽造し、旅行規制違反を犯していた。5000人を超えるアメリカ人が徴兵逃れで収監された。[49]

政府はその取り締まりに数百万ドルを投じたが、戦争協力にも同じくらいのカネをかけた。ホワイトハウスからハリウッドまで、著名人が愛国心を訴え、共通の目的意識をつくり上げて、犠牲的な精神を広く鼓舞した。

第二次世界大戦時の愛国的な犠牲行為は、必然だったわけではなかった。私たちにそうした行動を呼びかけたのはリーダーだった。彼らは、国民が何をすべきなのかを知っていて、それを正直な言葉でわかりやすく語りかけたのだ。

国民のどの階層、どの分野からも、国益を支持する声が高まった。個人の財産や歪んだ自由意識を守ろうとする声はかき消されていた。

コロナとの「戦争」

いま現在、その共通の目的意識は何なのか。私たちはかつての枢軸国の3倍もの殺傷力を持つ敵（＝新型ウイルス）と戦っている。

だが、アメリカ人はマスクをつけるのを嫌がり、政府に対してカネの無心ばかりしている。犠牲的行為への抵抗とコミュニティの否定が〝自由《リバティ》〟だとまことしやかに語られている。

たしかにアメリカの価値観の土台には自由がある。しかし、それは特定の権利を保証しているわけではなく、大義から切り離されたものでもない。

自由はアメリカ独立宣言の中心的な主張だ。それが意味するのは、生命、自由、幸福の追求は不可侵の権利であり、「その権利を確保するために、人々の間に政府を樹立する」ということだ。

建国の父たちも完璧ではなかったが、いまの私たちが忘れていることを明確に理解していた。ベンジャミン・フランクリンがその画期的な文書に署名するとき述べたことは的を射ていた。「われわれは団結しなければならない。そうでなければ個々に吊るされる」ことになるのだ。

私たちがここにいるのは必然ではない。このまま同じ道を進むことを決められているわけでもない。

「若い世代」という希望

実はよいニュースがある。パンデミックに打ち勝ち、危機をチャンスに変えるには、アメリカの特性を呼び覚ます必要がある。覚醒することで、とてつもなく大きなチャンスが生まれる。

間違ったときに後戻りすることは、正しい方向への第一歩である。

――カート・ヴォネガット

パンデミック、戦争、不景気――これらのショックには苦痛がともなう。しかしその後の時代は、人間の歴史の中でも特に生産力が高まることが多い。痛みに耐えて対処してきた世代は、誰よりも戦う用意ができている。

これからの若い世代は、ポスト・コロナの世界の重荷をどうやって背負うのだろうか。希望を持てる理由がある。

いまアメリカに必要なこと

いま人類という種の大いなる能力——協力——を大事にする世代が育っているのではないか。80年前にはイギリス人とロシア人とアメリカ人が、共通の敵と戦うために同盟を組んだ。なら、いま地球上の77億人を脅かしている敵を根絶するために、世界が協力できないわけがないだろう。

新しい世代は、アメリカの人口の半分が政府の支援なしには60日間も暮らしていけないことを知った。ならば、将来の緊急援助の数兆ドルを節約するため、もっと先行投資を行わなければならないと判断するのではないだろうか。

この世代は、人間としての礼節を鼓舞し、恵まれない人々への共感を高め、アメリカ人としての意識を高く評価するのではないか。そして最終的に、最も偉大なる善の源、つまりアメリカ政府に再投資しようと思うのではないか。違うだろうか。

アメリカの歴史には、危機に陥ったり、好機を逃したりした例は事欠かない。その罪と失敗は、その美徳や成功と同じく歴史に刻み込まれている。

最高の力を発揮すれば、アメリカは寛大さ、勇気、イノベーション、そして未来の世代のために互いに犠牲をいとわないことを実証することができる。それらを見失えば、私たちは搾取と危機の世界へと迷い込んでしまう。

私たちの歴史はすべて、私たちの未来と同じく、私たちのものだ。

アメリカのコモンウェルス［訳注：公益を目的として組織された政治的コミュニティ］は偶然の産物ではない。人間がつくったものだ。私たちがこの道を選んだのだ。結局、時代の流れは未来永劫変わらないわけではない。悪くなることもあれば、修正することもできる。

アメリカとは〝そういうものだ〟と達観するのではなく、私たちがどう思うかが大切なのだ。

謝辞

すばらしいものは他者との関わりの中から生まれる。この本もそうだった。

私は本を1冊書き終えるたびに、これが最後だと自分に言い聞かせる。するとエージェントのジム・レヴィンが、もう1冊書くよう私を説得にかかる。彼はアイデアの宝庫であり、この本のアイデアの源でもある。

ジェイソン・ステイヴァーーズとマリア・ペトロバは私の原稿、メモ、夜中のeメールを受け取り、それを1つの物語にまとめ上げてくれた。ジェイソンは私と25年も一緒に仕事をしているので、私の文章を完結させることができる……今回もその能力を何度となく発揮してくれた。マリアは彼女にとっての第四言語を編集してくれた。その技量は私の第一言語のそれをはるかに上回っている。

私のデータ&クリエイティブ・チームは、私の考えをかきたて、それを形のあるものにしてくれた。彼らがいなければ、私はいまの半分も、人に教えることも、人を楽しませることもできない。

テイラー・マムシェイマー、マイア・シルヴェリオ、グリフィン・カールボーグ、ジェームズ・スタイナーは、雑然としたデータの世界でダイヤモンドを見つけてくれる。ジャーリン・チェン、ラディカ・パテル、テッド・マンロ、クリストファー・ゴンザレスは、それらを磨き、視覚化し、記憶に残るものにしてくれた。キャサリン・ディロンはそれらすべてをまとめ、アーロン・ブンゲとともに本の体裁にしてくれた。

最後に、エイドリアン・ザックハイムとニキ・パパドプロス、そしてポートフォリオ社の彼らのチーム全体で、この作業を誠実かつ着実に進めてくれた。

みんなのすばらしい仕事と寛容さに感謝する。

注

イントロダクション

1. Falcon, Andrea. "Time for Aristotle," *Notre Dame Philosophical Reviews*, April 1, 2006. https://ndpr.nd.edu/news/time-for-aristotle/.
2. Parker, Kim, Juliana Menasce Horowitz, and Anna Brown, "About Half of Lower-Income Americans Report Household Job or Wage Loss Due to COVID-19." Pew Research Center, April 21, 2020. https://www.pewsocialtrends.org/2020/04/21/about-half-of-lower-income-americans-report-household-job-or-wage-loss-due-to-covid-19/.
3. Iacurci, Greg. "40% of Low-Income Americans Lost Their Jobs Due to the Pandemic," CNBC, May 14, 2020. https://www.cnbc.com/2020/05/14/40percent-of-low-income-americans-lost-their-jobs-in-march-according-to-fed.html.
4. Davis, Dominic-Madori. "Over 2 Million Gen Zers Have Moved Back In with Family in the Wake of the Coronavirus," *Business Insider*, August 1, 2020. https://www.businessinsider.com/gen-zers-moved-back-with-parents-family-coronavirus-zillow-studoc-2020-7.
5. An account of rationing imposed during WWII and its effects on domestic life: Flamm, Bradley J. "Putting the Brakes on 'Non-Essential' Travel: 1940s Wartime Mobility, Prosperity, and the US Office of Defense." *Journal of Transport History* 27, no. 1 (2006): 71–92. https://www.researchgate.net/publication/233547720_Putting_the_brakes_on_%27non-essential

%27_travel_1940s_wartime_mobility_prosperity_and_the_US_Office_of_Defense. See also this compelling essay about how the U.S. united in the war effort, including setting the speed limit to 35 miles per hour so as to preserve tires: Davis, Wade. "The Unraveling of America," *Rolling Stone*, August 6, 2020. https://www.rollingstone.com/politics/political-commentary/covid-19-end-of-american-era-wade-davis-1038206/.
6. Macias, Amanda. "America Has Spent $6.4 Trillion on Wars in the Middle East and Asia Since 2001, a New Study Says," CNBC, November 20, 2019. https://www.cnbc.com/2019/11/20/us-spent-6point4-trillion-on-middle-east-wars-since-2001-study.html.
7. Koma, Wyatt et al. "Low-Income and Communities of Color at Higher Risk of Serious Illness if Infected with Coronavirus," KFF, May 7, 2020. https://www.kff.org/coronavirus-covid-19/issue-brief/low-income-and-communities-of-color-at-higher-risk-of-serious-illness-if-infected-with-coronavirus/.

第1章　新型コロナとGAFA＋X

1. Lee, Justina and Valdana Hajric. "Why Robinhood Day Traders Are Greedy When Wall Street Is Fearful," *Bloomberg Businessweek*, June 11, 2020. https://www.bloomberg.com/news/articles/2020-06-11/u-s-stock-market-investors-keep-buying-amid-recession.
2. Cain, Áine and Madeline Stone. "These 31 Retailers and Restaurant Companies Have Filed for Bankruptcy or Liquidation in 2020," *Business Insider*, August 25, 2020. https://www.businessinsider.com/retailers-filed-bankruptcy-liquidation-closing-stores-2020-2#california-pizza-kitchen-filed-for-chapter-11-bankruptcy-on-july-30-after-permanently-closing-an-undisclosed-number-of-restaurants-due-to-the-pandemic-26.
3. Neufeld, Dorothy. "The Hardest Hit Companies of the COVID-19 Downturn: The 'BEACH' Stocks," Visual Capitalist, March 25, 2020. https://www.visualcapitalist.com/covid-19-downturn-beach-stocks/.
4. Swisher, Kara and Scott Galloway, hosts. "Addressing the US economy (a note from Andrew Yang), data privacy in a public health emergency, and a listener question on the 'great WFH-experiment,'" *Pivot* (podcast), March 20, 2020.
5. "James Provisions: Brooklyn." jamesrestaurantny.com.
6. Olsen, Parmy. "Telemedicine, Once a Hard Sell, Can't Keep Up with Demand," *Wall Street Journal*, April 1, 2020. https://www.wsj.com/articles/telemedicine-once-a-hard-sell-cant-keep-up-with-demand-11585734425.

7. Forman, Laura. "The Pandemic Has Made Sudden Heroes of the Tech Companies—for Now," *Wall Street Journal*, May 8, 2020. https://www.wsj.com/articles/the-pandemic-has-made-sudden-heroes-of-the-tech-companiesfor-now-11588930200.
8. Davis, Michelle F. and Jeff Green. "Three Hours Longer, the Pandemic Workday Has Obliterated Work-Life Balance: People Are Overworked, Stressed, and Eager to Get Back to the Office," *Bloomberg*, April 23, 2020. https://www.bloomberg.com/news/articles/2020-04-23/working-from-home-in-covid-era-means-three-more-hours-on-the-job?sref=AhQQoPzF.
9. Mims, Christopher. "The Work-from-Home Shift Shocked Companies—Now They're Learning Its Lessons," *Wall Street Journal*, July 25, 2020. https://www.wsj.com/articles/the-work-from-home-shift-shocked-companiesnow-theyre-learning-its-lessons-11595649628.
10. Mims, "The Work-from-Home Shift."
11. Ingraham, Christopher. "Nine Days on the Road. Average Commute Time Reached a New Record Last Year," *Washington Post*, October 7, 2019. https://www.washingtonpost.com/business/2019/10/07/nine-days-road-average-commute-time-reached-new-record-Last-year/.
12. Galloway, Scott. "WeWTF," *No Mercy / No Malice* (blog), August 16, 2019. https://profgalloway.com/wewtf. See also Walsh, James D. "'At What Point Does Malfeasance Become Fraud?': NYU Biz-School Professor Scott Galloway on WeWork," *New York Magazine*, October 1, 2019. https://nymag.com/intelligencer/2019/10/marketing-expert-scott-galloway-on-wework-and-adam-neumann.html.
13. "Coca Cola Commercial—I'd Like to Teach the World to Sing (In Perfect Harmony)—1971." Uploaded December 29, 2008. Video, 00:59. https://youtu.be/ib-Qiyklq-Q.
14. Perrin, Nicole. "Facebook-Google Duopoly Won't Crack This Year," eMarketer, November 4, 2019. https://www.emarketer.com/content/facebook-google-duopoly-won-t-crack-this-year.
15. Gill, Zinnia. "Magna Forecasts V-Shaped Recovery for the US Advertising Market," MAGNA, March 26, 2020. https://magnaglobal.com/magna-forecasts-v-shaped-recovery-for-the-us-advertising-market/.
16. McArdie, Megan. "Don't Just Look at Covid-19 Fatality Rates, Look at People Who Survive But Don't Entirely Recover," *Washington Post*, August 16, 2020. https://www.washingtonpost.com/opinions/dont-just-look-at-covid-19-fatality-rates-look-at-people-who-survive--but-dont-entirely-recover/2020/08/14/3b3de170-de6a-11ea-8051-d5f887d73381_story.html.
17. Chuck, Elizabeth and Chelsea Bailey. "Apple CEO Tim Cook Slams Facebook: Privacy 'Is a Human Right, It's a Civil Liberty.'" NBC News, March

28, 2018. https://www.nbcnews.com/tech/tech-news/apple-ceo-tim-cook-slams-facebook-privacy-human-right-it-n860816.

18. Smith, Chris. "Making the $1,249 iPhone Xs Only Costs Apple $443," *New York Post*, September 26, 2018. https://nypost.com/2018/09/26/making-the-1249-iphone-xs-only-costs-apple-443/.
19. Lyons, Kim. "TikTok Says It Will Stop Accessing Clipboard Content on iOS Devices: A Beta Feature on iOS 14 Showed What the App Was Up To," The Verge, June 26, 2020. https://www.theverge.com/2020/6/26/21304228/tiktok-security-ios-clipboard-access-ios14-beta-feature.
20. Galloway, Scott. "Four Weddings & a Funeral," *No Mercy / No Malice* (blog), June 12 2020. https://www.profgalloway.com/four-weddings-a-funeral.
21. Rodriguez, Salvador. "Why Facebook Generates Much More Money Per User Than Its Rivals," CNBC, November 1, 2019. https://www.cnbc.com/2019/11/01/facebook-towers-over-rivals-in-the-critical-metric-of-revenue-per-user.html.
22. Tran, Kevin. "LinkedIn Looks to Become Dominant Ad Force," *Business Insider*, September 7, 2017. https://www.businessinsider.com/linkedin-looks-to-become-dominant-ad-force-2017-9.

第2章　四騎士 GAFA＋X

1. Li, Yun. "The Five Biggest Stocks Are Dwarfing the Rest of the Stock Market at an 'Unprecedented' Level." CNBC, January 13, 2020. https://www.cnbc.com/2020/01/13/five-biggest-stocks-dwarfing-the-market-at-unprecedented-level.html.
2. Bowman, Jeremy. "Jet.com May Be History, but Walmart Got What It Needed," Motley Fool, May 20, 2020. https://www.fool.com/investing/2020/05/20/jetcom-may-be-history-but-walmart-got-what-it-need.aspx; https://www.axios.com/walmart-jet-com-6502ec3f-090c-4761-9620-944f99603719.html.
3. Dunne, Chris. "15 Amazon Statistics You Need to Know in 2020," Repricerexpress, last visited September 3, 2020. https://www.repricerexpress.com/amazon-statistics/.
4. O'Hara, Andrew. "Apple's Wearables Division Now Size of Fortune 140 Company," Apple Insider, last accessed September 3, 2020. https://appleinsider.com/articles/20/04/30/apples-wearables-division-now-size-of-fortune-140-company.
5. Galloway, Scott. "Stream On," *No Mercy / No Malice* (blog), November 22, 2019. https://www.profgalloway.com/stream-on.
6. Brush, Michael. "Opinion: Here's Why Netflix Stock, Now Below $500,

Is Going to $1,000," MarketWatch, August 1, 2020. https://www.marketwatch.com/story/heres-why-netflix-stock-now-below-500-is-going-to-1000-2020-07-27/.

7. Goldberg, Lesley. "Inside Apple's Long, Bumpy Road to Hollywood." *Hollywood Reporter*, October 15, 2019. https://www.hollywoodreporter.com/news/apples-bumpy-tv-launch-inside-tech-giants-impending-arrival-hollywood-1247577.
8. Milan, Aiden. "How Much Did Each *Game of Thrones* Season Cost to Make?" *Metro*, May 21, 2019. https://metro.co.uk/2019/05/21/much-game-thrones-season-cost-make-9622963/.
9. Solsman, Joan E. "HBO Max: Everything to Know About HBO's Bigger Streaming App," CNET, August 28, 2020. https://www.cnet.com/news/hbo-max-live-everything-to-know-go-roku-amazon-firestick-streaming-app/.
10. Gomes, Lee. "Microsoft Will Pay $275 Million to Settle Lawsuit from Caldera," *Wall Street Journal*, January 11, 2000. https://www.wsj.com/articles/SB947543007415899052.
11. Mac, Ryan. "A Kenosha Militia Facebook Event Asking Attendees to Bring Weapons Was Reported 455 Times. Moderators Said It Didn't Violate Any Rules," *BuzzFeed News*, August 28, 2020. https://www.buzzfeednews.com/article/ryanmac/kenosha-militia-facebook-reported-455-times-moderators.
12. Wong, Julia Carrie. "Praise for Alleged Kenosha Shooter Proliferates on Facebook Despite Supposed Ban," *Guardian*, August 27, 2020. https://www.theguardian.com/technology/2020/aug/27/facebook-kenosha-shooter-support-ban.
13. Townsend, Mark. "Facebook Algorithm Found to 'Actively Promote' Holocaust Denial," *Guardian*, August 16, 2020. https://www.theguardian.com/world/2020/aug/16/facebook-algorithm-found-to-actively-promote-holocaust-denial.
14. Collins, Ben and Brandy Zadronzy. "QAnon Groups Hit by Facebook Crackdown," NBC News, August 19, 2020. https://www.nbcnews.com/tech/tech-news/qanon-groups-hit-facebook-crack-down-n1237330.
15. Galloway, Scott and Aswath Damodaran. "Valuing Tech's Titans," *Winners & Losers*, July 27, 2017. Video series, 37:27. https://www.youtube.com/watch?v=4CLEuPfwVBo.
16. Weise, Karen. "Amazon Sells More, but Warns of Much Higher Costs Ahead," *New York Times*, April 30, 2020. https://www.nytimes.com/2020/04/30/technology/amazon-stock-earnings-report.html.
17. Bohn, Dieter. "Amazon Announces Halo, a Fitness Band and App That

Scans Your Body and Voice," The Verge, August 27, 2020. https://www.theverge.com/2020/8/27/21402493/amazon-halo-band-health-fitness-body-scan-tone-emotion-activity-sleep.

18. Murphy, Mike. "There Are Signs of Life for Apple Beyond the iPhone," Quartz, October 30, 2019. https://qz.com/1738780/apples-q4-2019-earnings-show-the-iphone-isnt-all-that-matters/.
19. Leswing, Kif. "Apple Is Laying the Groundwork for an iPhone Subscription," CNBC, October 30, 2019. https://www.cnbc.com/2019/10/30/apple-lays-groundwork-for-iphone-or-apple-prime-subscription.html.
20. "Sources of Funds," California State University, 2019–20 Operating Budget, last accessed September 3, 2020. https://www2.calstate.edu/csu-system/about-the-csu/budget/2019-20-operating-budget/2019-20-operating-budget-plan.
21. Hsu, Tiffany and Eleanor Lutz. "More Than 1,000 Companies Boycotted Facebook. Did It Work?" *New York Times*, August 1, 2020. https://www.nytimes.com/2020/08/01/business/media/facebook-boycott.html?action=click&module=Well&pgtype=Homepage&section=Business.
22. Stoller, Matt. "Absentee Ownership: How Amazon, Facebook, and Google Ruin Commerce Without Noticing," "BIG," July 28, 2020. https://mattstoller.substack.com/p/absentee-ownership-how-amazon-facebook.

第3章　台頭するディスラプターズ

1. U.S. Bureau of Labor Statistics. https://www.bls.gov/.
2. Adamczyk, Alicia. "Health Insurance Premiums Increased More Than Wages This Year," CNBC, September 26, 2019. https://www.cnbc.com/2019/09/26/health-insurance-premiums-increased-more-than-wages-this-year.html.
3. Lee, Aileen. "Welcome to the Unicorn Club: Learning from Billion-Dollar Startups," TechCrunch, November 2, 2013. https://techcrunch.com/2013/11/02/welcome-to-the-unicorn-club/.
4. Teare, Gené. "Private Unicorn Board Now Above 600 Companies Valued at $2T," Crunchbase, June 29, 2020. https://news.crunchbase.com/news/private-unicorn-board-now-above-600-companies-valued-at-2t/.
5. Smith, Gerry and Mark Gurman. "Apple Plans Mega Bundle of Music, News, TV as Early as 2020," *Bloomberg*, November 14, 2019. https://www.bloomberg.com/news/articles/2019-11-14/apple-mulls-bundling-digital-subscriptions-as-soon-as-2020?sref=AhQQoPzF.

6. Roof, Katie and Olivia Carville. "Airbnb Quarterly Revenue Drops 67%; IPO Still Planned," *Bloomberg*, August 12, 2020. https://www.bloomberg.com/news/articles/2020-08-12/airbnb-revenue-tanks-67-in-second-quarter-ipo-planned-for-2020?sref=AhQQoPzF.
7. Witkowski, Wallace. "Lemonade IPO: 5 Things to Know About the Online Insurer,"MarketWatch,July2,2020.https://www.marketwatch.com/story/lemonade-ipo-5-things-to-know-about-the-online-insurer-2020-07-01.
8. "Investor Relations," Peloton, last accessed September 3, 2020. https://investor.onepeloton.com/investor-relations.
9. *Tiger King* (TV series). Directed by Eric Goode and Rebecca Chaiklin, 2020. Netflix.
10. "Tesla's Recent Rally Comes from Its Narrative, Not the News or Fundamentals, Says NYU's Aswath Damodaran." Video. CNBC, July 9, 2020. https://www.cnbc.com/video/2020/07/09/teslas-recent-rally-comes-from-its-narrative-not-the-news-or-fundamentals-says-nyus-aswath-damodaran.html.
11. Isaac, Mike. *Super Pumped: The Battle for Uber* (New York: W. W. Norton & Company, 2019). An interesting and cinematic account of Kalanick's years at Uber and the transition to Khosrowshahi.
12. Chen, Brian X. and Taylor Lorenz. "We Tested Instagram Reels, the TikTok Clone. What a Dud," *New York Times*, August 14, 2020. https://www.nytimes.com/2020/08/12/technology/personaltech/tested-facebook-reels-tiktok-clone-dud.html.
13. KPMG International. "Venture Capital Remains Resilient," PR Newswire, July 22, 2020. https://www.prnewswire.com/news-releases/venture-capital-remains-resilient,Äîus62-9-billion-raised-by-vc-backed-companies-in-the-second-quarter-according-to-kpmg-private-enterprises-global-venture-pulse-q220-report-301097576.html.

第４章　大学はディスラプターの餌食

1. Kamal, Rabah, Daniel McDermott, and Cynthia Cox. "How Has US Spending on Healthcare Changed over Time?" Health System Tracker, December 20, 2019. https://www.healthsystemtracker.org/chart-collection/u-s-spending-healthcare-changed-time/#item-nhe-trends_total-national-health-expenditures-us-per-capita-1970-2018.
2. Galloway, Scott. "Getting the Easy Stuff Right," *No Mercy / No Malice* (blog), December 14, 2018. https://www.profgalloway.com/getting-the-easy-stuff-right.
3. Galloway, Scott. "Gang of Four: Apple / Amazon / Facebook / Google

(Scott Galloway, Founder of L2) | DLD16." Talk at DLD Conference, Munich, Germany, January 25, 2016. Video, 16:18. https://www.youtube.com/watch?v=jfjg0kGQFBY.

4. Walsh, Brian. "The Dirty Secret of Elite College Admissions," Medium, December 12, 2018. https://gen.medium.com/the-dirty-secret-of-elite-college-admissions-d41077df670e.
5. Gage, John. "Harvard Newspaper Survey Finds 1% of Faculty Members Identify as Conservative," *Washington Examiner*, March 4, 2020. https://www.washingtonexaminer.com/news/harvard-newspaper-survey-finds-1-of-faculty-members-identify-as-conservative.
6. Carey, Kevin. "The 'Public' in Public College Could Be Endangered," *New York Times*, May 5, 2020. https://www.nytimes.com/2020/05/05/upshot/public-colleges-endangered-pandemic.html.
7. Miller, Ben et al. "Addressing the $1.5 Trillion in Federal Student Loan Debt." Center for American Progress, June 12, 2019. https://www.americanprogress.org/issues/education-postsecondary/reports/2019/06/12/470893/addressing-1-5-trillion-federal-student-loan-debt/.
8. Fain, Paul. "Wealth's Influence on Enrollment and Completion," Inside Higher Ed, May 23, 2019. https://www.insidehighered.com/news/2019/05/23/feds-release-broader-data-socioeconomic-status-and-college-enrollment-and-completion.
9. Aisch, Gregor et al. "Some Colleges Have More Students from the Top 1 Percent Than the Bottom 60. Find Yours," *New York Times*, January 18, 2017. https://www.nytimes.com/interactive/2017/01/18/upshot/some-colleges-have-more-students-from-the-top-1-percent-than-the-bottom-60.html.
10. Leighton, Mara. "Yale's Most Popular Class Ever Is Available Free Online—and the Topic Is How to Be Happier in Your Daily Life," *Business Insider*, July 13, 2020. https://www.businessinsider.com/coursera-yale-science-of-wellbeing-free-course-review-overview.
11. Selingo, Jeffrey J. "Despite Strong Economy, Worrying Financial Signs for Higher Education," *Washington Post*, August 3, 2018. https://www.washingtonpost.com/news/grade-point/wp/2018/08/03/despite-strong-economy-worrying-financial-signs-for-higher-education/.
12. Christensen, Clayton M. and Michael B. Horn. "Innovation Imperative: Change Everything," *New York Times*, November 1, 2013. https://www.nytimes.com/2013/11/03/education/edlife/online-education-as-an-agent-of-transformation.html.
13. Hess, Abigail. "Harvard Business School Professor: Half of American Colleges Will Be Bankrupt in 10 to 15 Years," CNBC, August 30, 2018. https://www.cnbc.com/2018/08/30/hbs-prof-says-half-of-us-colleges

-will-be-bankrupt-in-10-to-15-years.html.
14. Oneclass Blog. "75% of College Students Unhappy with Quality of eLearning During Covid-19," *OneClass* (blog), April 1, 2020. https://oneclass.com/blog/featured/177356-7525-of-college-students-unhappy-with-quality-of-elearning-during-covid-19.en.html.
15. "Looking Ahead to Fall 2020: How Covid-19 Continues to Influence the Choice of College-Going Students." Art and Science Group LLC, April 2020. https://www.artsci.com/studentpoll-covid-19-edition-2.
16. "The College Crisis Initiative." @Davidson College, last accessed September 3, 2020. https://collegecrisis.shinyapps.io/dashboard/.
17. Lapp, Katie. "Update on Operational and Financial Planning," Harvard University, June 9, 2020. https://www.harvard.edu/update-on-operational-and-financial-planning.
18. Carey, Kevin. "Risky Strategy by Many Private Colleges Leaves Them Exposed," *New York Times*, May 26, 2020. https://www.nytimes.com/2020/05/26/upshot/virus-colleges-risky-strategy.html.
19. Steinberg, Laurence. "Expecting Students to Play It Safe if Colleges Reopen Is a Fantasy," *New York Times*, June 15, 2020. https://www.nytimes.com/2020/06/15/opinion/coronavirus-college-safe.html.
20. Field, Anne. "10 Great Places to Live and Learn," AARP.org. https://www.aarp.org/retirement/planning-for-retirement/info-2016/ten-ideal-college-towns-for-retirement-photo.html.
21. Zong, Jie and Jeanne Batalova. "International Students in the United States." Migration Policy Institute, May 9, 2018. https://www.migrationpolicy.org/article/international-students-united-states-2017.
22. Whiteman, Doug. "These Chains Are Permanently Closing the Most Stores in 2020," MoneyWise, August 12, 2020. https://moneywise.com/a/chains-closing-the-most-stores-in-2020.
23. Thomas, Lauren. "25,000 Stores Are Predicted to Close in 2020, as the Coronavirus Pandemic Accelerates Industry Upheaval," CNBC, June 9, 2020. https://www.cnbc.com/2020/06/09/coresight-predicts-record-25000-retail-stores-will-close-in-2020.html.
24. "Public Viewpoint: COVID-19 Work and Education Survey," STRADA: Center for Consumer Insights, July 29, 2020. https://www.stradaeducation.org/wp-content/uploads/2020/07/Report-July-29-2020.pdf.
25. Galloway, Scott. "Cash & Denting the Universe," *No Mercy / No Malice* (blog), May 5, 2017. https://www.profgalloway.com/cash-denting-the-universe.
26. Bariso, Justin. "Google's Plan to Disrupt the College Degree Is Absolute Genius." *Inc.*, August 24, 2020. https://www.inc.com/justin-bariso

/google-career-certificates-plan-disrupt-college-degree-university-genius.html.

27. Bridgeland, John M. and John J. DiIulio Jr. "Will America Embrace National Service?" Brookings Institution, October 2019. https://www.brookings.edu/wp-content/uploads/2019/10/National-Service_TEXT-3.pdf.
28. Spees, Ann-Cathrin. "Could Germany's Vocational Education and Training System Be a Model for the U.S.?" *World Education News + Reviews*, June 12, 2018. https://wenr.wes.org/2018/06/could-germanys-vocational-education-and-training-system-be-a-model-for-the-u-s; and a great book on the subject by Matthew Crawford, *Shop Class as Soulcraft: An Inquiry into the Value of Work* (New York: Penguin Books, 2009).

第５章　GAFA＋X の暴走に対抗する

1. Harari, Yuval Noah. *Sapiens: A Brief History of Humankind* (New York: Harper Perennial, 2018), 25.
2. McIntosh, Kristen et al. "Examining the Black-White Wealth Gap." Brookings Institution, February 27, 2020. https://www.brookings.edu/blog/up-front/2020/02/27/examining-the-black-white-wealth-gap/.
3. Aisch, Gregor et al. "Some Colleges Have More Students From the Top 1 Percent Than the Bottom 60. Find Yours," *New York Times*, January 18, 2017. https://www.nytimes.com/interactive/2017/01/18/upshot/some-colleges-have-more-students-from-the-top-1-percent-than-the-bottom-60.html.
4. Maciag, Mike. "Your ZIP Code Determines Your Life Expectancy, But Not in These 7 Places," Governing.com, November 2018. https://www.governing.com/topics/health-human-services/gov-neighborhood-life-expectancy.html; https://time.com/5608268/zip-code-health/.
5. Kahneman, Daniel. *Thinking, Fast and Slow* (New York: Farrar, Straus and Giroux, 2011).
6. "About Chronic Diseases." Centers for Disease Control and Prevention, last accessed September 3, 2020. https://www.cdc.gov/chronicdisease/about/costs/index.htm.
7. "CDC—Budget Request Overview." Centers for Disease Control and Prevention. https://www.cdc.gov/budget/documents/fy2020/cdc-overview-factsheet.pdf.
8. Stein, Jeff. "Tax Change in Coronavirus Package Overwhelmingly Benefits Millionaires, Congressional Body Finds," *Washington Post*, April 14, 2020. https://www.washingtonpost.com/business/2020/04/14/coronavirus-law-congress-tax-change/.

9. Woods, Hiat. "How Billionaires Got $637 Billion Richer During the Coronavirus Pandemic," *Business Insider*, August 3, 2020. https://www.businessinsider.com/billionaires-net-worth-increases-coronavirus-pandemic-2020-7. See also Mims, Christopher. "Covid-19 Is Dividing the American Worker," *Wall Street Journal*, August 22, 2020. https://www.wsj.com/articles/covid-19-is-dividing-the-american-worker-11598068859. The author says we have a "'K' shaped recovery . . . in which there are now two Americas: professionals who are largely back to work, with stock portfolios approaching new highs, and everyone else."
10. Kiel, Paul and Justin Elliott. "Trump Administration Discloses Some Recipients of $670 Billion Small Business Bailout," ProPublica, July 6, 2020. https://www.propublica.org/article/trump-administration-discloses-some-recipients-of-670-billion-small-business-bailout.
11. Ingraham, Christopher. "Wealth Concentration Returning to 'Levels Last Seen During the Roaring Twenties,' According to New Research," *Washington Post*, February 8, 2019. https://www.washingtonpost.com/us-policy/2019/02/08/wealth-concentration-returning-levels-Last-seen-during-roaring-twenties-according-new-research/.
12. "Changes in U.S. Family Finances from 2013 to 2016: Evidence from the Survey of Consumer Finances." Federal Reserve, September 2017. https://www.federalreserve.gov/publications/files/scf17.pdf.
13. "Poverty Thresholds." U.S. Census Bureau, last accessed September 3, 2020. https://www.census.gov/data/tables/time-series/demo/income-poverty/historical-poverty-thresholds.html.
14. Langston, Abbie, "100 Million and Counting: A Portrait of Economic Insecurity in the United States," PolicyLink, December 2018. https://www.policylink.org/resources-tools/100-million.
15. Richardson, Thomas, Peter Elliott, and Ronald Roberts. "The Relationship Between Personal Unsecured Debt and Mental and Physical Health: A Systematic Review and Meta-Analysis." *Clinical Psychology Review* 2, no. 8 (2013): 1148–62. https://pubmed.ncbi.nlm.nih.gov/24121465/.
16. Argys, Laura M., Andrew I. Friedson, and M. Melinda Pitts. "Killer Debt: The Impact of Debt on Mortality." Federal Reserve Bank of Atlanta, November 2016. https://www.frbatlanta.org/-/media/documents/research/publications/wp/2016/14-killer-debt-the-impact-of-debt-on-mortality-2017-04-10.pdf.
17. Evans, Gary W. et al. "Childhood Poverty and Blood Pressure Reactivity to and Recovery from an Acute Stressor in Late Adolescence: The Mediating Role of Family Conflict." *Psychosomatic Medicine* 75, no. 7 (2013): 691–700. https://www.ncbi.nlm.nih.gov/pmc/articles/PMC3769521/.

18. Mitnik, Pablo A. "Economic Mobility in the United States." Pew Charitable Trusts, July 2015. https://www.pewtrusts.org/~/media/assets/2015/07/fsm-irs-report_artfinal.pdf.
19. Isaacs, Julia B. "International Comparisons of Economic Mobility." Pew Charitable Trusts. https://www.brookings.edu/wp-content/uploads/2016/07/02_economic_mobility_sawhill_ch3.pdf. See also Jones, Katie. "Ranked: The Social Mobility of 82 Countries." Visual Capitalist, February 7, 2020. https://www.visualcapitalist.com/ranked-the-social-mobility-of-82-countries/.
20. Kiersz, Andy. "31 Countries Where the 'American Dream' Is More Attainable Than in the US," *Business Insider*, August 19, 2019. https://www.businessinsider.com.au/countries-where-intergenerational-mobility-american-dream-better-than-the-us-2019-8.
21. "The World Fact Book." Central Intelligence Agency, last accessed September 3, 2020. https://www.cia.gov/library/publications/the-world-factbook/rankorder/2102rank.html.
22. "Countries and Territories." Freedom House, last accessed September 3, 2020. https://freedomhouse.org/countries/freedom-world/scores?sort=desc&order=Total%20Score%20and%20Status.
23. Helliwell, John F. et al. "Social Environments for World Happiness." *World Happiness Report*. Sustainable Development Solutions Network, March 20, 2020. https://worldhappiness.report/ed/2020/social-environments-for-world-happiness/.
24. Henderson, Nia-Malika. "White Men Are 31 Percent of the American Population. They Hold 65 Percent of All Elected Offices," *Washington Post*, October 8, 2014. https://www.washingtonpost.com/news/the-fix/wp/2014/10/08/65-percent-of-all-american-elected-officials-are-white-men/.
25. Horowitz, Juliana Menasce, Ruth Igielnik, and Rakesh Kochhar. "Most Americans Say There Is Too Much Economic Inequality in the U.S., but Fewer Than Half Call It a Top Priority." Pew Research Center, January 9, 2020. https://www.pewsocialtrends.org/2020/01/09/most-americans-say-there-is-too-much-economic-inequality-in-the-u-s-but-fewer-than-half-call-it-a-top-priority/.
26. Abad-Santos, Alex. "Watch John Oliver Completely Destroy the Idea That Hard Work Will Make You Rich." *Vox*, July 14, 2014. https://www.vox.com/2014/7/14/5897797/john-oliver-explains-wealth-gap.
27. "Food Insecurity," Child Trends, September 28, 2018. https://www.childtrends.org/indicators/food-insecurity.
28. Lewis, Michael. "Extreme Wealth Is Bad for Everyone—Especially the Wealthy," *New Republic*, November 12, 2014. https://newrepublic.com

/article/120092/billionaires-book-review-money-cant-buy-happiness.
29. Buchanan, Leigh. "American Entrepreneurship Is Actually Vanishing. Here's Why," *Inc.*, May 2015. https://www.inc.com/magazine/201505/leigh-buchanan/the-vanishing-startups-in-decline.html.
30. Eidelson, Josh and Luke Kawa. "Firing of Amazon Strike Leader Draws State and City Scrutiny," *Bloomberg*, March 30, 2020. https://www.bloomberg.com/news/articles/2020-03-30/amazon-worker-who-led-strike-over-virus-says-company-fired-him.
31. Hepler, Lauren. "Uber, Lyft and Why California's War Over Gig Work Is Just Beginning," Cal Matters, August 13, 2020. https://calmatters.org/economy/2020/08/california-gig-work-ab5-prop-22/.
32. Feiner, Lauren. "Uber CEO Says Its Service Will Probably Shut Down Temporarily in California If It's Forced to Classify Drivers As Employees," CNBC, August 12, 2020. https://www.cnbc.com/2020/08/12/uber-may-shut-down-temporarily-in-california.html.
33. Ingram, David. "Designed to Distract: Stock App Robinhood Nudges Users to Take Risks," NBC News, September 12, 2019. https://www.nbcnews.com/tech/tech-news/confetti-push-notifications-stock-app-robinhood-nudges-investors-toward-risk-n1053071. See also Shankar, Neil (@tallneil). "I just wanna live inside the world of these @RobinhoodApp illustrations." Twitter post, May 18, 2020. https://twitter.com/tallneil/status/1262401096577961984. And last, Knipfer, Matthew Q. "Optimally Climbing the Robinhood Cash Management Waitlist," Medium, November 5, 2019. https://medium.com/@MatthewQKnipfer/optimally-climbing-the-robinhood-cash-management-waitlist-f94218764ea7.
34. Geiger, A. W. and Leslie Davis. "A Growing Number of American Teenagers—Particularly Girls—Are Facing Depression." Pew Research Center, July 12, 2019. https://www.pewresearch.org/fact-tank/2019/07/12/a-growing-number-of-american-teenagers-particularly-girls-are-facing-depression/.
35. Shrikanth, Siddarth. "'Gamified' Investing Leaves Millennials Playing with Fire." *Financial Times*, May 6, 2020. https://www.ft.com/content/9336fd0f-2bf4-4842-995d-0bcbab27d97a.
36. Abbott, Briana. "Youth Suicide Rate Increased 56% in Decade, CDC Says," *Wall Street Journal*, October 17, 2019. https://www.wsj.com/articles/youth-suicide-rate-rises-56-in-decade-cdc-says-11571284861.
37. Mercado, Melissa C. et al. "Trends in Emergency Department Visits for Nonfatal Self-Inflicted Injuries Among Youth Aged 10 to 24 Years in the United States, 2001–2015." *Journal of the American Medical Association* 318, no. 19 (2017):1931–33. https://jamanetwork.com/journals/jama/full

article/2664031.
38. Garcia-Navarro, Lulu. "The Risk of Teen Depression and Suicide Is Linked to Smartphone Use, Study Says," NPR, December 17, 2017. https://www.npr.org/2017/12/17/571443683/the-call-in-teens-and-depression.
39. Harris, Sam. "205: The Failure of Meritocracy: A Conversation with Daniel Markovits." *Making Sense* (podcast), May 22, 2020, 00:58:58. https://samharris.org/podcasts/205-failure-meritocracy/ (extended episode version available through site membership).
40. Griffith, Erin and Kate Conger. "Palantir, Tech's Next Big I.P.O., Lost $580 Million in 2019," *New York Times,* August 21, 2020. https://www.nytimes.com/2020/08/21/technology/palantir-ipo-580-million-loss.html.
41. "Federal Receipt and Outlay Summary." Tax Policy Center. https://www.taxpolicycenter.org/statistics/federal-receipt-and-outlay-summary.
42. Galloway, Scott. "A Post-Corona World." *Prof G Show* (podcast), March 26, 2020, 00:51:49. https://podcasts.apple.com/us/podcast/a-post-corona-world/id1498802610?i=1000469586627.
43. McKeever, Vicky. "Germany's Economic Response to the Coronavirus Crisis Is an Example for the World, Union Chief Says," CNBC, May 1, 2020. https://www.cnbc.com/2020/05/01/coronavirus-germany-ilo-chief-says-it-set-a-global-economic-example.html.
44. Goodman, Peter S., Patricia Cohen, and Rachel Chaundler. "European Workers Draw Paychecks. American Workers Scrounge for Food," *New York Times,* July 3, 2020. https://www.nytimes.com/2020/07/03/business/economy/europe-us-jobless-coronavirus.html.
45. "Flattening the Curve on COVID-19," UNDP, April 16, 2020. http://www.undp.org/content/seoul_policy_center/en/home/presscenter/articles/2019/flattening-the-curve-on-covid-19.html.
46. Divine, John. "Does Congress Have an Insider Trading Problem?" *US News,* August 6, 2020. https://money.usnews.com/investing/stock-market-news/articles/does-congress-have-an-insider-trading-problem. Bainbridge, Stephen. "Insider Trading Inside the Beltway" (2010). https://www.researchgate.net/publication/228231180_Insider_Trading_Inside_the_Beltway.
47. "War Production," PBS, last accessed September 3, 2020. https://www.pbs.org/thewar/at_home_war_production.htm. See also "The Auto Industry Goes to War," Teaching History. https://teachinghistory.org/history-content/ask-a-historian/24088.
48. Davis, Wade. "The Unraveling of America," *Rolling Stone*, August 6, 2020.

https://www.rollingstone.com/politics/political-commentary/covid-19-end-of-american-era-wade-davis-1038206/.

49. Flamm, Bradley. "Putting the Brakes on 'Non-Essential' Travel: 1940s Wartime Mobility, Prosperity, and the US Office of Defense." *The Journal of Transport History* 27. no. 1 (2006): 71–92. https://www.researchgate.net/publication/233547720_Putting_the_brakes_on_%27nonessential%27_travel_1940s_wartime_mobility_prosperity_and_the_US_Office_of_Defense. "Draft Resistance and Evasion." Encylopedia.com, last accessed September 3, 2020. https://www.encyclopedia.com/history/encyclopedias-almanacs-transcripts-and-maps/draft-resistance-and-evasion.

著者・訳者紹介

スコット・ギャロウェイ (Scott Galloway)

ニューヨーク大学スターン経営大学院教授。MBAコースでブランド戦略とデジタルマーケティングを教える。連続起業家(シリアル・アントレプレナー)としてL2、Red Envelope、Prophetなど9の会社を起業。ニューヨーク・タイムズ、ゲートウェイ・コンピュータなどの役員も歴任。2012年、クレイトン・クリステンセン(『イノベーションのジレンマ』著者)、リンダ・グラットン(『ライフ・シフト』著者)らとともに「世界最高のビジネススクール教授50人」に選出。

著書『the four GAFA 四騎士が創り変えた世界』(渡会圭子訳、東洋経済新報社)は15万部のベストセラーとなり、「読者が選ぶビジネス書グランプリ2019 総合第1位」「ビジネス書大賞2019 読者賞」の2冠を達成、日本にGAFAという言葉を定着させた。

渡会圭子 (わたらい けいこ)

翻訳家。上智大学文学部卒業。主な訳書に、スコット・ギャロウェイ『the four GAFA 四騎士が創り変えた世界』(東洋経済新報社)、ロバート・キンセル/マーニー・ペイヴァン『YouTube革命 メディアを変える挑戦者たち』、ダン・カーリン『危機の世界史』(以上、文藝春秋)、エーリッヒ・フロム『悪について』(ちくま学芸文庫)などがある。

GAFA next stage ガーファ ネクストステージ
四騎士+Xの次なる支配戦略

2021年12月16日　第1刷発行
2021年12月24日　第2刷発行

著　者――スコット・ギャロウェイ
訳　者――渡会圭子
発行者――駒橋憲一
発行所――東洋経済新報社
〒103-8345　東京都中央区日本橋本石町 1-2-1
電話＝東洋経済コールセンター　03(6386)1040
https://toyokeizai.net/

装　丁………………橋爪朋世
巻頭イラスト…………artbalitskiy/PIXTA
本文イラスト…………Section4
ＤＴＰ………………アイランドコレクション
印　刷………………図書印刷
プロモーション担当……宮久保文子
編集協力……………川島睦保
編集担当……………桑原哲也
Printed in Japan　ISBN 978-4-492-50335-5